The Secret Healing Code

BAND I

Isabelle Tschumi

www.NATUERLICHTSCHUMI.com

Dieses Buch widme ich allen ***Menschen****, besonders*
Frauen*, die unter psychischen und emotionalen Krankheiten leiden*
und nach ***Mitgefühl*** *und* ***Verständnis****, Sinn und*
Akzeptanz *suchen!*

The Secret Healing Code
Überblick Band I & Band II

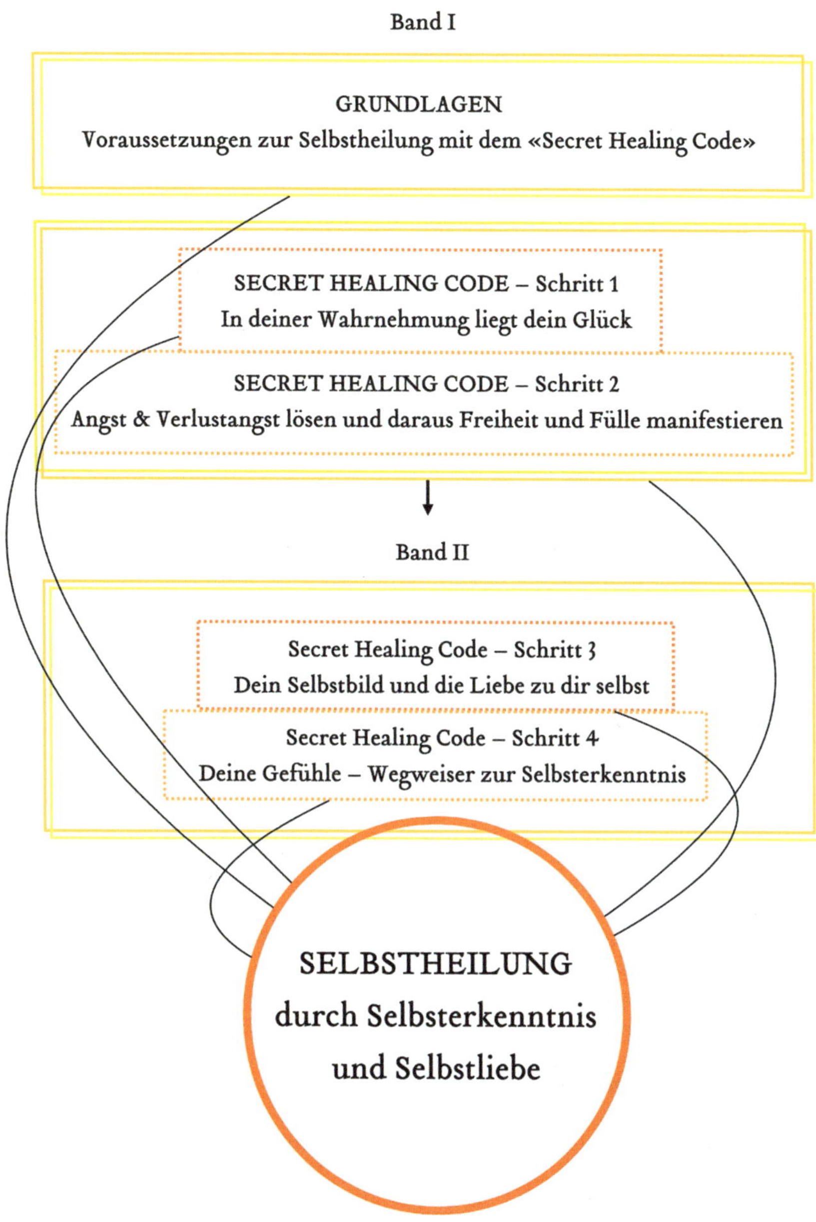

Inhaltsverzeichnis

The Secret Healing Code – Band 1

«SECRET HEALING CODE»: Grundlagen.

SCHRITT 2 «SECRET HEALING CODE»: Angst und Verlustangst lösen und daraus Freiheit und Fülle manifestieren

Vorwort

Mein Durchbruch aus Angst und Depression in die Freiheit und tiefe Selbsterkenntnis

Es ist Januar 2013, ich bin dreissig Jahre alt, und stehe am tiefsten Punkt meines Lebens: Mutter einer dreijährigen Tochter, in Scheidung und einem Gerichtsverfahren wegen sexuellem Missbrauch sowie traumatisiert von einer fünfjährigen Isolation durch einen spirituellen Guru. Unendliche, schwere Dunkelheit umhüllt und erdrückt mich immer mehr. Meine Brust ist zugeschnürt von meinen Panikattacken und ich kann seit Monaten kaum mehr richtig atmen. Seit zwei Wochen liege ich nun auf dem Boden. Ich habe keinen Grund mehr aufzustehen. Bei jedem Schritt schmerzt mein Körper, mein Kopf tut weh und ich fühle mich unfähig, das Leben zu bewältigen.

Ich will nur noch sterben. Wofür leben? Wofür etwas tun? Wenn doch alles nichts bringt? Wenn all meine Bemühungen leer ausgehen und mich innerlich tot hinterlassen? Wofür noch kämpfen in einer Welt, in die ich nicht hineinpasse? Mein Leben hat allen Sinn, alle

Schönheit verloren und ist zu einem einzigen Schrecken geworden. Wie ist das passiert? Warum denn ich? Was habe ich falsch gemacht? Ich bin doch nicht so dumm? Oder etwa doch? Die meisten Menschen haben den Kontakt zu mir abgebrochen oder ich zu ihnen. Jetzt, wo ich so sehr Hilfe brauche wie noch nie in meinem Leben, ist keiner mehr da. Die Dunkelheit und Einsamkeit meines Lebens kriechen in mich hinein und ich bin ohnmächtig. Ich weiss nicht mehr, was ich tun soll. Alle Kraft hat mich verlassen, aller Mut und alle Hoffnung. Viele Menschen legen mir nahe, sofort in eine psychiatrische Klinik zu gehen. Mein Körper ist krank und zerfressen von all den Schuldgefühlen gegenüber meinem Kind. Mein Herz ist von allen Verletzungen, gescheiterten Beziehungen und Freundschaften zerrissen; meine Seele vom jahrelangen Kämpfen gegen das Leben und mich selbst total erschöpft. Ich fühle mich in der Hölle inmitten meines Lebens.

Wie ist das passiert? Mit zwanzig glaubte ich doch noch so sehr an das Gute und fühlte mich frei und stark! Heute fühle ich mich gefangen, vom Leben bestraft, einsam und verloren, unverstanden und wie ein Stück giftiger Apfel vom Leben ausgespuckt. In der Welt und in mir drin gibt es keinen Platz für mich. Ich bin überall fremd, einsam und fühle mich selbst schuldig an diesem Zustand.

Dann geschieht etwas Unerwartetes. Urplötzlich kommt mir aus dem Nichts ein Satz in den Sinn von Laotse aus dem Tao Te King:

«Im dunkelsten Teil der Dunkelheit liegt das Tor zu allem Verstehen, der Selbsterkenntnis.»

Während dem Nachdenken und Meditieren über diesen Satz, beginnt sich alles zu verändern und es taucht Hoffnung auf. Was wenn Laotse recht hat? Dann müsste doch dieser Moment, der dunkelste Teil in meinem Leben, der dunkler ist als Dunkelheit, das Tor zu allem Verstehen und zu meiner Selbsterkenntnis sein! Weil ich Laotse damals schon dreizehn Jahre studiert hatte und seiner Weisheit vertraute, begann ich mir darüber Gedanken zu machen.

Zu diesem Zeitpunkt verstand ich noch wenig davon, was es ausmacht, etwas zu glauben oder zu fokussieren.

Doch dieser Satz sollte zur bemerkenswertesten Wende in meinen Leben werden. Er verhalf mir, den Sinn und das Leben in mir zu finden und mich von allen äusseren leidbringenden Umständen zu befreien. Es hob mich, während dem Fokussieren auf den Satz von Laotse, eine Kraft aus der Dunkelheit empor. Wie ein Luftstrom aus dem Nichts.

Unsichtbar, aber fühlbar.

Ich sah, wie mir jemand eine Hand entgegenstreckte. Und ich ergriff sie intuitiv.

Im selben Moment erkannte ich diese Hand als meine eigene, erkannte mich als die erhebende Kraft. Erkannte mich selbst als die Hilfe, die Rettung, und die Antwort all meiner Fragen. Ich erkannte mich selbst hinter meiner Isabelle-Identität. Erkannte mein höchstes Potenzial – das Leben in mir – am tiefsten Punkt.

Erkannte mich als die gesunde und gleichzeitig kranke Person.

Ich war beides: Die Kranke, Zerschlagene und die Rettende und Hilfeleistende.

Es gab keine Trennung, kein Versagen.

Alles ändert sich, wenn ich aus meinem Herzen meine Perspektive ändere.

Von der zerschlagenen Isabelle-Identität zur rettenden Kraft in mir, die tiefer und wahrer ist als alles, was ich bisher kannte.

Und plötzlich wusste ich es: Dieser Moment, den ich gerade erlebe, war exakt das, was ich schon immer gesucht hatte: Ich erkannte mein wahres Selbst – den Teil in mir, der das Leben selbst ist.

Es gab keinen Gott da draussen.

Es gab nur dieses wahre Selbst, ohne eine Geschichte, ohne die Isabelle Geschichte. Und wenn ich wähle, diesem wahren Selbst zu folgen, dann werde ich plötzlich alles wissen. Wie das Leben funktioniert und was ich tun muss, um meine Ziele zu erreichen. Und was unglaublich ist: Ich werde von einem Moment auf den anderen Selbstvertrauen und Selbstliebe haben.

Das war höchst erstaunlich! Selbstliebe und Selbstvertrauen sind eine Haltung, keine Erfahrung.

Eine Haltung ohne meine Geschichte von Umständen, die mich hat erfahren lassen, dass ich falsch bin und im Leben benachteiligt. Und alles war nur eine Entscheidung!

Wem folge ich: Meiner Geschichte von der Person, die verzweifelt ist oder der Isabelle hinter und unter all ihren Erfahrungen, die perfekt, voller Vertrauen und Möglichkeiten, geliebt und ohne Zweifel ist? Meine Wahl traf ich schnell. Und der Beginn meines neuen Lebens war geboren, in dem Erschöpfung, Panik und Wahnvorstellungen keine Rolle mehr spielten.

Ich bin vom Opfer zur Schöpferin geworden und beginne zu begreifen, was wahre Heilung aus mir selbst möglich macht.

Plötzlich funktioniert alles. Meine Haltung in der Selbstverantwortung schien der Schlüssel zum Gelingen auf so vielen Ebenen zu sein. Bisher hatte keine Therapie funktioniert und keine Arznei geholfen.

Alles, was ich brauche, ist in meinem Leben schon da. Ich habe es nur bisher nicht gesehen und nicht anwenden können.

So entstand die Grundlage für «THE SECRET HEALING CODE» mit meiner schrittweisen Selbstheilung.

Alles, was mich zu grossen Fortschritten in Richtung Gesundheit, Glück und Lebenskraft führte, notierte ich mir und erforschte es tiefer und tiefer. So entdeckte ich Gesetzmässigkeiten einer wahren und nachhaltigen Heilung, wozu mich mein Wissen über die tiefen Ursachen aus der Theorie der Homöopathie sowie die Praxis der systemischen Familientherapie, sehr unterstützten. Die Forschung über die Gefühle und das Reptilienhirn von Anouk Claes und die mentale Arbeit von Byron Katie inspirierten mich ebenfalls und brachten grosse Fortschritte in meiner Selbstheilung.

Mit der Zeit befreite ich mich von meiner schweren Erschöpfungsdepression und meinen körperlichen Leiden. Ich fand Frieden mit meinem Ex-Mann und führte meine Tochter aus ihren Panikattacken. Weiter versöhnte ich mich mit meinen Eltern und Geschwistern, fand den Weg zurück zu meinen Freunden und meine Naturheilpraxis lief immer besser. Ich fand einen neuen Mann und gründete ein zweites Mal eine Familie. Die Beziehung war viel leichter, zuverlässiger und klarer, da ich sehr genau wusste, welcher Typ Mann für mich gut ist und mich unterstützt, in mein Potenzial zu wachsen.

Meine Selbstheilung bewirkte ebenfalls, dass ich die Krankheiten und Leiden meiner Patient*innen in der Praxis viel besser verstand und sie so aus chronischen und oft auch unheilbaren Krankheiten wie Krebs, multiple Allergien, MS, Psoriasis, Unfruchtbarkeit und vielen anderen Leiden führen konnte. In weniger als drei Jahren erschuf ich mir meinen Platz in der Welt mit Familie, Kindern, erfolgreicher Selbständigkeit und Frieden mit meinem Umfeld, was ich vorher kaum für möglich gehalten hätte.

Keins meiner Traumata war mehr aktiv. Und mein Selbstvertrauen hatte sich total erholt. Kaum jemand konnte sich mehr vorstellen, dass ich mal so tief in einer Depression steckte. Seither werde ich von Jahr zu Jahr freier und glücklicher. Ich wage grossartige Visionen zu verwirklichen und bin erfolgreich dabei, weil ich gut mit Rückschlägen und Angst umgehen kann und grosse Entscheidungen zu treffen für mich nicht mehr beängstigend ist oder mich blockiert. Mein Körper hat sich so sehr erholt, dass ich fähig wurde, Shaolin Kung Fu zu trainieren und fitter denn je zu werden.

Aus dieser Selbstheilung von meinen psychischen und den damit verbundenen körperlichen Leiden und der Erfahrung an über 2000 Patient*innen und Klient*innen, die ich in meiner Naturheilpraxis und den Persönlichkeitsentwicklungs-Programmen von Natürlich Tschumi GmbH betreute, entwickelte ich eine Methode, die Menschen befähigt, sich selbst mit ihrer Lebenskraft zu heilen und ihren Platz in der Welt zu finden:

DIESE METHODE NENNE ICH «THE SECRET HEALING CODE».

Wenn ich mit Klient*innen oder Frauen rede, habe ich oft das Gefühl, dass nur den wenigsten bewusst ist, was für eine Kraft in ihnen steckt.

Sie fragen sich:

"Wer bin ich schon?"

"Was kann ich bewirken?"

"Wer will hören, was ich zu sagen habe?"

Die KRAFT einer EINZELNEN PERSON REICHT VOLLKOMMEN AUS, um ihr EIGENES LEBEN vollständig ZU VERÄNDERN.

DAS KANNST DU AUCH!

Und zwar jetzt – mit diesem BUCH.

*Hinweise an die Leser*in:*

Da das Buch dich auf deinem Weg unterstützen soll, gibt es etwas, was ich dir dazu noch sagen möchte: Es geht in diesem Buch um dich! Je mehr Aufmerksamkeit, Zeit und Liebe du in das Studium dieses Buches investierst, desto mehr wird es dir helfen. Lies es also für dich, in deinem Tempo und lass dich davon bewegen.

In diesem Buch wird es einige Stellen geben, die dich vielleicht ärgern oder auch zu Tränen rühren. Das ist ein gutes Zeichen und zeigt, dass deine Befreiung in Gang gesetzt wird. Denn eine tiefe Transformation kommt nicht von Wissen, sondern durch Fühlen und dies geschehen lassen. Nichtsdestotrotz ist Wissen die Voraussetzung, um Bewegung in dir zu erzeugen. Sei offen, lass dich auf neue Gedanken ein und versuche dir während dem Lesen des Buches stets Gutes zu tun:

Achte auf dich und begegne dir achtsam.

Je mehr du dir selbst Zeit schenkst – schöne Erfahrungen, gutes Essen und viel emotionale Wärme – desto wahrscheinlicher wird es, dass du mit diesem Buch den Durchbruch deines Lebens haben wirst!

In diesem Buch sind die grundlegenden Schritte und die Gesetzmässigkeiten hinter der Selbstheilung durch Selbsterkenntnis zusammengefasst und werden dir mit Übungen und Beispielen zugänglich gemacht. Die Kapitel bauen aufeinander auf und sind so gegliedert, dass sie dir deinen Weg zur Transformation so einfach wie möglich machen. Daher ist es sinnvoll, das Buch zu Beginn in der vorgegebenen Reihenfolge durchzuarbeiten.

Ich habe den «Secret Healing Code» in vier Schritte unterteilt, die für die Selbstheilung von Erschöpfung, Depression, Angst und anderen emotionalen und psychischen Leiden elementar sind. Damit es leichter lesbar und handlicher ist, ist das Buch «The Secret Healing Code» in zwei Bände geteilt. Jeder Band ist in sich abgeschlossen und ein wertvolles Werkzeug. Ich empfehle allerdings beide Bände zu lesen und durchzuarbeiten!

Ich wünsche dir eine gute Reise und einen erfüllenden Weg zu dir und deiner Kraft, Gesundheit und Selbsterkenntnis.

Danke, dass ich dich begleiten darf.

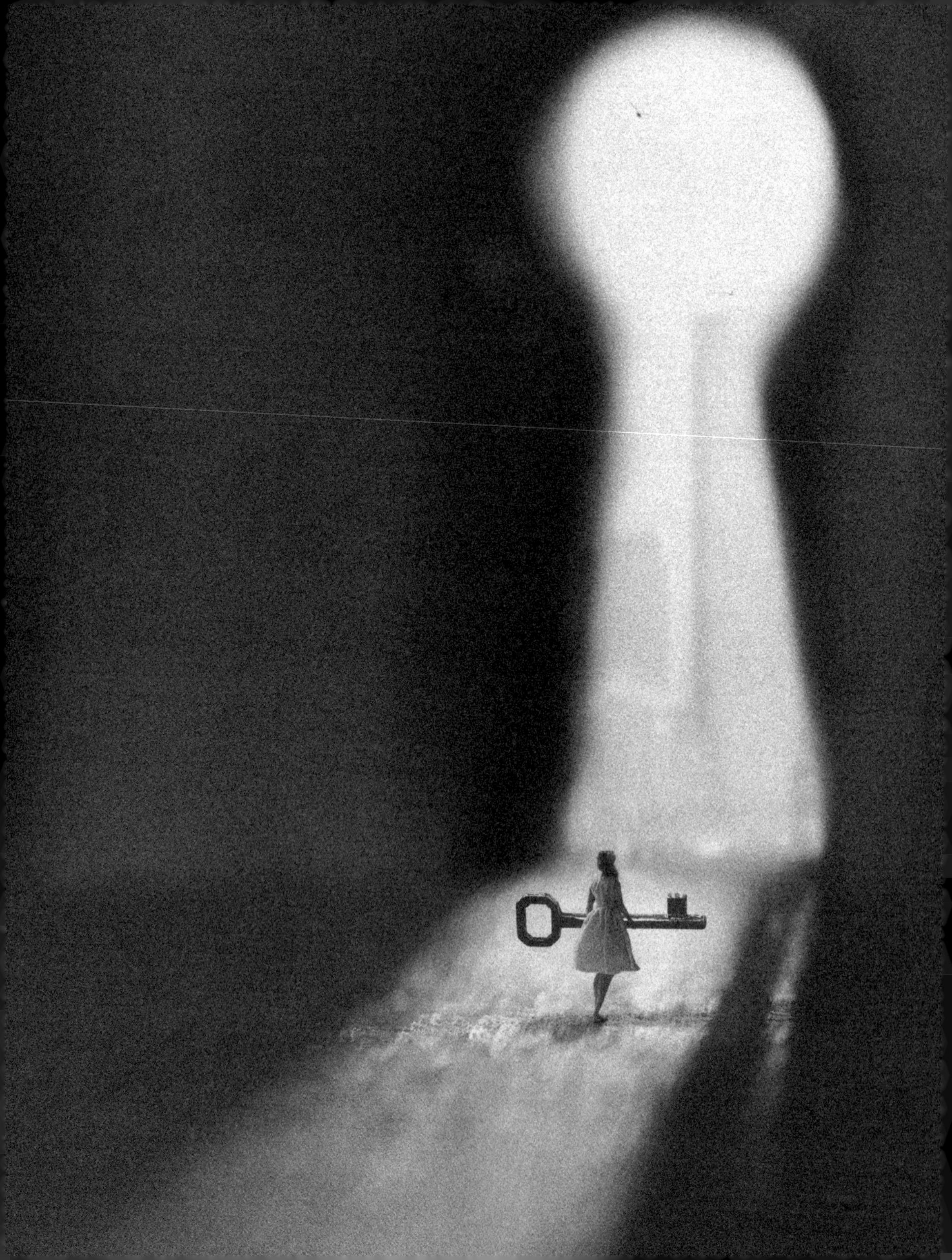

KAPITEL II

Die notwendigen Grundlagen zur Selbstheilung

⌘

In den folgenden zwei Abschnitten möchte ich dir die Grundlagen aufzeigen, welche nötig sind, um eine Selbstheilung überhaupt möglich zu machen. Das Kennen dieser Grundlagen ist die Voraussetzung für eine schnelle und dauerhafte Heilung aus eigener Kraft und ohne Medikamente und Arzneimittel.

Ich habe die Erfahrung gemacht, dass selbst das beste Heilmittel oder stärkste Medikament nicht hilft das Leiden zu entfernen, wenn das Wissen um die Grundlagen nicht da ist. Vielleicht hast du dich auch schon gefragt, warum manche ihre Depressionen oder ihre psychischen Leiden ausheilen können und es bei anderen Jahre dauert oder gar nicht möglich scheint. Mein Ziel ist es, dir ein Verständnis dazu zu vermitteln, was du tun kannst, um sofort mit deiner Befreiung zu beginnen und welche Haltung du einnehmen darfst, damit dieses Buch auch für dich ein Erfolg wird. Es erschliesst sich dir somit das Potenzial, dich mit dem «Secret Healing Code» selbst zu heilen und dich von Selbstzweifeln und einem schweren Herzen zu befreien.

In Band I und Band II werde ich dir den «Secret Healing Code» darlegen und an Beispielen aus meiner Praxis erklären.

Warum bisher nichts geholfen hat und wie SELBSTHEILUNG für DICH nachhaltig funktioniert

Viele Klient*innen suchen mich völlig verzweifelt und voller Ängste und Selbstzweifel auf. Sie haben schon sehr viele Therapien und auch Klinikaufenthalte hinter sich. Oft handelt es sich um Mütter mit Doppelbelastung von Beruf und Familie, Frauen mit grossen Herzensverletzungen aus der Kindheit oder vergangenen Partnerschaften oder sogar Therapeut*innen, Psycholog*innen oder Ärzt*innen, die sich im Funktionieren verloren und erschöpft haben.

Schuld- und Schamgefühle begleiten oft den Alltag meiner Patient*innen und sie fühlen sich von den Erwartungen und Bedürfnissen ihres privaten und beruflichen Umfeldes sehr unter Druck gesetzt. Aus diesem Grund fällt es ihnen zunehmend schwerer, wirklich Sinn und Freude in ihrem Leben zu finden. Sie beschreiben ihren Alltag oft als einen Kampf vom Erwachen bis zum Schlafengehen. Ihre Motivation hat sich sehr reduziert oder fehlt oft vollständig. Sie sind im Reagieren gefangen und finden nur noch selten den Zugang zur Kreativität und dem Geniessen der einfachen Dinge des Alltags. Sie flüchten sich von Ruheinsel zu Ruheinsel und versuchen dazwischen das Leben auszuhalten. Gefühlt ist es eine Ewigkeit her, seit sie Platz hatten in ihrem eigenen Leben. Alles fühlt sich eng an.

Nicht selten hatten meine Patient*innen überhaupt keine Energie mehr, Freundschaften und ihre Beziehungen zu pflegen oder empfinden diese als Belastung. Oft sind sie auch hier meistens damit beschäftigt, zu geben und ihr Gegenüber glücklich zu machen – zu helfen und zuzuhören. Im Verlaufe ihres Lebens haben sie irgendwo verlernt, nein sagen zu können. Sie selbst beanspruchen aber selten Hilfe und wenn sie danach verlangen, werden sie oft nicht ernst genommen oder bekommen keine Unterstützung.

Sie haben ein grosses und empathisches Herz und wünschen sich für die Welt Frieden, Harmonie und dass alle miteinander respektvoll umgehen. An diese hohen Werte halten sie sich, trotz Müdigkeit oder Angst und schieben ihre eigenen Bedürfnisse auf die Seite. Gleichzeitig erleben sie aber, dass das Umfeld nicht so für sie agiert und ihre Werte nicht teilt. Sie erleben ihr Umfeld oft als egoistisch und dominant. Ihre Partner sind nicht selten selbstbezogen oder sogar narzisstisch.

Darum sind meine Patient*innen häufig sehr enttäuscht von den Menschen, wenn sie zu mir kommen. Und sie haben ihr Herz verschliessen müssen. Sie würden gern vertrauen, sie würden am liebsten mit offenem Herzen durch die Welt gehen, doch sie müssen sich schützen. Noch mehr Verletzungen, noch mehr Enttäuschungen, das würden sie nicht mehr verkraften. Oft weinen sie schon beim ersten Gespräch, wenn sie fühlen, dass ich ihnen zuhöre und sie in ihren emotionalen und körperlichen Symptomen ernst nehme. Sie fürchten, unheilbar krank oder schwer traumatisiert zu sein und ohne Hoffnung bleiben zu müssen. Sie fühlen sich der Welt und den Menschen irgendwie nicht mehr gewachsen. Der Umgang mit Menschen entzieht ihnen so viel Energie. Sie fühlen sich schnell überfordert und bezweifeln, noch arbeiten zu können oder für jemanden, wie die eigenen Kinder, sorgen zu können. Oft sind die Frauen krankgeschrieben oder haben sehr viele ihrer Alltagspflichten aufgegeben, weil ihnen die Energie dafür fehlt.

> “*Ich kann doch nicht alles fallen lassen, wer macht denn meine Arbeit?!», sagen die einen. «Wenn ich nicht mehr funktioniere, dann geht alles kaputt!», sagen die anderen.*

So viele Therapien haben sie ausprobiert, von psychologischen Analysen, psychopharmazeutischen Behandlungen oder alternativmedizinischen Sitzungen. Nichts hat nachhaltig geholfen. Immer wieder hatten sie Hoffnung und erlebten, wie ihr Befinden ein paar Tage bis einige Monate besser wurde, um dann wieder gleich schlecht oder sogar schlechter zu werden. Nicht nur die Pflichten des Alltags sind zur Last geworden, sondern auch die vielen Übungen und Pülverchen, die Medikationen oder die Diät zur Behandlung ihrer Symptome. Heilen und Therapie füllt ihre Freizeit vollständig aus. Der Aufwand und die Investition in die Kuren und Medikationen steht jedoch in keinem Verhältnis zum Ertrag.

«Das Leben ist ein einziger Kampf, nichts ist geschenkt. Jeder Schritt fühlt sich an, wie mit angezogener Handbremse herumzufahren. Ungerecht.»

«Warum ich? Wie habe ich das verdient?»

«Warum werde ich vom Leben so sehr bestraft?»

«Ich, die es doch so gut meint und mich so sehr für Gerechtikeit, Frieden, Liebe und Respekt einsetze!»

Sie suchen in ihrer Kindheit, in den Partnerschaften nach schlechten Erlebnissen und finden in allen Therapien noch mehr Erkenntnisse über die Komplexität ihrer Blockaden und emotionalen Verstrickungen. Viele sind Meister*innen in der Analyse ihrer Symptome, aber ohne eine wahre Linderung und Erleichterung ihrer Symptome zu erlangen. Manche Klienten*innen schildern mir ihre Leiden und sind felsenfest davon überzeugt, dass ihre schwere, jahrelange Depression daher kommt, dass sie in ihrer Kindheit gewisse Grundbedürfnisse nicht erfüllt bekommen haben oder das Urvertrauen fehlt. Hier gibt es sehr viele Theorien. Und obwohl die Kindheit so gut erforscht ist und ihre Auswirkungen auf die Psyche, gibt es noch immer so viele unheilbare Depressionen.

Das zeigt mir eine grosse Verzweiflung über die Unwissenheit, woher das schwere Leiden in den Depressionen, der Angst und der Erschöpfung kommt.

Nicht selten suchen mich Frauen auf, die ihr seelisches Leid lediglich körperlich in ihren nervösen Symptomen wahrnehmen, für die es jedoch keine Diagnose oder keinen Befund gibt. Oft geschieht es, dass die Ärzte sie nach vielen Untersuchungen aufgeben mit der Begründung, dass sie ein psychisches Leiden hätten und einen Psychologen aufsuchen sollten, um ihre körperlichen Symptome zu lindern.

Alle diese Frauen, egal welche Therapie sie machen oder welche Symptomatik sie haben – alle haben sie etwas gemeinsam: Niemand hat eine Antwort und Erklärung für sie, was mit ihnen wirklich los ist. Keiner kennt die Ursache für ihr inneres, emotionales, psychisches Leiden oder ihre körperlichen, nervösen Symptome, geschweige denn gibt es eine nachhaltige, befreiende Therapie. Die Verzweiflung ist gross, weil nichts wirklich hilft. Das vertieft ihre Depression und Erschöpfung noch. Die Selbstzweifel nehmen ein dramatisches Ausmass an und immer wieder begegne ich Frauen, die im Geheimen Selbstmordgedanken hegen oder die Sehnsucht irgendwohin zu verschwinden. Die Welt ist für sie ein unsicherer, gefährlicher, grausamer Ort geworden, in der Menschen mit Herz und Liebe verschlungen und ausgenutzt werden.

Isabella

Nach dem dritten Burnout kam sie zu mir in die Praxis und glaubte gar nicht mehr, dass sie heilbar ist. Sie suchte mich auf, um Linderung für ihre Wechseljahressymptome zu finden. Jedes Jahr zur gleichen Zeit erlebte sie einen Zusammenbruch. Sie war selbstständig in der Modebranche und musste zeitweise sehr viel arbeiten. In diesen Phasen schlief sie kaum noch und arbeitete drei Monate ohne einen Tag Pause für ihr Geschäft. Isabella wusste keinen Ausweg mehr und hatte sich auf dieses Leben mit den Zusammenbrüchen eingestellt. Ihre Beziehung hatte sie durch die wiederholten Krisen verloren, wie auch die meisten Freunde. Ihre Existenzangst war so gross, dass sie der Überzeugung war, dass sie sich dem Markt anpassen musste. Als wir gemeinsam begannen mit dem «Secret Healing Code» zu arbeiten, begann Isabella zu merken, dass sie sich selbst durch ihre eigene Haltung so sehr unter Druck setzte. Sie lernte nein zu sagen und sich für sich einzusetzen, indem sie ihre Existenzangst und ihre Versagensangst heilte. Dadurch machte sie die Erfahrung, dass es durchaus möglich war, dass sich ihre Kunden an sie anpassten – schliesslich wollten die ja etwas von ihr.

Sie richtete sich ihr Geschäft dann so ein, wie sie es wollte und lernte Verantwortung abzugeben und sich dabei zu entspannen.

Schritt für Schritt gewann sie mehr Zeit für sich und wurde ausgeglichener. Sie konnte sich wieder Freundschaften widmen und Dingen, die nichts mit ihrem Beruf zu tun hatten.

Isabella ist vollkommen gesund geworden, ihre Wechseljahressymptome verschwanden parallel zu ihrer Entspannung.

Heute ist sie verheiratet und vergisst manchmal, dass sie so viele Burnouts hatte.

«Es ist wie ein Wunder», sagte sie zu mir, *«wie vom Tod auferstanden, ich habe von dir ein zweites Leben geschenkt bekommen.»*

Wünschst du dir das auch? Eine Wundergeschichte zu schreiben? Aus deinem Leiden in ein Leben zu erwachen, das du total liebst und dir so richtig gut gefällt? Endlich dich selbst zu verstehen hinter deiner Angst, hinter deiner Schwere und in deiner Erschöpfung und tiefe Selbsterkenntnis zu erleben, indem du die Botschaft deiner Krankheit und deiner Erschöpfung verstehst?

Stell dir vor, du könntest dir leicht und mit Freude ein Leben erschaffen, das du total liebst!

Kannst du dir das vorstellen? Ich erzähl dir gerne davon, was ich und viele Frauen selbst erlebt haben mit dem «Secret Healing Code». Das Leben, welches diese Frauen durch ihre Selbstheilung mit dem «Secret Healing Code» erschaffen haben, ist immer viel besser geworden, als sie es für möglich gehalten hätten. Sie haben Ziele, welche sie seit ihrer Kindheit angestrebt und in der Zwischenzeit schon lange aufgegeben hatten, erreicht.

Lena

Lena träumte seit Jahren davon Musikerin zu werden.

Als sie zu mir kam, hatte sie den Wunsch schon vergessen. Sie kam, weil sie sich erschöpft und unmotiviert fühlte. Ihr Leben hatte den Sinn verloren und wurde zu einem Funktionieren und einem Abarbeiten von Aufgaben.

Als wir gemeinsam den Weg nach innen gingen, ihre Angst und Verlustangst auflösten, kam mit dem Befreien ihrer Gefühle und ihrer Lebenskraft der Wunsch nach der Musik hervor. Sie hatte ihn begraben, weil das ein brotloser Job war und hat Sozialarbeiterin studiert. Doch diese Arbeit erfüllte sie nicht, sondern verstärkte ihre Erschöpfung.

Nach zwei Monaten Selbstheilung mit dem «Secret Healing Code» hat Lena es gewagt, ihre Leidenschaft des Musizierens mit der Öffentlichkeit zu teilen und zu versuchen, damit selbstständig zu werden.

Kurz darauf wurde sie eingeladen, vor 500 Leuten auf einem Konzert zu spielen. Lena brach in Tränen aus, da sie nie mehr mit diesem Echo gerechnet hatte.

Ich erlebe diese Tatsache aber sehr oft. Unsere Angst kann uns vortäuschen, dass unsere Wünsche zum Scheitern verurteilt sind. Und wenn wir es wagen sie zu leben, trifft cirka fünf Prozent dieser Angst ein, alles andere gelingt besser als erwartet.

Karin

Karin kam mit jahrelangem unerfülltem Babywunsch und grosser Hoffnungslosigkeit ins Coaching, weil sie schon siebenmal versucht hatte über die künstliche Befruchtung ein Baby zu bekommen.

Sie konnte den Wunsch nicht loslassen und litt inzwischen schon täglich daran.

Ihren Freundinnen gönnte sie ihre Schwangerschaften nicht mehr und empfand ihre Kinderlosigkeit als ein Versagen. Es drückte sehr schwer auf ihr Gemüt und beeinträchtigte ihre Beziehung.

Ich verschrieb ihr Homöopathie und wir arbeiteten an der Beziehung zu sich selbst.

Schritt für Schritt gewann Karin eine tiefe Akzeptanz der Situation und erneuerte ihr Vertrauen in ihren Körper. Sie lernte sich schätzen und lieben unabhängig von äusseren Umständen und begann die Beziehung zu ihrem Mann wieder zu geniessen. Zwei Monate nach der Verschreibung des homöopathischen Mittels und dem tiefen Loslassen und Ruhe finden durch die Innenarbeit mit dem «Secret Healing Code» berichtete mir Karin, dass sie nun schwanger geworden war. Jetzt, wo sie es losgelassen hatte. Ohne künstliche Befruchtung. Sie bekam dann ein gesundes Mädchen und ihre Freude war grenzenlos. Sie schrieb mir: «Es hiess immer, dass es für mich sehr schwer sei Kinder zu bekommen und ich müsste Hormone nehmen um schwanger zu werden…Heute würde ich einfach früher den «Secret Healing Code» lernen.»

Je öfter Karin von Fachpersonen hörte, dass sie nur schwer Kinder bekommen kann und die Erfahrung machte, dass jede künstliche Befruchtung und Hormontherapie erfolglos blieb, desto mehr verkrampfte sie sich. Erst durch das vollkommene Loslassen vom Kinderwunsch indem sie sich selbst begann zu lieben als das, was sie war und ihr Versagensgefühl heilte, entspannte sie sich so sehr, dass das Kind zu ihr kommen konnte.

Danijela

Danijela kam mit chronischen Magenschmerzen zu mir.16 Magenspiegelungen bei diversen Ärzt*innen und Spezialisten hatte sie schon hinter sich gebracht in den letzten sechs Jahren. Jedes Mal ohne Befund. Danijela war allerdings davon überzeugt, dass sie eine schwere Krankheit haben musste, da ihre Symptome täglich da waren und sie stark im Alltag einschränkten.

Dass nichts nachgewiesen werden konnte, verunsicherte sie sehr und liess Danijela an ihrer eigenen Wahrnehmung zweifeln. Dies führte soweit, dass sie jedes Mal, wenn die Magensymptome auftraten, mit einer Panikattacke reagierte. Diese Panikattacken raubten Danijela den letzten Nerv und sie fürchtete psychisch schwer krank zu sein.

Auch Danijela lernte den «Secret Healing Code», den ich bei ihr mit Homöopathie kombinierte und fand langsam Ruhe und innere Sicherheit. Wir erarbeiteten die Botschaft ihrer Symptome und es tauchte sehr viel unterdrückte Wut auf. Danijela war sehr unglücklich in ihrer Beziehung. Sie war eine starke, intelligente Frau, die nach den Geburten ihrer Kinder sehr darunter litt nur Hausfrau zu sein.

Doch sie traute sich nichts zu sagen.

Sie traute sich nicht einmal ihrem Mann zu sagen, dass sie sein gekochtes Essen nicht mochte und würgte es jedes Mal runter. Nach unserer Zusammenarbeit begann sie eine andere Beziehung zu sich selbst zu entwickeln, nahm ihre Wut ernst und begann ihre Bedürfnisse zu kommunizieren.

Ihr Mann zeigt zuerst kein Verständnis, doch als er merkte, dass es seiner Frau wirklich nicht gut ging, war er bereit nach neuen Lösungen zu suchen.

Nach wenigen Monaten konnte Danijela wieder arbeiten und ihr Mann beteiligte sich mehr an der Hausarbeit und der Kinderbetreuung. Wir lösten gemeinsam ihre Angst und Panik und dahinter kam eine sehr grosse Klarheit hervor und ein starker Wille.

In einer kritischen Situation in ihrem Team löste sie die Herausforderung so souverän, dass sie danach zur Teamleiterin befördert wurde.

Das sind nur einige Beispiele. Immer wieder erlebte ich Frauen, die mit Hilfe des «Secret Healing Codes» aus ihrem Leiden genau die Befreiung fanden, die sie schon so lange ersehnten.

Das Loslassen vom Druck der Selbstzweifel liess ihr Leben wie von alleine aufblühen.

Je mehr eine Frau für sich selbst begann zu blühen, desto mehr begann ihr Leben im Aussen zu blühen.

Der *«Secret Healing Code»* ist die Methode, die dir hilft, genau in den schwersten Herausforderungen des Lebens und deinen dunkelsten Stunden unter grossem Stress eine Lösung und *eine lebenswerte Perspektive* zu schaffen.

Wandle dein Leid in dein Glück mit dem «Secret Healing Code»

Im Konflikt liegt auch dessen Lösung.

Der Konflikt ist die Lösung, wenn wir fähig sind, den Konflikt und seine Ursache zu verstehen. Und dabei hilft uns der «Secret Healing Code».

Normalerweise wünschen sich die meisten Frauen, wenn ich sie kennen lerne, einfach ihr altes Leben zurück und wagen es nicht mehr zu träumen oder sich Ziele zu setzen, die grösser sind als das, was sie schon kennen. Das Leben, welches sie dann allerdings erschaffen, ist weitaus erfüllter, freier, gesünder und grossartiger als das Leben, das sie vor der Kenntnis des «Secret Healing Codes» hatten. Das ist das Ziel.

Eine Krise ist eine Herausforderung, grösser und stärker zu werden und nicht zurückzuschauen.

Viele Frauen empfinden ihre Heilung immer noch als ein Wunder. Sie waren sich ein Wunder geworden. Sie haben sich selbst erstaunt. Sie haben durch die Heilung ihrer psychischen Leiden etwas Grösseres erschaffen als je zuvor und können so ihr Leid als den Beginn des Durchbruchs ihres Lebens sehen. Das wünsche ich mir auch für dich!

Die Genesung von meiner Erschöpfungsdepression und meinen Wahnvorstellungen hat mir den «Secret Healing Code» offenbart und gezeigt, dass im psychischen und emotionalen Leid ein Potenzial schlummert, das befreit und gelebt werden will. 2013 lag ich noch erschöpft und lebensmüde auf dem Fussboden und wollte sterben. Heute schreibe ich

ein Buch über meine Selbstheilung und die Methode, die ich gefunden habe und welche bisher über 2000 Frauen geholfen hat, sich selbst von Depression, Angst und Erschöpfung zu heilen und ihre körperlichen Symptome zu überwinden. Hätte man mir das vor einigen Jahren gesagt, dass ich einmal so viel Erfolg, Erfüllung und Leichtigkeit erlebe, ich hätte es nicht geglaubt.Wenn du dich erstaunst, kannst du dich bewundern. Wenn du dich bewundern kannst, dann verliebst du dich in dich und niemand kann dich mehr davon überzeugen, dass du nicht gut genug bist oder etwas leisten musst, um geliebt zu werden. Und wenn du dich selbst liebst und an dich glaubst, kannst du emotional unabhängig werden und wundervolle Beziehungen eingehen, die nicht von Verlustangst geprägt sind.

Das ist der Anfang deines wahren Lebens als Königin. Der Weg einer erwachten Frau, die in Liebe zu sich ein Leben erschafft, das sie erfreut, glücklich macht und ihr Herz weich und offen hält.

Du kennst dich. Du verstehst dich. Du brauchst niemanden mehr zu fragen, was für dich gut ist. Du weisst, was du willst und was du brauchst. Du fühlst dich. Du bist so sehr mit dir verbunden und kannst dein Herzen so klar hören, dass du stets genau weisst, was zu tun ist, um Frieden, Harmonie und Lebendigkeit zu vermehren. Du bist voller Kraft und fühlst dich sehr belastbar. Du bist leistungsfähiger denn je, obwohl du noch nie so entspannt warst. Du managst eine Vielzahl von Dingen, wovon du früher geglaubt hast, dass das nicht geht ohne dich dabei selbst zu verlieren. Du kannst die Dinge in einer Haltung erledigen, die dir dient und das Geniessen zulässt. Deine Kraft ist frei und steht dir zur Verfügung für all deine Hobbies, Projekte und Ziele. Verantwortung stört dich nicht mehr, im Gegenteil, du liebst Verantwortung und hast gemerkt, dass du dadurch sehr frei bist und es einfach ist, Probleme zu lösen. Du springst morgens aus dem Bett und freust dich auf deinen Tag. Du weisst genau, was zu tun ist, dass dieser Tag der Beste deines Lebens wird.

Du hast gelernt, deine Gedanken zu führen und in die Richtung zu lenken, welche dir gut tut. Dein Fokus ist da, wo du ihn haben willst. Keine Gedanken-Karusselle mehr, die dir den Schlaf rauben, weil du sie unterbrechen und in dein Herz, deine innere Ruhe, zurückkehren kannst. Du bist verbunden mit dem Ort in dir, der still ist, klar und rein. Und dahin kannst du dich jederzeit zurückziehen, um dich zu erholen und dein Denken loszulassen; selbst inmitten von Menschen und auch während schwierigen Diskussionen. An diesem Ort bist du daheim und niemand kann dich mehr verletzen. Du hast innere Sicherheit und Frieden gefunden, den dir niemand mehr nehmen kann.

Selbst wenn dich jemand verlässt, zerstört dich das nicht mehr, weil du in dir deinen Halt hast, in der Beziehung und Liebe zu dir. Du kannst die Dinge kommen und gehen lassen ohne zu leiden, weil du in keine Abhängigkeiten mehr verstrickt bist. Dein Leben entsteht aus einer tiefen Führung, die unter deinem Herzen am Ursprung deiner Lebenskraft liegt.

Du kannst DU selbst sein und schwere Themen ohne Angst ansprechen. Das ermöglicht dir ganz tolle Beziehungen und Menschen schätzen und wertschätzen dich so sehr für deine Offenheit, Direktheit aber auch der Unabhängigkeit darin. Du kannst dein Herz offen auf den Tisch legen und der Welt zeigen und es fällt dir nicht mehr schwer über deine schlimmsten Abgründe ohne Furcht zu sprechen, weil du dir für alles verziehen hast und hinter dir stehst. So kann dich nichts mehr verletzen. Du bist sicher und stark in dir. Keiner kann dich mehr manipulieren oder missbrauchen. Du durchschaust diese

Absichten sofort und kannst nein sagen, ohne andere zu beschuldigen. Missbrauch, Grenzüberschreitungen sind damit nicht mehr möglich. Du bist innen frei. Man sieht es dir an!

Du hast Selbstvertrauen. Du strahlst. Du hast Charisma. Du gehst deinen Weg. Du liebst dich. Du sorgst für dich.

Und die Menschen lieben dich dafür. Du inspirierst sie sogar mit deinem Weg. Die Menschen lieben deine Anwesenheit und laden dich gern ein, weil du mit deiner Authentizität und Offenheit so eine grosse Bereicherung bist und deine Unkompliziertheit sehr geschätzt wird.

Du hast viel inneren Raum gewonnen und neue Talente und Gaben in dir entdeckt, mit denen du unzählige Möglichkeiten hast deinen Lebensunterhalt zu verdienen oder dich darüber zu verwirklichen. Irgendwie bist du Herr*in der Zeit geworden. Obwohl du viel mehr machst, hast du mehr Zeit. Du hast erkannt, Zeit ist relativ und wenn du den «Secret Healing Code» anwendest, bekommst du mehr davon. Mehr Zeit und mehr Raum, obwohl du mehr tust und aktiver bist als früher.

Viele meiner Klient*innen und Patient*innen erfahren viel mehr Wertschätzung, nachdem sie sich selbst gefunden und sich kennen gelernt haben mit dem «Secret Healing Code» und sie erleben auch oft mehr Möglichkeiten und bessere Angebote auf dem Arbeitsmarkt.

Sie können viel besser ihren Wert kommunizieren und verhandeln. Ihre Standhaftigkeit macht sie vertrauenswürdig und klar, was viele Arbeitgeber sehr schätzen.

Heike

Heike kam ebenfalls wegen Erschöpfung und depressiven Verstimmungen zu mir. Sie hatte starke Gebärmutterprobleme und erkannte in einem unserer Seminare, dass diese Wechseljahressymptome mit ihrem angepassten Leben zusammenhängen.

Heike ist eine sehr intelligente und sehr lustige, lebensfrohe Frau mit unendlich viel Power. Doch sie hat ihre Kraft bisher mehr in ihren Mann, ihre Kinder und ihren Arbeitsgeber investiert. Sie war die Frau eines Arztes und hatte für ihn alles im Hintergrund erledigt, selbst kam sie kaum zu Anerkennung und verlor über die Jahre ihr

Selbstvertrauen und wurde sehr unglücklich. Jetzt nach der Scheidung hatte sie einen Job, der ihren Fähigkeiten überhaupt nicht entsprach. Sie war total unterfordert und unterbezahlt. Da sie aber keine Papiere vorzuweisen hatte, dachte Heike, sie müsste sich mit dem Job eben zufriedengeben. Als wir begannen zusammenzuarbeiten, war ziemlich schnell klar, dass sie selbständig arbeiten möchte. Sie unternahm die ersten Schritte und buchte meine Weiterbildung für Therapeuten – die Tara Healers, erfolgreich und frei als Heilerin. In dieser Weiterbildung lernte sie Menschen mit dem «Secret Healing Code» in die Freiheit und ins Glück zu führen.

Weil Heike intelligent war und gerne arbeitete, sah sie ziemlich schnell, dass das Unternehmen, in dem sie arbeitete, von grossen Problemen im Personalbereich geprägt war. Es gab sehr viele Krankschreibungen und Kündigungen. Heike, die begeistert vom «Secret Healing Code», nun wusste, was möglich war, und dass Leiden und Mobbing nicht nötig sind, machte sie sich die Verbesserung der Umstände für Arbeitnehmer zur Aufgabe. Sie riskierte ihren Ruf und setzte sich für ihre Mitarbeiter ein.

Sie machte das so gekonnt, souverän und klug, dass sie nach vier Monaten, zum Ende unserer Zusammenarbeit von ihrem Chef um fünf Lohnstufen erhöht wurde und in die Teamleitung befördert wurde.

Ihr wurde intern eine Stelle geschaffen, die es vorher nicht gab: Mediation und Coaching für Teams und Mitarbeiter. Dies alles ohne eine Weiterbildung absolvieren zu müssen. Mit ihrer positiven Art, Klarheit und inneren Stärke entwickelte sie aus sich heraus Führungsqualität, die ihr Chef erkannte. Seit Heike diese Stellung innehatte, ging die Krankheits- und Kündigungsrate drastisch zurück.

In der Zeit der Entwicklung verbesserte sich Heikes Gesundheitszustand sehr stark. Ihre Erschöpfung verschwand vollständig und ihre Wechseljahressymptome wurden ruhig.

Das Beispiel von Heike zeigt so schön, wie sich die Veränderung deines Selbstvertrauens, die Klarheit und das Wissen über die Funktion des Innenlebens, das sie im «Secret Healing Code» lernte, zu einem Resultat führten, das sich kaum jemand getraut hätte vorzustellen. Um fünf Lohnstufen erhöht zu werden, das hätten alle für grössenwahnsinnig gehalten, hätte Heike das gefordert.

Sie hat gezeigt: Die richtige Einstellung zum Leben ist mehr wert als Diplome. Fähigkeiten werden mehr gebraucht als Wissen. So kannst du viel mehr erreichen, wenn du dich selbst weiterentwickelst, befreist und in deine Mitte kommst, als wenn du viel Wissen in dich

hineinstopfst und dabei unsicher bleibst. Ebenfalls ist es ein gutes Beispiel dafür, dass in den körperlichen Symptomen, die eine Erschöpfung oder eine Depression begleiten, oft die unterdrückten Fähigkeiten und die Kraft steckt, mit der du grossartiges bewirken könntest. Vielen Frauen geht es ähnlich wie Heike. Sie haben sich jahrelang um die Kinder gekümmert und Haushalt und eventuell noch Arbeiten für ihren Mann erledigt, die Familie und die Sozialkontakte gemanagt und werden dann, wenn die Kinder gross sind, depressiv oder auch körperlich krank und haben starke Probleme die Kinder loszulassen und zu akzeptieren, dass sie auf dem Markt nichts mehr wert sind. Ihre oft so starken Fähigkeiten werden nicht anerkannt, weil sie dafür keine Ausbildung haben. Ich zeige all diesen Frauen, wie sie zu ihrem Wert stehen können, an sich glauben und ihre über Jahre erworbenen Fähigkeiten wieder marktfähig machen. Die Krise nach dem Ausziehen der Kinder fordert eine Neuorientierung, die oft über die Grenzen des für sie Vorstellbaren hinausgehen muss, um sich selbst zu heilen.

Hier hilft zu verstehen, dass wenn wir unsere Persönlichkeit verändern und uns tief mit uns versöhnen,gleichzeitig unseren Wert erkennen und kommunizieren lernen, die optimale Lösung oder Arbeitsstelle uns von selbst findet. Wir müssen sie nicht suchen. Nur vertrauen, dass sie da sind und uns finden, wenn wir uns selbst erkennen und in unsere Mitte kommen

Stell dir vor, plötzlich wirst du in deinen Fähigkeiten gesehen und darin unterstützt ohne darum zu bitten. Stell dir vor, Geld verdienen wird viel einfacher, weil du viel mehr Verantwortung tragen kannst. Stell dir vor, du hast dich wie all diese Frauen selbst erkannt, kennst dich und kannst klar ja und klar nein sagen. Dann ist auf dich Verlass. Und wenn auf dich Verlass ist, dann vertrauen dir die Menschen und geben dir vom Wertvollsten, was sie haben: Respekt, Liebe, Wertschätzung, ihr Herz, Geld, Energie, Zeit und Raum.

Das Kämpfen hat ein Ende. Die Fülle kommt. Die Leichtigkeit kommt. Du bist angekommen und hast einen Platz in dieser Welt gefunden.

Möchtest du das auch? Dann glaub an dich! Daran, dass du das auch kannst und gibt nicht auf bevor du es erreicht hast.

Denn du hast dieses Buch in den Händen, nicht um etwas Geringeres zu erreichen als das, was Heike sich erschaffen und erreicht hat. Ein Leben, in dem sie sich für sich einsetzen kann und damit an Wertschätzung gewinnt. Ein Leben, in dem sie sich selbst sein kann und dafür respektiert und sogar begehrt wird. Ein Leben, in dem sie frei ist und gesund und sich in all ihren Lebensbereichen stark und gelassen fühlt.

Warum 95 Prozent aller Therapien nicht nachhaltig helfen bei psychischem und emotionalem Leid

Wichtig ist mir an dieser Stelle der Hinweis, dass ich fest davon überzeugt bin, dass jede Therapeut*in und Ärzt *in das Beste gibt und nach bestem Wissen und Gewissen die Patient*innen behandelt. Niemand beabsichtigt, seine Klient*innen und Patient*innen nicht zu heilen oder krank zu machen. Es ist nicht ein Problem des Willens der Therapeut*innen und Ärzt*innen, sondern ein Problem des Wissens und Verstehens um die tiefe Ursache im Leiden einer Menschenseele. Es gibt aller-dings einen Grund, warum so viele Menschen ihre Angststörungen und Depressionen nicht überwinden, Erschöpfung immer wieder kommt und chronische Krankheiten und Krebs häufiger werden. Es gibt auch einen Grund, warum die meisten Menschen im Laufe der Jahre in ihrem Gemüt verhärten, statt weich und flexibel zu werden. Im Alter ist Verbitterung weitaus öfters anzutreffen als glückliche Gelassenheit.

Wie komme ich zu der Aussage, dass 95 Prozent aller Therapien nur Symptome bekämpfen, statt die Ursache zu behandeln? Ist das nicht unrecht oder frech?

Aus meiner eigenen Erfahrung mit meiner Methode «The Secret Healing Code» in meiner eigenen Leidens- und Genesungsgeschichte und der all meiner Klient*innen habe ich gesehen, dass jedes Mal, wenn wir das Symptom behandeln, es zu einer Verstärkung des Symptoms kommt, anstatt zu einer Linderung. Und erst wenn wir die wahre Ursache beseitigen können, löst sich das Symptom vollständig auf; erstaunlicherweise dann so schnell, dass wir es kaum fassen können und es schon fast Wunderheilung nennen müssen. Es offenbarte sich eine Gesetzmässigkeit, an der wir erkennen können, ob wir die Ursache einer Krankheit oder deren Auswirkungen und Symptome behandeln. Es wird erst an den

Auswirkungen der Therapie klar, ob wir die Ursache erwischt haben. Hier meine ich sowohl die kurzfristige wie auch langfristige Auswirkung der Therapie.

Denn weiter habe ich beobachtet, dass die Behandlung der Symptome am Anfang zu einer Verbesserung und Erleichterung führt, um dann danach stärker und intensiver zurückzukehren. Das habe ich bei vielen meiner Klient*innen gesehen, die ihre Depression mit Medikamenten oder symptomatischen Therapien behandelt haben, um ihren Alltag und ihren Beruf weiter ausüben zu können. Alle mussten sie die Menge der Psychopharmaka mit der Zeit erhöhen, um die gleiche Wirkung zu erzielen oder es kamen neue Beschwerden auf der körperlichen oder emotionalen Ebene dazu. Es zeigt sich hier genau diese Gesetzmässigkeit: Bei Behandlung der Symptome verstärkt sich die Kraft in den Symptomen. Und so hatten viele meiner Patient*innen mehrere Psychopharmaka oder Therapien gleichzeitig und die Heilung oder Besserung ihres Zustandes schien hoffnungslos und unglaublich weit weg.

Nina

Nina hatte eine schwierige Kindheit und alle Traumata, die man sich vorstellen konnte, von Missbrauch bis Gewalt und die Verstossung durch die Eltern, weil sie sich gegen die Sekte «Zeugen Jehovas» wehrte. Ihr wurde eine Borderline-Persönlichkeitsstörung diagnostiziert und sie hatte schon viele stationäre Klinikaufenthalte hinter sich. Sie musste zehn verschiedene Medikamente einnehmen und stand unter einer Beistandschaft und einer Invaliditätsberentung, als wir unsere Zusammenarbeit begannen. Sie kam auf Empfehlung von einer Psychiatriekrankenschwester, die meine Arbeit kannte, um für sich Selbstheilung mit dem «Secret Healing Code» zu lernen. Wir erarbeiteten Schritt für Schritt die Bedeutung all ihrer Gefühle und sie erkannte immer mehr, dass sie sich und ihrer Wahrnehmung vertrauen kann. Sie verstand ihre Wut und ihre Selbstverletzung, entwickelte Mitgefühl für sich selbst und begann sich zu befreien von allen Abhängigkeiten. Sie lernte nein zu sagen und veränderte ihre innere Haltung, indem sie begann, positiv über das Leben zu denken. Dieses positive Denken war keine Affirmation, sondern ein tiefes Vertrauen in ihre Gefühle und ihren Körper, weil dieser schon immer die Wahrheit kannte und sich gegen alle Unterdrückung wehrte. Sie erkannte sich als eine starke, nicht zu manipulierende Frau, die genau weiss, was sie will. So konnte sie ihre Kraft nun für sich einsetzen, statt gegen sich und entwickelte grosse Energie und Kraft, ihre Symptome und Lebensumstände schnell und radikal zu verändern. Nach sechs Monaten Befreiungsarbeit mit dem «Secret Healing Code» hatte sie dann neun von zehn Medikamente ohne Nebenwirkungen einfach abgesetzt. Ich erfuhr davon erst, als sie es hinter sich hatte. Das allerletzte Medikament, welches sie am meisten fürchtete, setzte sie dann acht Monate nach dem Beginn der Zusammenarbeit ab, weil sie sich nicht mehr gut fühlte und vermutete, dass die verbliebenen, körperlichen Beschwerden vom Medikament herrührten. Sie hatte recht. Nach dem Absetzen des Medikaments verschwanden die Symptome. Nina hat sich sehr gut einschätzen und spüren gelernt und ihren Körper so gut verstanden, dass sie es wagte, ihre Medikamente abzusetzen. Ihre Psychologin war äusserst erstaunt über die schnelle und positive Entwicklung von Nina und empfiehlt seither den «Secret Healing Code» weiteren Patient*innen. Heute lebt Nina ein vollkommen normales Leben, ihre Beistandschaft wurde aufgelöst und sie ist wieder ins Berufsleben eingegliedert. Sie fühlt sich stark, normal und gesund und hat erfüllende Beziehungen zu ihrer Tochter und ihrem Partner. Vor kurzer Zeit hat sie eine Ausbildung begonnen und beginnt ihr zweites Leben.

Nina sagt heute:

«Vergiss die Psychiater und Psychologen... ich bin, seit ich 16 bin, bei Psychologen und zum ersten Mal fühle ich, dass ich wirklich heile. Der «Secret Healing Code» ist unbezahlbar! Ich bin so dankbar!»

Ninas Beispiel zeigt so schön, dass selbst schwere und komplexe Traumata sich verhältnismässig leicht und schnell lösen können, wenn wir nicht im Aussen nach den Ursachen suchen und versuchen sie zu ändern, sondern wenn wir lernen, uns selbst zu verstehen in den Reaktionen auf die Erlebnisse. Nina hat erkannt, dass sie auf alle ihre schweren Erlebnisse lebendig und richtig reagiert hat, um sich selbst so gesund und frei zu halten wie nur möglich. Sie lernte sich ganz neu vertrauen. Das war die Grundlage, um eine neue Sicherheit im Leben unabhängig von Menschen und Beziehungen zu finden und den Halt in sich selbst zu schaffen. Das machte sie stark und aus dieser Position konnte sie sich ein neues Leben erschaffen.

Ein neues Leben erschaffen geht nicht mit Misstrauen in sich selbst. Nur diejenigen sich vertraut und kennt, kann aus sich, ohne in weitere Abhängigkeiten zu fallen, Dinge erreichen, die sie noch nie erreicht hat. Die Wunderheilung vom «Secret Healing Code» basiert nicht auf meinem persönlichen Können, sondern darauf, dass diese Methode der jeweiligen Klient*in und Patient*in ein neues Selbstverständnis und starkes Vertrauen in die innere Führung verleiht, indem sie in ihren Gefühlen und der Angst erkennt, was sie braucht, um glücklich, frei und gesund zu werden und zu bleiben. Sie erkennen aus sich, wann Beziehungen schädlich werden und was sie tun können, damit sie sich in ihren Beziehungen wertvoll und frei fühlen.

Diese Heilung hat gezeigt, was möglich ist, wenn wir die Ursache behandeln und die Symptombehandlung stoppen. Es ist für mich heute noch immer ein unglaubliches Beispiel dafür, welche Kräfte eine Frau in sich befreien kann, wenn sie heilen will, sich und ihre Gefühle versteht und an sich glaubt.

Warum wird das Symptom stärker, wenn wir es behandeln?

Wir können uns das am Bild eines Baumes gut vorstellen. Wenn wir einem Baum die Äste schneiden, ihn zurückschneiden, dann bringt er mehr Kraft in die Äste und in seine Früchte. Darum schneiden wir Obstbäume. Wir wollen mehr Kraft in den Früchten. Wenn wir allerdings einem Körper das Symptom nehmen oder wegschneiden, dann bringt er mehr Kraft in die bisherigen oder sogar neuen Symptome. So erzeugen wir Rückfälle oder auch Verschlechterungen.

Symptome unterdrücken können wir mit oder ohne Medikamente. Mit Schul- oder Alternativmedizin, durch Gespräche sowie Arzneimittel. Es spielt keine Rolle, welche Therapie wir anwenden, sondern die Herangehensweise und Haltung der Therapeut*in und der Patient*in bestimmt den Verlauf der Krankheit. Wenn wir also dem Baum die Äste schneiden, bringt er mehr Kraft in die Früchte. Wenn wir hingegen dem Baum die Wurzeln schneiden, sterben die Äste, ohne dass wir etwas dazu tun müssen. Wenn wir die Ursache wegschneiden, dann entziehen wir dem Symptom die Kraft und die Existenzgrundlage. In diesem Buch versuche ich dir zu zeigen, wie du selbst die Wurzeln deiner Angst, deiner Erschöpfung, deiner Depression und deines inneren Leidens abschneidest, damit die negativen Auswirkungen auf deinen Körper, deine Beziehungen und dein Leben zurück gehen und Gesundheit, Frieden und Freiheit hinterlassen.

Gesundheit und Glück können wir nicht aktiv herbeiführen. Genauso wenig wie Schlaf, Regeneration oder Erkenntnis, wir können nur die Voraussetzungen dafür schaffen, um von Gesundheit abgeholt zu werden.

Heilung, Freiheit und Glück sind möglich, wenn wir das wegnehmen, was die Krankheit erzeugt und erhält. Das bedeutet, sich um die Ursache des Glücks zu kümmern und zu lernen, dieses zu finden und zu entfalten. Das ist das grosse Anliegen des «Secret Healing Codes».

Was ist nun die wirkliche Ursache hinter den psychischen und emotionalen Leiden?

Die Erschöpfung, die Angst, die Trauer, die Wut, der Stress, die körperlichen Symptome und die Unruhe – alles sind sie nur Symptome und keine Ursachen. Ich habe erkannt, dass die Ursache hinter allen Symptomen die Haltung der jeweiligen Klientin zu sich selbst und dem Leben ist. Die Art und Weise, was sie glaubt und für richtig oder falsch hält. Was sie versucht zu sein und nicht zu sein. Das bestimmt ihr Leben massgeblich – mehr als alles andere. Es kreiert ihre Wahrnehmung und dadurch ihre Erfahrung.

Die Ursache der Ursachen von emotionalem Leiden: Der Zweifel

Was ist die tiefe Ursache hinter allen Symptomen? Der Zweifel an der eigenen Person. Der Zweifel an der Güte und Gerechtigkeit des Lebens und der Zweifel an den anderen. Der Zweifel bringt Misstrauen in Form von Enttäuschung, Kränkung, Verletzung und Verluste. Der Zweifel trennt uns vom Vertrauen in uns und dem Vertrauen ins Leben. Vertrauen aber ist der Boden, auf dem die Blumen der Liebe, der Freiheit und der Gelassenheit wachsen, welche ebenfalls die Voraussetzungen für körperliche Gesundheit sind. Der Zweifel an sich erzeugt die Verhärtung des Herzens und vergiftet unseren Geist mit Missgunst, Eifersucht, Zorn, Angst, Geiz und Gier. Der Geist ohne Zweifel offenbart unsere wahre Natur und unser wahres inneres Gleichgewicht. Und in diesem Gleichgewicht, wenn wir ohne Zweifel einfach Mensch sind, ist Ruhe, Frieden, Vertrauen und Angebundensein. In diesem Angebundensein fühlen wir uns sicher, geborgen und durch das Herz durchs Leben geführt.

Ich habe die Erfahrung gemacht, dass meine Klient*innen und Patient*innen viele Jahre lang in Selbstzweifeln lebten und viele Entscheidungen aufgrund von Zweifeln fällten, die sie immer mehr vom Vertrauen zu sich wegführten. Sie wurden abhängig von Umständen und Menschen, deren Rat sie befolgten und deren Hilfe sie brauchten, um sich sicher zu fühlen. Diese Abhängigkeit von Menschen, die helfen, raten und führen, brachte sie in die Enge der Depression, in die Erschöpfung oder chronischen Angstzustände. Nicht selbst entscheiden zu können, ist der Inbegriff der Fremdbestimmung. Ob diese Unfreiheit von aussen oder durch Zweifel aus meinem Inneren entsteht, spielt keine Rolle. Nicht entscheiden zu dürfen im Aussen, ist das Äquivalent zum nicht entscheiden können durch Selbstzweifel. Beides ist ein Gefängnis der Fremdbestimmung. Wer abhängig ist, muss stets fürchten zu verlieren. Wer fremdbestimmt ist, muss stets fürchten bestraft zu werden. Wer abhängig von Dritten ist, muss stets fürchten, dass diese die Abhängigkeit ausnutzen. Das ist ein schreckliches Gefängnis.

Der Weg aus der Depression zurück ins Leben ist der Weg der Ermächtigung aus allen Abhängigkeiten, die auf Selbstzweifel basieren und die Aufforderung, die eigenen Zweifel und die daraus resultierende Selbstablehnung zu überwinden und ein gesundes Vertrauen zu sich und dem Leben zu finden oder zu entwickeln.

Ein Vertrauen in mich, das mich unabhängig macht von Menschen und Umständen. Das mich befähigt, die Antworten und Lösungen meiner Fragen selbst zu finden, die ich brauche, um mich in meinem Leben zu orientieren, sicher zu fühlen und richtige Entscheidungen zu fällen.

Wenn wir unser Schicksal ändern wollen, dürfen wir lernen, unsere Haltung zu uns selbst und dem Leben zu ändern

Den Frauen, die zu mir kommen, ist ihre Haltung nicht bewusst. Sie leben mit ihr und denken, sie hätten keine Wahl. Sie fühlen sich von ihren Gedanken unter Druck gesetzt und fürchten die Kraft ihrer Gefühle. Die Ansichten und Glaubenssätze, die unsere Haltung formen, haben wir vom Umfeld übernommen; von Eltern, Lehrer*innen, Freund*innen und der Gesellschaft. Darum gibt es je nach Kultur und Sozialisierung unterschiedliche Krankheiten im körperlichen wie auch psychischen Bereich.

Diese angelernte, unbewusste Haltung zu überwinden und in der Folge so zu formen, dass sie uns dient, inneren Frieden, Stabilität und Kraft verleiht, ist somit der Weg von einem unbewussten Leben in ein bewusstes Leben und die Heilung von tiefem, seelischem Leid. Wenn wir gelernt haben, dass wir abgelehnt werden, wenn wir zu viel wollen, dann ist diese Überzeugung in uns drin und reproduziert diese Erfahrung immer wieder, ausser wir ändern diese. Viele meiner Klient*innen gehen davon aus, dass wir alles, was wir gelernt haben, nicht wieder verlernen können. Diese Einstellung bringt uns in die Sackgasse von unüberwindbaren Leiden und langjährigen Traumatisierungen. So entsteht grosse Ohnmacht und damit die Hartnäckigkeit von psychischen Leiden.

Meine Klient*innen fühlen sich gefangen in ihrer Haltung, ihren Gedanken und ihrer Realität und bekämpfen deren Auswirkungen, statt die Gedanken und ihre Haltung zu sich selbst zu ändern. Alle Erlebnisse unserer Kindheit und alle schmerzvollen Erfahrungen im Erwachsenenleben sind nur so lange bedrohlich für uns, wie sie die Beziehung zu uns selbst schädigen und Selbstzweifel fördern. Das grösste Übel meines eigenen Missbrauchstraumas war, dass es die Selbstzweifel und meine Selbstablehnung massiv verstärkte. Als ich diese Selbstzweifel überwand und mir vertrauen lernte, indem ich mich selbst schützen lernte, wurde das Trauma vollständig aufgelöst.

Das Trauma existiert nur in unserer Haltung, unserer Interpretation dieser Erfahrung, mit der meistens eine starke Selbstablehnung oder ein Misstrauen in die eigene Wahrnehmung einhergeht. Die Ursache im Aussen zu bekämpfen, indem ich versuche die guten von den bösen Menschen zu unterscheiden, die empathischen von den nicht empathischen, das ist Sisiphus-Arbeit und bringt weitere Erschöpfung und damit viel Leid und Verbitterung, Verzweiflung und chronischen Stress.

Die Interpretation unserer Erfahrung, die uns zu Selbstzweifeln und Selbstablehnung führt, ist die Ursache von wiederholt schweren Erfahrungen und Traumatisierung. Nicht das Erlebnis selbst.

Wie kannst du eine Haltung entwickeln, die deine Träume und Ziele realistisch machen?

Mit dem «Secret Healing Code» möchte ich dir im ersten Schritt zeigen, wie du lernst, deine Haltung nicht mehr zu bekämpfen, sondern anzunehmen. Sich selbst nicht mehr zu bekämpfen ist grundlegend, um überhaupt Freiheit und Selbstheilung zu finden. Der Kampf gegen sich selbst ist eine der grössten Quellen für Selbstzweifel und Selbstwertprobleme. Wenn ich die Kraft im Kampf gegen mich verliere, wird mich jede Veränderung überfordern und zum Aufgeben führen. Erst wenn wir keinen Kampf mehr gegen uns selbst führen, finden wir, was wir wirklich wollen und können unser Leben auf die Ziele ausrichten, die uns wahrhaftig glücklich machen. Wenn ich meine Haltung erkenne und lerne von mir als Person abzulösen, dann habe ich die Chance, die Ursache meines Leides zu überwinden und eine neue Haltung zu wählen, die mir, meinem inneren Rhythmus, meiner Wesensart und meinem Frieden entspricht. Erst, wenn du dir selbst vertraust, kannst du dein Leben so verändern, dass es dir gut tut.

Dir selbst zu misstrauen ist die Fessel an die Fremdbestimmung und der Kreislauf der Angst.

*Solange die Therapeut*in oder Ärzt*in die Verantwortung über deine Heilung übernimmt, bleibst du emotional und psychisch unheilbar*

Ein weiterer Grund, warum viele meiner Klient*innen über Jahre oder sogar Jahrzehnte nicht gesund geworden sind, liegt in der Abhängigkeit von Medikamenten, ihren Therapeut*innen oder ihren Ärzt*innen. Solange die Ärzt*in, das Medikament oder die Therapeut*in die Verantwortung über deine Heilung von deinem emotionalen und psychischen Leiden trägt, kannst du diese nicht überwinden und die in deinem Leiden verborgene schmerzliche Haltung nicht überwinden. Dies ist der grosse Unterschied zwischen der Behandlung von körperlichen Symptomen und emotional-psychischen. Auf der körperlichen Ebene ist die Hilfe von anderen Menschen oft unumgänglich. Emotional ist es unsere eigene Aufgabe und keine Person ausser uns selbst kann uns wahre Freiheit und Glück geben.

Eine leidbringende Lebenshaltung basiert auf vielen Selbstzweifeln.

Selbstzweifel führen zu Abhängigkeiten und diese führen wiederum zur Vermehrung der Selbstzweifel. Die Abhängigkeit von Therapeut*innen und Medikamenten verstärken den Zweifel an sich selbst. Die Fähigkeit, aus sich heraus, ohne Hilfe, gute Entscheidungen zu treffen, wird so verringert und wir kommen in eine Abwärtsspirale.

Wie soll eine Person Selbstvertrauen lernen, wenn die Therapeut*in und Ärzt*in für die Patient*in die Entscheidungen trifft? Klinikaufenthalte, Vormundschaften und auch Berentungen nehmen die Selbstverantwortung und sind Gründe, warum viele Menschen, die einmal darin verstrickt sind, kaum Besserung ihrer Leiden finden. Je mehr uns Entscheidungen abgenommen werden, desto weniger haben wir die Chance, emotional frei und glücklich mit uns selbst zu werden und uns aus uns selbst zu heilen. So ist der «Secret Healing Code» eine Strategie, welche den Frauen hilft, gute Entscheidungen zu treffen, sich selbst zu vertrauen und zu lernen, in ihren Gefühlen und Gedanken einen Kompass zu finden, um damit selbst ihren Lebensweg zu finden.

Das bedeutet nicht, dass wir auf emotionaler Ebene keine Hilfe mehr annehmen dürfen, sondern, dass wir diese Hilfe bewusst wählen und die Verantwortung selbst tragen.

Hilfe annehmen ist sehr wichtig und für ein glückliches und leichtes Leben unumgänglich, aber Hilfe annehmen, ohne dabei abhängig und unfrei, fremdbestimmt oder ohnmächtig zu werden, das ist die Kunst mit dem «Secret Healing Code».

*Ein Beispiel zum leichteren Verständnis: Ich folge einem Rat meiner Partner*in*

Stell dir folgendes vor: Wir fragen unsere Partner*in nach einem Rat. Wenn wir diesem Rat folgen, dann liegt die Konsequenz, die aus diesem Ratschlag resultiert, bei uns und nicht bei unserer Partner*in, auch wenn der Rat von meinem Gegenüber gekommen ist. Wir haben selbst entschieden, auf unsere Partner*in zu hören und den Rat zu befolgen. So trage ich die Verantwortung für die Konsequenzen. Wenn der Rat falsch war, so trage ich die Konsequenzen dafür. Wenn der Rat zum Erfolg führt, so ist es ebenfalls mein

Erfolg, weil ich diejenige war, die auf den Rat meiner Partner*in hörte. Das ist eine gesunde Haltung, die mich emotional frei lässt, selbst wenn ich Hilfe annehme. Ich bin unabhängig, obwohl ich es so mache, wie es mir jemand vorschlägt. Wenn wir allerdings unsere Partner*in für die Konsequenzen verantwortlich machen, egal ob sie positiv oder negativ sind, so werden wir erstens abhängig und zweitens können wir das Problem weder lösen noch den Erfolg für uns anerkennen.

Andere für die Konsequenzen eines Ratschlages verantwortlich zu machen führt dazu, dass Hilfe annehmen für uns zu einer gefährlichen Sache wird, weil es unser Selbstvertrauen mindert.

Selbst dann, wenn ich den Rat einer anderen Person verfolge, war das meine Entscheidung auf diese Person zu hören. Wir entscheiden auch dann, wenn wir uns dafür entscheiden, nicht selbst zu entscheiden. Wir entscheiden immer selbst. Sich dessen bewusst zu werden öffnet den Raum, um unser Leben in allen Bereichen und Details zu verändern.

Entscheidungen zu treffen ist wichtig, um zu lernen Entscheidungen zu treffen!

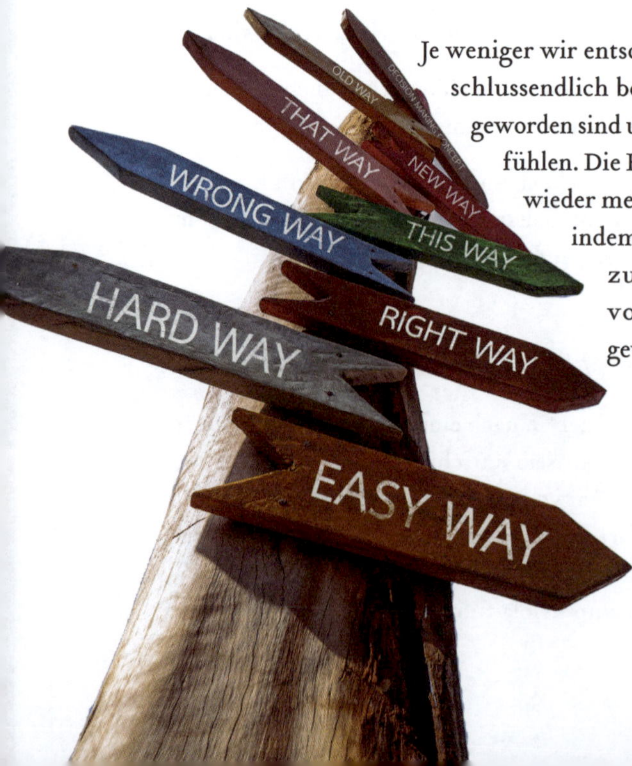

Je weniger wir entscheiden, desto mehr verlernen wir es. Und schlussendlich bemerken wir, dass wir innerlich unsicher geworden sind und uns von unseren Mitmenschen abhängig fühlen. Die Heilung von emotionalem Leiden bedeutet, wieder mehr Verantwortung übernehmen zu lernen; indem wir wieder fähig werden, Entscheidungen zu treffen und mit den Konsequenzen von Entscheidungen konstruktiv und gewinnbringend umzugehen.

Selbstverantwortung als Schlüssel zur schnellen Heilung

Für Menschen mit emotionalen oder psychischen Leiden gibt es keine andere Heilung als die Selbstheilung durch Selbstverantwortung. Und Selbstverantwortung übernehmen bedeutet, sich selbst zu 100 Prozent zu vertrauen und verzeihen zu lernen.

Wenn wir uns fremdbestimmt fühlen, dann immer, weil wir anderen mehr vertrauen als uns selbst. Und wir anderen die Macht überlassen, für uns und über uns zu entscheiden.

Diese Tatsache nimmt vielen Menschen viel Energie und schränkt die Möglichkeiten unserer Handlungen ein. Fremdbestimmung bedeutet somit, dass wir die Verantwortung über wichtige Entscheidungen unseres emotionalen und psychischen Wohlbefindens ans Umfeld abgegeben haben.

Selbstverantwortung ist also anders gesagt auch FREIHEIT.

Mir ist es wichtig, dir hier diesen Zusammenhang klar zu machen, da absolute Freiheit nur erreicht werden kann, indem du selbst entscheidest, und zwar in allen Lebensbereichen. Zu 100 Prozent. Und diese Freiheit braucht die Fähigkeit, dir selbst zu vertrauen und zu vergeben und dich selbst zu lieben.

Diese Freiheit können wir erlangen und Selbstbestimmung gewinnen, wenn wir lernen, wie wir die Führung über unser Innenleben gewinnen, unsere Gefühle und Gedanken als Kompass nutzen, um selbst aus uns gute Entscheidungen zu treffen, die uns gute Erfahrungen schenken.

Ich erachte das Innenleben eines Menschen in jedem Moment als perfekt. Weil jedoch viele meiner Klient*innen ihr Innenleben nicht verstehen, fühlt sich ihre Gefühls- und Gedankenwelt unberechenbar an und sie fürchten sich sogar davor. Das ist keine gute Voraussetzung, um sich selbst zu vertrauen, um die Orientierung im Leben und das Glück zu finden. Durch die erstaunlichen Heilerfolge bei jahrzehntealten und schweren psychischen Leiden und tiefen Ängsten bin ich überzeugt, dass wir Therapeut*innen unseren Klient*innen helfen sollten, Entscheidungen treffen zu lernen, Verantwortung leicht und freudig zu tragen, sich bei Fehlern zu vergeben und darin die Führung und Chance des Lebens zu erkennen und mit Versagensängsten umzugehen, indem wir erkennen, dass Versagen und Gewinnen bloss an unserem unbewussten Bewertungssystem hängen, das wir aber gezielt verändern oder auch überwinden und loslassen können.

Versagen und Verlieren sind Konstrukte, die uns in die Illusion führen, dass wir uns nicht vertrauen können oder es ein Risiko darstellen könnte.

Die Fähigkeit zur Unabhängigkeit, Selbstbestimmung, Selbstvertrauen und die Fähigkeit mit Fehlern umzugehen, sind der Inbegriff emotionaler und mentaler Gesundheit.

Eine neue Realität erschaffen statt eine alte bekämpfen

Was ist die zentrale Erkenntnis, um eine nachhaltige und ursächliche Heilung von psychischen Leiden zu erzeugen, wenn doch keine Therapeut*in oder keine Arznei die wahre Hilfe bringt? Ich habe beobachtet, dass kaum eine Frau, die mich aufsucht, um ihre Ängste, ihre Erschöpfung oder Depression zu überwinden, weiss, dass ihr Leben von innen nach aussen entsteht. Alle haben sie das Gefühl, ihre Probleme würden vom Aussen, von anderen Menschen, der Gesellschaft, der Partnerschaft, den Kindern oder ihrer Arbeit verursacht. Und noch weniger Frauen sind sich bewusst, dass sie ihr Leben, ihre Realität über ihre Wahrnehmung selbst erschaffen.

In meiner nun jahrelangen Praxiserfahrung an Patient*innen mit chronischen Krankheiten und psychischen Leiden habe ich erkannt, dass die einzige Hilfe für sie darin liegt, sie auf dem Weg zu einer neuen Wahrnehmung und Realität zu begleiten, damit sie daraus ein neues Leben kreieren lernen. Es ist essentiell, den Blick nach vorne zu richten und abzulösen von der Analyse der Vergangenheit und den Erfahrungen der Kindheitsjahre. Nur so kann der Widerstand und der Kampf gegen das eigene Leben losgelassen werden. Erst wenn wir unsere Schatten, Fehler und schweren Erfahrungen hinter uns lassen, gewinnen wir Raum und Kraft, um uns für neue Perspektiven zu öffnen. Ich habe die Erfahrung gemacht, dass es viel effektiver es ist, sich mit Zielen auseinander zu setzen als mit Problemen. Alleine schon diese Tatsache hat das emotionale Wohlbefinden meiner Klient*innen oft schon verbessert.

Worauf ich den Fokus lege, das erfülle ich mit Leben und Energie.

Viele meiner Klient*innen wissen überhaupt nicht mehr, was sie wollen. Sie sehen nur noch, was ihnen nicht möglich ist, was sie nicht mehr wollen oder was unmöglich ist. Als Homöopathin weiss ich, dass chronische Krankheiten, wie auch die Geistes- und

Gemütskrankheiten, wie wir Homöopath*innen die emotionalen und psychischen Leiden nennen, der Haltung und der Denkweise der Patient*innen zugrunde liegen. Welche Haltung zu welchem Resultat führt, ist nicht immer klar und es ist eine sehr zeitraubende und kräftezehrende Angelegenheit, diese zu suchen; weil Erfahrungen eine Aneinanderreihung und Verknüpfung von Ereignissen und Interpretationen sind. Diese zu analysieren ist eine komplexe Aufgabe. Viele meiner Patient*innen hat das nur verwirrt und den Schmerz und die Ohnmacht noch vertieft. Inzwischen halte ich nichts mehr von dieser Art der Behandlung von psychischen Leiden.

Ebenfalls ist es nicht wichtig zu wissen, welches Ereignis hervorgerufen hat, dass meine Klient*innen in eine Angststörung oder ein Burnout geraten sind. Viel wichtiger ist es zu wissen, wie wir den Status Quo und die vorherrschenden Überzeugungen in uns erkennen und ihre Auswirkungen auf unser Leben verstehen.

Auf diese Weise sehen wir, dass die Ursache und die Wirkung nicht voneinander zu trennen sind.

War vor einem Scheitern zuerst die Haltung des Scheiterns oder ist die Haltung des Scheiterns, die Konsequenz des Scheiterns?

Dies ist ein ähnliches Paradox wie: War das Huhn oder das Ei zuerst da?

Das spielt für die Philosophie eine Rolle, aber nicht für deine Heilung.

Indem wir erkennen, was wir denken und was unsere Überzeugungen im Hier und Jetzt mit uns selbst und unserem Umfeld sind, haben wir die Fähigkeit und die Kraft, diese Ursache von Handlung und Reaktion, Wahrnehmung und Vorstellung im jeweiligen Moment zu unseren Gunsten, in eine positive und uns heilsame Haltung zu ändern.

Denn der einzige Ort, wo wir wirklich Veränderung erschaffen

können und handlungsfähig sind, ist die Gegenwart.

Die Kindheit ist nicht die wahre Ursache unseres emotionalen Leidens

Die meisten Frauen sind der Meinung, dass ihre psychische und emotionale Not durch mangelnde Liebe und Fürsorge in ihrer Kindheit entstanden ist.

Es ist Tatsache, dass die Kindheit uns prägt und wir Haltung und Lebenseinstellung von den Eltern übernehmen können.

Viele meiner Klient*innen haben unabhängig von der Liebe der Eltern Probleme.

Emotionales Leiden begründet sich nicht in der Kindheit, sondern in der emotionalen und gefühlt existenziellen Abhängigkeit, die aus der Kindheit ins Erwachsensein getragen wird und jetzt durch die Krise überwunden werden darf.

Ich selbst hatte eine gute Kindheit, mit den üblichen Problemen. Ab dem 20. Lebensjahr hingegen machte ich während mehr als zehn Jahren sehr schwere Erfahrungen. In dieser Zeit waren weniger die Erfahrungen meiner Kindheit das Problem, als dass ich mich überall in Abhängigkeiten verstrickte und kaum nein sagen konnte. Diese Abhängigkeiten waren meine Unreife und entsprangen meiner Orientierungslosigkeit in der Welt.

Meine Wahrnehmung war sehr intensiv und ich träumte mehr als ich mich tatsächlich auf dem Boden der Tatsachen bewegen konnte. Im Rahmen meines Elternhauses wurde für mich immer gesorgt und ich war geschützt. Wenn ich mich irgendwo in Probleme verstrickte und einen Blödsinn anstellte, waren mein Vater und meine Mutter da und halfen mir wieder die Spur zu finden. Als ich aber auszog, war ich mit der Welt alleine und ohne Schutz.

Da ich höchst sensibel war und mit den vielen Informationen, Bedürfnissen und Aspekten des menschlichen Lebens mit all seinen Sinnfragen überfordert war, suchte ich

Menschen, die mir halfen, meine Probleme für mich zu lösen. Das war der Beginn meiner Ohnmacht und der Angst, die durch die Abhängigkeiten von Menschen, die nicht zu meiner Familie gehörten, mit einher gingen. Ich habe mich damals, in dieser Phase, vollständig verloren, nur um zu erkennen, dass ich dadurch unabhängig, frei und emotional stark werden durfte, um mein Leben selbst zu meistern.

Heute ist es für mich ein grosser Vorteil, dass ich so früh in meinem Leben mit dieser Neigung, mich von Menschen und Umständen abhängig zu machen, so intensiv konfrontiert wurde. Es hat mich für den Rest meines Lebens erschreckt, gewarnt und frei gemacht. Ich habe mich in dieser Phase vollständig verloren, um zu erkennen, dass ich unabhängig, frei und emotional stark werden durfte, um mein Leben selbst zu meistern.

Die Ursachen unseres Leides sind also nicht unsere Kindheitserlebnisse, sondern unsere Neigung, uns abhängig zu machen von Menschen und Umständen.

Je mehr wir lernen, aus uns selbst zu leben und emotional unabhängig Beziehungen zu führen, können wir uns auch mit unserem Elternhaus versöhnen, ohne dass unsere Eltern unseren Lebensweg gut finden müssen. Wenn wir die Ursache unserer Probleme in der Kindheit suchen, liegt unser Fokus nicht auf der Liebe der Eltern und ihrem Bemühen, ihr Bestes zu geben. Dadurch entsteht eine radikale Forderung nach Perfektion gegenüber den Eltern und einer bedingungslosen Liebe, welche unrealistisch ist. Diese Tendenz, die Eltern zu verurteilen und als die Ursache für unsere emotionalen Leiden zu sehen, finde ich sehr gefährlich und traumatisierend für meine Patient*innen und ihre Eltern. In der Folge brachen viele meiner Patient*innen den Kontakt zu Eltern und Verwandten ab.

Ich selbst habe für mich auch keine guten Erfahrungen gemacht, den Kontakt mit meinen Eltern abzubrechen. Es hat meine Hilflosigkeit und Einsamkeit noch sehr verstärkt und in den Phasen meiner tiefsten Depression habe ich meine Mutter und meinen Vater mehr vermisst als alles andere. Ich habe daraus gelernt, dass die Elternbeziehungen grundlegend sind für emotionale Gesundheit. Dazu müssen die Eltern nicht unbedingt noch am Leben sein. Aber wir sollten unabhängig von ihrer Meinung wir selbst sein können und sie wertschätzen.

Zum Kontaktabbruch mit meinen Eltern habe ich mich, wie auch meine Klient*innen, aus dem Grund entschieden, weil ich hoffte, die Quelle der Ablehnung zu überwinden. Die Ablehnung kam allerdings nicht von den Eltern, sondern war die verdeckte und innere Sehnsucht, den Eltern zu gefallen. Dieses Gefallenwollen machte unfrei, aber ist selten die Erwartung der Eltern.

Heute begleite ich, wenn möglich, alle meine Klient*innen und Patient*innen in den Frieden mit ihren Eltern, egal ob diese verstorben sind oder noch lebend. Gesegnet ist jede Person, deren Eltern noch am Leben sind und sie so erfahren kann, welch unglaublich befreienden und erleichternden Effekt es mit sich bringt, wenn wir uns, in unserem Herzen, mit den Eltern versöhnen. Sich mit den Eltern zu versöhnen bedeutet, ihre Liebe zu erkennen für uns. Ihre Fürsorge und ihr bestes Bemühen. Indem wir uns emotional ablösen vom Wertesystem unserer Eltern und aushalten lernen, wenn unsere Eltern uns kritisieren, können wir mit ihnen unseren eigenen Weg finden und gegenseitige Toleranz schaffen.

Die Wertschätzung der Eltern sowie ihre Leistung und der Dienst zu unserem Schutz, damit wir heranwachsen konnten, habe ich oft als eine sehr grosse Wohltat für meine Patient*innen gesehen. Nach jahrelangen Kontaktabbrüchen zu den Eltern fanden meine Patient*innen ihre Ursprungsfamilie und ihr Zuhause wieder. Eine liebevolle Verbindung zu den Eltern ist ein wichtiger Grundstein für die Gesundheit. Nichts lieben wir so sehr wie unsere Eltern. Unsere Sehnsucht von den Eltern angenommen, wertgeschätzt und unterstützt zu werden, ist riesig. Sich von den Eltern zu entfernen, vergrössert den Schmerz der Einsamkeit, des Unverständnisses und die Wut auf den Mangel, den wir meinen erlebt zu haben. Alle Frauen, die wirklich stark, gesund und nach ihrer Genesung ein glückliches und erfolgreiches Leben fanden, versöhnten sich in ihrem Herzen mit ihren Eltern.

«Ehre deinen Vater und deine Mutter, auf dass du lange lebst.» (2. Buch Mose)

Dies hat nichts mit einer Pflicht zu tun, sondern damit, dass es uns wahren Frieden bringt und die Voraussetzung ist für ein Leben voller Freiheit.

Kerstin

Kerstin kam mit ihrem zweiten Burnout zu mir ins Coaching. Sie war total einsam. Hatte soeben den Kontakt zu ihrem Bruder und ihrer Mutter abgebrochen, nach vielen Jahren Streit und Unterdrückung, wie sie es nannte. Sie fühlte sich in der Gegenwart ihrer Mutter stets fremdbestimmt und wie das kleine Mädchen. Selten fand sie Raum für das, was sie wollte und ihre Mutter kritisierte sie oft. Obwohl Kerstin sich jahrelang bemühte und versuchte, alles richtig und der Mutter recht zu machen, schien es nie genug zu sein für ein Lob oder ein nettes Wort. Im Gegenteil, ihre Mutter zeigte Zweifel, ob sie Kerstin sehen wollte und brach auch schon mal den Kontakt ab. Der Bruder stellte sich auf die Seite der Mutter und verstärkte in Kerstin das Gefühl, dass es ihr Energie zieht und sie nicht willkommen ist, wie sie ist. Mit dem «Secret Healing Code» lernte Kerstin ihre Liebe zu ihrer Mutter zu befreien, indem sie begann, sich selbst anzunehmen und nicht mehr von sich verlangte, der Mutter gerecht zu werden. Immer tiefer befreite Kerstin sich von all den Überzeugungen, dass sie nur Anerkennung bekommt von ihrer Mutter, wenn sie nach ihrem Willen funktioniert. Ihre Liebe zur Mutter war sehr enttäuscht und mit vielen Interpretationen und Bewertungen behaftet. Sie hatte in ihren psychologischen Sitzungen gelernt, dass ihre Mutter die Ursache für ihr Erschöpfungsmuster ist und musste somit mit ihr brechen, um die Hoffnung zu gewinnen, ihr Leiden zu überwinden. Ich half Kerstin, sich von all den Interpretationen über Beziehung, Liebe und Muttersein zu befreien und die wahre Dankbarkeit und Wertschätzung für die Kraft, die Zeit und die Mühe ihrer Mutter wieder zu erkennen. Kerstin verstand, dass sie sich selbst noch nie so viel Zeit genommen hatte, wie ihre Mutter das für sie tat, als sie ein Kind war. Sie erkannte, dass ihre Mutter sich aufgab für sie, aus Liebe. Sie brach in Tränen aus und machte kurz darauf ein Treffen mit ihrer Mutter aus. Als sie sich das zweite Mal mit ihrer Mutter traf, fielen sie sich in die Arme. Ihre Mutter war viel milder als sonst und reagierte auch anders auf Kerstin. Der Stille Vorwurf von Kerstin traf auf das Schuldgefühl der Mutter und so kam es regelmässig zu Streit und Verletzung. In diesem Treffen ging es nicht mehr um die Vergangenheit, die Fehler und den Mangel, sondern um das Zusammensein und miteinander essen. Und ohne zu reden war einfach alles gut. Ohne etwas zu klären war alles gut. Kerstin war so frei und glücklich im Moment, dass sie alle Frauen, die mit ihr zusammen den «Secret Healing Code» lernten, mit ihrer Liebe berührte. Dieses zweite Treffen öffnete alle Verbindung zur Mutter, ohne eine Analyse der Vergangenheit.

Und bis heute kam es zu keinem Kontaktabbruch mehr und die Verbindung wurde von Treffen zu Treffen inniger.

Das ist exakt das, was ich immer wieder erleben kann mit meinen Patient*innen. Der Versuch, durch ein Gespräch über die vergangenen, schweren Ereignisse Heilung zu finden, verhindert das Heilen der Beziehung und vertieft die emotionalen Wunden beidseitig.

Beide sehnen sich nach bedingungsloser Liebe, und dass alles harmonisch und gut ist. Die Einstellung zu sich selbst hat sich bei Kerstin verändert. Und als sie nicht mehr so bedürftig war und die Liebe der Mutter erkannte, konnte sie Danke sagen und wohlwollend und offen auf sie zugehen. Es war ihr nun möglich, einfach mit der Mutter zu sein, ohne zuerst Nähe zu schaffen durch Klärung von Verletzungen. So war innerhalb zweier Treffen Harmonie, Versöhnung und bedingungsloses Annehmen entstanden. Heute hilft Kerstin ihrer Mutter mit dem «Secret Healing Code». Dies war für Kerstin viele Jahre undenkbar.

Die Lösung muss nicht schwer sein. Der Weg der Heilung muss auch nicht hart sein. Es ist nur hart, wenn wir uns an die Vergangenheit klammern und darin die Lösung für unsere Heilung und Befreiung suchen.

In der Bibel finden wir ein schönes Gleichnis zu diesem Gesetz:

Das erste Buch Mose beschreibt die Flucht Lots und seiner Familie aus Sodom. Gott (das Gesetz des lebendigen Lebens) verbietet ihnen, sich nach der Stadt umzudrehen. Loths Frau tat es trotzdem und erstarrte zur Salzsäule.

Genau das habe ich in allen Fällen beobachtet: Schauen wir zurück, erstarren wir. Die Salzsäule ist die Depression, die gefühlte Blockade in der Erschöpfung, die Angst, die Selbstzweifel oder die schlimme Trägheit von Sinnlosigkeit und Fremdbestimmung.

Ich habe beobachtet, dass viele meiner Klient*innen sehr aufopfernde Mütter hatten und es nicht an der Liebe der Mutter fehlte, sondern daran, dass die Mutter sich selbst erschöpfte und ablehnte und es so ihren Töchtern weitergab. Sie hatten selbst Mütter, die sich nicht verstanden, ihnen ebenfalls Ohnmacht und Verzweiflung in der Mutter- oder Frauenrolle vererbt haben und ihre Ablehnung gegen sich selbst und ihre eigenen Bedürfnisse. Mütter, die sich selbst nicht lieben, geben uns automatisch ein Gefühl der Ablehnung mit, selbst dann, wenn sie das allerbeste für uns wollen. Weil nur ein Mensch, der sich selbst bedingungslos liebt, andere Menschen bedingungslos lieben kann. Unsere Eltern brauchen unser Verständnis und unser Mitgefühl, nicht unsere Forderungen und unser Urteil. Daher finde ich es ein grosses Risiko, nach den Ursachen und den Erfahrungen in meiner Kindheit zu suchen, die mich zu meinem Leiden im gegenwärtigen Leben geführt haben. Hier liegt der Fokus auf meinem Leiden oder meinem Problem, was das Leiden vergrössert, indem wir immer mehr davon sehen und es so als real erfahren. Je mehr wir uns auf etwas fokussieren, desto stärker wird es in unserer Wahrnehmung zur Realität. Viel zu oft kommt es hier zu Fehlinterpretationen und Schuldzuweisungen, die verheerender wirken, als keine Problemanalyse gemacht zu haben. Das alles muss nicht sein, wenn wir uns statt der Problemanalyse auf unsere Unabhängigkeit konzentrieren, uns ablösen von der Angst, verlassen oder abgelehnt zu werden, wenn wir uns selbst treu sind und unseren Wünschen und Träumen folgen.

Diese Zusammenhänge habe ich mit den Grundlagen der Homöopathie, der Naturheilkunde, der systemischen und buddhistischen Psychologie wie auch der christlichen Lehre über die Überwindung des Todes und den Gewinn des ewigen Lebens studiert. Mit der eigenen Erfahrung der Selbstheilung meiner multiplen psychischen Leiden, wie Angststörung, Depression, Wahnvorstellungen, Bulimie und sexuellem Missbrauch, habe ich das bestätigt bekommen.

Jede Krankheit hat ihre Wurzeln in einer unnatürlichen Geisteshaltung, die mich selbst in Zweifel und Ablehnung meines Wesens, meines Körpers oder meinen Gefühlen bringt. Diese Geisteshaltung zu verändern bedeutet, eine neue Realität zu erschaffen und so dem Leiden die Wurzel zu ziehen.

Die Aufmerksamkeit ist der Stoff, woraus der Geist beschaffen ist

Die Arbeit mit der Aufmerksamkeit ist die Essenz des «Secret Healing Codes». Die Aufmerksamkeit ist die Energie des Geistes und des Stoffes, aus dem wir sind. Anders gesagt liegt in unserer Aufmerksamkeit unsere Lebenskraft. Durch die Aufmerksamkeit lenken wir unsere Lebenskraft und erschaffen damit unser Fühlen, Denken und Erleben.

Unsere Aufmerksamkeit ist schöpferisch.

Alles, worauf wir unsere Aufmerksamkeit legen, verstärkt oder vermehrt sich in unserem Leben. Diese Energie verdichtet sich, je stärker wir uns fokussieren, wie eine Lupe, die alles vergrössert, worauf wir unseren Fokus richten. Je mehr wir etwas fokussieren, desto mehr bündelt sich die Aufmerksamkeit und es wird uns früher oder später zu Gefühlen und Handlungen verleiten, um dieses Thema mehr in unser Leben zu bringen. Somit ist das, worauf wir unsere Aufmerksamkeit richten, die Wahl der Erfahrung, die wir machen. Wir erfahren nicht, was wir wollen, sondern wir bestimmen mit der Richtung der Aufmerksamkeit, welche Richtung unser Leben einschlägt.

Wenn du zum Beispiel denkst: Ich will nicht einen pinken Elefanten sehen. So wirst du einen pinken Elefanten sehen. Genauso ist es mit alltäglichen Dingen. Ich will nicht deine Marotten sehen, werde aber dadurch nicht automatisch deine Stärken sehen, sondern weiter mehr und mehr deine Marotten. Darum intensiviert sich alles, was wir nicht wollen in unserem Leben, je mehr wir darüber sprechen und nachdenken. Je stärker du dich auf etwas fokussierst, desto schneller kannst du es in dein Leben integrieren und erfolgreich umsetzen.

Meine Patient*innen sind sehr erfolgreich darin, schlechte Erfahrungen, Mangel und Selbstzerstörung wieder und wieder zu manifestieren. Mit Manifestieren bezeichne ich den Mechanismus der Umsetzung einer Idee oder eines Gedankens auf die Handlungs- und Erfahrungsebene. Manifestieren bedeutet, etwas zum Ausdruck zu bringen und ins Leben zu rufen.

Diese Frauen haben jahrelang trainiert, den Fokus auf ihre Probleme zu richten. Das hat zur Verdichtung und Intensivierung ihrer Symptome und ihres Leidens geführt. Die körperlichen und emotionalen Symptome wurden oft so stark verschlimmert, dass die Krankheit vielschichtig, komplex und wie ein grosser, unüberwindbarer Berg erscheint. Man nennt dies einen progredienten Krankheitsverlauf, der oft in Unheilbarkeit endet. Die Ursache im Voranschreiten der Erkrankung liegt aber einzig darin, dass wir den Fokus auf dem Leiden und den Symptomen halten.

Vielleicht kennst du den wohltuenden Effekt von Meditationen, wenn wir Schmerzen haben. Sobald wir es schaffen, den Fokus vom Schmerz abzuziehen, so wird er gefühlt leichter und weniger intensiv.

Wir lernen den Fokus auf die Dinge zu richten, die uns gefallen, guttun und befreien. Auch wenn es in meinem Leben von 100 Prozent nur zwei Prozent sind, so werden sie von Tag zu Tag mehr Gewicht erhalten. Es gibt in jeder noch so schlimmen Lebenslage etwas Gutes, das wir in den Fokus nehmen können; zum Beispiel die Tatsache, dass wir noch leben und noch nicht gestorben sind. Wir dürfen lernen, die einfachen Dinge wertzuschätzen und uns für die alltäglichen und «normalen» Dinge anzuerkennen. Dies führt dazu, dass wir eine Wahrnehmung und eine Erfahrung erschaffen, in der wir uns selbst mögen und uns als gut, geliebt, stark und gut genug erkennen. Dieses Mindset ist die Tür, um Ziele zu erreichen und Herausforderungen zu meistern, die wir lange für unmöglich hielten.

Wir dürfen anerkennen, dass wir zu jeder Zeit, in jedem Moment unser Leben selbst erschaffen. Egal, was das Resultat ist. Wir sind Schöpfer*innen.

*Je mehr meine Patient*innen erkennen, dass sie selbst ihre Depression beeinflussen, verschlimmern und verbessern können, desto schneller ist es ihnen möglich, diese zu heilen.*

Wenn ich also den Fokus auf meine problematische Kindheit lege, ziehe ich immer mehr Gedanken an, die zu diesem Problem passen und es erhärten. Mit der Zeit kann ich kaum mehr etwas anderes denken, als dass meine Kindheit schwer war. Egal ob das jetzt so war oder nicht. Ich habe mir diese Realität unbewusst, mit meiner Aufmerksamkeit und den daraus erzeugten Gefühlen und Gedanken erschaffen und gewählt. Darum hilft es auch nicht, über ein Problem nachzudenken. Das führt nur zum klassischen Gedankenkarussell oder zu Sorgen. Wir ziehen damit immer mehr Argumente und Gedanken an, die mit dem Problem zu tun haben. Diese Gedanken loszulassen, gelingt nur, wenn wir uns ablenken und uns auf andere Gedanken bringen.

Wie oft habe ich selbst erlebt, wenn ich meinen Fokus auf meine Ziele richte und meine Träume, dass ich ohne Problemanalyse, unbewusst geführt, andere Handlungen, Entscheidungen und Verhaltensweisen annahm, die massgeblich für die Veränderung meines Lebens waren. Der reine Fokus auf das, was wir wollen, bringt uns mehr von dem was wir wollen. Dies erscheint oft sehr magisch und kaum fassbar, aber funktioniert in jedem Fall und ist eine Gesetzmässigkeit, auf die wir uns verlassen können.

Den gleichen Mechanismus des fokussierten Aufmerksamkeitstrainings nutze ich gerne, um den Patient*innen den Raum ihrer Möglichkeiten zu erweitern, an sich zu glauben und tiefe Selbstliebe zu finden. Je länger wir uns darauf konzentrieren, was wir gut gemacht haben, desto schneller finden wir noch mehr Dinge, die wir geschafft haben und wofür wir uns anerkennen können. Je mehr wir uns anerkennen, desto mehr können wir Kritik und Fehlschläge, unerfüllte Erwartungen und Veränderungen in unserem Leben, ohne grossen Selbstwerteinbruch, annehmen.

Lerne deinen Fokus nach vorne, hin zu deinen Träumen, deinen Zielen, Wünschen zu richten und dich für alles anzuerkennen, was in deinem Leben schon gut, schön und gelungen ist. Lerne deinen Fokus dahin zu richten, wo Gedanken und Gefühle sind, die dir dienen, dein Herz erfüllen und öffnen und dir Kraft, Mut und Motivation geben für deinen Alltag. Das, was du fokussierst wird grösser, stärker und ist die Entscheidung, wovon du in deinem Leben mehr haben willst. Dein Fokus wählt deine Erfahrungen in deiner Zukunft und erschafft deine Wahrnehmung. Damit erschaffst du deine Realität, die dann dein Schicksal wird.

Folge der Hoffnung, statt dem Zweifel.

Folge deinem Glauben, statt deinem Wissen.

Folge deinen Träumen, statt deinen Erfahrungen.

Folge dem Mut, statt der Angst.

Folge der Veränderung, statt der Gewohnheit.

Folge deiner Freude, statt deinem Verzicht.

Folge der Liebe, statt dem Hass.

Folge dem Vertrauen, statt dem Misstrauen.

Folge der Verbindung, statt der Trennung.

Folge deinen Erfolgen, statt deinem Versagen.

Folge dem «sowohl als auch», statt dem «entweder oder».

Folge der Schönheit, statt dem Unschönen.

Folge der Erlaubnis, statt dem Verbot.

Folge dem Genuss, statt dem Widerwillen.

Folge dir, statt den anderen!

Folge den Menschen, die haben, was du willst, statt denen,
die nicht an deine Träume glauben.

Folge den Menschen, die dich erheben, statt erniedrigen.

Folge den Menschen, die du bewunderst,
statt dich vor ihnen zu verstecken.

FOLGE DEM LEBEN UND DER BEWEGUNG, STATT DER
KRANKHEIT UND DER TRÄGHEIT.

Übung: Mach den ersten Schritt in deine Selbstheilung und lerne dich anzuerkennen

1. Schreibe dir 100 Dinge auf, die du in deinem Leben bisher erfolgreich gemeistert hast.

Und wenn es nur ist, dass du es geschafft hast, hundertmal aufzustehen, um zur Arbeit oder in die Schule zu gehen. Hast du deinen Beinen schon Danke gesagt? Deinem Herzen? Deinen Lungen? Deinen Nerven? Sie könnten morgen alle tot sein.

2. Schreibe dir 50 Punkte auf, warum du LIEBENSWERT bist.

3. Schreibe dir 50 Punkte auf, warum du ein GUTER MENSCH bist.

4. Anerkenne dich jeden Tag für mindestens zehn Dinge und schreibe ein Anerkennungstagebuch!

Lerne dich anzuerkennen für alles, was in deinem Leben schon da ist, was du wirklich willst und dich erfüllt. Lasse die Anerkennung keinen Tag aus. Präge es dir in jede Zelle ein, deinen Fokus auf die Anerkennung zu richten. Es gibt nichts Falsches an dir. Es gibt nichts, das zu verbessern wäre. Es gibt nichts, was du heilen müsstest. Du bist in deiner Essenz perfekt. Wenn du dich anerkennst, dann verbindest du dich mit diesem perfekten Teil.

www.NATUERLICHTSCHUMI.com

⌘

KAPITEL III

Wie du deine Krise zum Durchbruch deines Lebens machst

«Die Depression ist nicht die Folge einer schweren Kindheit oder von Traumata, sondern die Sehnsucht nach dem Erwachen aus dem Gefängnis der Bewertungen und der Abhängigkeit von Zuspruch, hin in die Wahrheit und Freiheit des liebenden Herzens.»

Jede Krise hat das Potenzial in sich, zum Durchbruch des Lebens zu werden. Ob sie das auch für dich wird, das liegt an dir und deiner Bereitschaft, neu auf deine Situation und dein Leiden zu blicken! Wenn du die Krise als Ungerechtigkeit des Lebens, als dein Scheitern oder deinen Fehler siehst, dann ist es unwahrscheinlich, dass du sie zum Durchbruch deines Lebens machen kannst. Diese Haltung bringt sehr viel Leid und nimmt dir all die Kraft, die du jetzt brauchst, um deine Leiden aus dir zu heilen und dich selbst hin zur bedingungslosen Selbstannahme zu verändern. Meine

Klient*innen suchen mich alle mit einem blutenden, gebrochenen Herzen auf. Sie haben oft alles Vertrauen in sich, die Menschen und das Leben verloren. Immer wieder haben sie dieselben Schmerzen erlebt. Immer wieder die gleichen Enttäuschungen und Verletzungen. Ihr Misstrauen ist so gross, dass sie kaum mehr wagen, sich für jemanden zu öffnen. Kennst du das auch?

Deine Krise zur Chance und zum Durchbruch deines Lebens zu machen bedeutet, zu lernen, sich selbst, dem Leben und den Menschen wieder zu vertrauen und daraus gute und schöne Erfahrungen zu kreieren.

Nicht neues Wissen heilt, sondern neue Erfahrungen.

Lerne neue Erfahrungen zu erschaffen und du heilst alle Traumata. Nicht gute Menschen heilen uns, sondern die Tatsache, dass wir in den Menschen das Gute sehen.

Das ist bestimmt etwas, das du kannst. Kannst du in dir ebenfalls so viel Gutes sehen wie in den anderen? Es geht nicht darum, dass du ein besserer Mensch wirst, sondern dass du das Gute in dir erkennst und so für dich selbst ein besserer Mensch wirst, weil du mit dir selbst keine bösen Spiele mehr spielst.

Wenn die Krise dein Scheitern ist, ist dein Leben sinnlos

Geht es dir auch oft so? Dass du denkst, es ist etwas mit dir nicht in Ordnung, weil du so viel Schwere, Trauer und Unausgeglichenheit hast? Dass du dich anormal und falsch fühlst, weil du Angst hast oder viele schlechte Gefühle? Empfindest du deine Krise als Last oder Versagen? Schämst du dich für dich und deine Emotionalität, deine Wut oder deine Eifersucht? Fühlst du dich traurig und klein neben «normalen» und gesunden Menschen? Hast du das Gefühl, bei allen anderen klappt es und nur du hast immer wieder das Pech, dass alles schief geht und du die falschen Menschen triffst, die es nicht ehrlich und gut mit dir meinen? Wünschst du dir auch, endlich mal Glück zu haben? Dass auch du mal etwas Gutes anziehst, was dir wirklich hilft? Sehnst du dich danach, dass es einfach wieder so ist wie früher, du wieder normal funktionieren kannst und diese Zweifel und negativen Gefühle nicht mehr deinen Alltag und deine Beziehungen beherrschen? Meine Patient*innen wünschen sich alle ihr altes oder sogar besseres Leben zurück. Dass sie wieder zurückkehren können an den Ort, wo alles gut war. Doch keine schaffte es wieder dahin zurück. Egal wie gross ihre Bemühungen waren. Der Weg zurück ist die Sehnsucht auszubrechen aus dem momentanen Schmerz, ohne den Glauben und die Hoffnung an ein Leben, das besser sein könnte als das, was ich schon kenne. Das ist ein Phänomen der Hoffnungslosigkeit. Wenn meine Patient*innen erfahren, dass auch für sie eine Perspektive auf ein glückliches und freies Leben existiert und sogar erreichbar ist, hört die Sehnsucht nach dem alten Leben sofort auf und sie können die Krise annehmen und beginnen, ein neues Leben zu erschaffen.

Je mehr wir Energie investieren, um unser verlorenes Leben wieder zu bekommen, desto mehr werden wir es verlieren.

Weil die Patient*innen das alte Leben zurück haben wollten, haben sie verhindert, dass ihre Krise zu einer Chance wird. Wie kannst du die Chance in deiner Situation erkennen, wenn du sie ständig weghaben willst? Wie willst du das Gute in deiner Angst, deiner Wut, deiner Trauer finden, wenn du ständig dagegen kämpfst?

Die Krise als Scheitern zu sehen ist ein wichtiger Grund, warum die Depression, die Erschöpfung oder die Angstzustände für diese Frauen zusätzlich an Schwere gewonnen haben. Aus dem Leiden entsteht dadurch noch zusätzliches Leiden. Je mehr ich mich gegen meine Krise wehre, desto mehr lehne ich mich selbst ab und misstraue mir und meinem Innenleben. Dieses Misstrauen ist der Beginn von Selbsthass und Selbstmitleid, welches mein Herz zerreisst. Oft entsteht auch starke Wut auf die Symptome und die Lebenssituation. Vielleicht spürst du auch keine Wut mehr, sondern nur noch Antriebslosigkeit, Motivationslosigkeit und Erschöpfung.

«Was soll denn das alles noch? Warum sollte ich denn überhaupt noch etwas tun? Was hat denn das alles für einen Sinn, wenn es sowieso zu nichts als noch mehr Schmerz führt? Warum sollte ich Menschen noch helfen? Warum meine Arbeit noch erledigen, wenn ich dann ohne Wertschätzung und Hilfe allein zurückbleibe?»

Ich selbst habe erlebt, dass die Sinnlosigkeit in meinem Leben und meine Depression immer schlimmer wurde, je mehr ich versuchte, sie zu bekämpfen. Je mehr ich dachte, meine Depression sei mein eigenes Versagen, desto schlimmer wurden meine Schamgefühle. Diese führten dazu, dass ich mich und mein Innenleben immer mehr vor der Welt versteckte. Ich versuchte meine Angst, meine Trauer und meine Wut zu verbergen. Ich versuchte normal, nett, lieb zu sein und mir nichts anmerken zu lassen. Das kostete mich all meine Kraft und meine Freundschaften und Beziehungen wurden schwierig. Ich war zwar mit Menschen zusammen, aber ohne sie zu fühlen und ohne eine tiefe Beziehung zuzulassen. Es war die Hölle. Es war anstrengend, weil ich all diese starken, schweren Gefühle verstecken musste. Oft war ich nicht mal mehr fähig, normale Gespräche zu führen, weil es mich so viel Kraft und Konzentration kostete, meine Trauer über die Situation und meine Unsicherheit zu überspielen. Darum fühlte ich mich in Gesellschaft oft einsamer als allein und mied sie mehr und mehr. Aber allein fühlte ich mich ebenfalls einsam. Die Enttäuschung darüber, dass es kaum einen Menschen gab, der mich verstand und mir Geborgenheit geben konnte, war gross. Darum suchte ich so viel Hilfe in therapeutischen Seminaren, Sitzungen und Heilkreisen: Dort fühlte ich mich nicht mehr so gezwungen, alle Gefühle zu unterdrücken und zu verschweigen. Auch wenn mir nichts von alledem wirklich half, so war es doch eine Erleichterung, meine Gefühle offenlegen zu können. Lange dachte ich, das sei die Heilung, die ich erwarten kann.

Bald hatte ich nur noch Freund*innen, die selbst in Krisen steckten und mir darum nicht helfen konnten. Wenn es mir schlecht ging, wandten sie sich sogar von mir ab, weil sie neben ihren Sorgen mein Leid nicht auch noch aushalten konnten. So waren wir gefangen in unserem gegenseitigen Wunsch nach bedingungsloser Liebe und Akzeptanz, was unmöglich war, weil alle sich selbst nicht liebten. Es war wieder eine grosse Erfahrung der Enttäuschung.

Die Krise als Beginn der Selbsterkenntnis und tiefsten Befreiung

Erst als ich 2013 erkannte, dass ich nicht auf äussere Hilfe hoffen konnte und mir mein eigenes Licht bin, spürte ich, dass ich die einzige Person bin, welche mich befreien kann. Ich begann die Krise als Chance zu erkennen. Erst als ich mir selbst die Hand reichte und ganz einsam und allein war, erkannte ich in meiner Einsamkeit den Sinn der Depression. Mir wurde klar, warum mir niemand helfen konnte und ich nur Ablehnung erhielt bei meiner Sehnsucht und Erwartung, von anderen Menschen, von meinem Partner, meinen Eltern oder meinen Freund*innen bedingungslos geliebt zu werden. Alles das musste geschehen, um mich selbst von den unzähligen Abhängigkeiten von Menschen, Dingen und Vorstellungen zu befreien. In meiner Einsamkeit erkannte ich, dass ich mich nicht auf mich verlassen konnte und mich überhaupt nicht gerne hatte. Ich vermied alles, mit dem Zweck, mich selbst nicht zu fühlen. Ich brauchte dieses Nichts um mich, um mich zu spüren und lieben zu lernen; um mich als meine wichtigste Beziehung anzuerkennen und in mir die Gemeinschaft und Verbindung mit mir selbst zu finden.

Mein dunkelster Moment wurde zum wichtigsten Moment meines bisherigen Lebens: Die Chance aller Chancen. Je einsamer wir sind, desto grösser ist die innere Aufforderung, uns selbst anzunehmen. Je mehr wir uns von allen verlassen fühlen, desto grösser wird die Notwendigkeit, uns selbst zu helfen und in uns mit uns Freundschaft zu finden. Da wo wir niemandem mehr vertrauen können, können wir lernen, auf uns selbst zu vertrauen. Und ohne diesen dunklen Moment hätte ich diese Möglichkeit nie gehabt, anders denken zu lernen, mein Leben neu zu betrachten.

Was kann deine Krise für dich bedeuten? Was kann dein Leiden dir offenbaren und wie kann es dich mit dir in Verbindung bringen? Du findest die Antwort direkt in deinem eigenen Schmerz.

Welche Erwartungen kannst du nicht mehr aufrechterhalten? Dass jemand für dich da ist? Dass jemand dir helfen kann? Dass du von den Menschen bekommst, was du brauchst?

Welche Verletzungen dürfen gelöst werden, indem du dir geben lernst, was du brauchst, um erfüllt zu sein?

Auf was kannst du dich nicht mehr verlassen? Wo darfst du neue innere Werte finden, statt dich auf die äusseren zu stützen? Wo darfst du dir selbst vertrauen, wo du bisher andern vertraut hast?

Ich sehe mit jeder Patient*in, welche ich betreue, eine Gesetzmässigkeit: Kein Mensch verändert sich, ohne dass es vorher einen Grund dazu gibt.

Für alle Veränderung braucht es einen Anstoss, und zwar einen kräftigen. Weil eine Veränderung die Umwälzung und Bewegung von viel Energie voraussetzt. Da Veränderungen immer kraftvoll sind, machen sie uns Angst und es braucht dazu eine starke Motivation. Eine Kombination, die uns selten attraktiv scheint. Veränderung hat den Charakter von Unkontrollierbarkeit und viel Emotionalität. So versuchen wir alle die Veränderung zu vermeiden und sind der Tatsache ausgeliefert, dass uns meist nur das Leiden den Mut zu Veränderungen geben kann. Die Motivation, das Leiden zu beenden, kann die Angst vor Veränderung überwinden und Dinge möglich machen, die ohne Leid niemals umgesetzt hätten werden können. Eine Trägheit, Dinge zu verändern, gehört zur Natur des Menschen. Sie überfällt uns, wenn wir zu lange dasselbe tun und es uns zu gut geht. Es ist die Macht der Gewohnheit, die viel Gutes hat, aber eben auch ein Grund ist, warum uns Veränderungen immer wieder schwerfallen, verunsichern und uns ins Leiden führen. Doch dieses Leiden ist die Voraussetzung für Veränderungen.

Jede Veränderung verunsichert. Die Veränderung der eigenen Persönlichkeit bringt Selbstzweifel und löst eine Identitätskrise aus. Die tiefen Fragen nach Sinn und Wahrheit sind für uns alle die grösste Herausforderung im Leben. Wenn du nun also ein Leiden hast, das bis in die Tiefe deines Herzens reicht und deine Seele ermüdet, dann ist das deine Chance für eine Veränderung in dir. Diese schafft nur jemand, der tiefes Leid spürt, welches den Antrieb zur Überwindung von Abgründen, Illusionen, Täuschungen und des gewohnten Glaubenssystems erzeugt.

Keine von uns kann sich selbst finden, bevor sie nicht alles Leiden auf sich genommen hat. «Nimm dein Kreuz auf dich und folge mir nach», sagte einst Jesus. Dein Kreuz ist dein Leid aufgrund deiner Lebenshaltung, welche sich gegen dich, deine Mitmenschen und das Leben wendet. Nimm das Leid auf dich und folge der Liebe, der Hoffnung und dem Glauben. Aufgrund meines heutigen Wissens kann ich das nur bestätigen. Als ich begann, mich selbst und meine Haltung zum Leben zu verändern, begann sich mein Leben zu verändern. Vorher waren alle Investitionen in Therapien erfolglos geblieben. Anerkennen und nutzen wir diese Gesetzmässigkeit, so bekommt das psychische Leid eine ganz andere Farbe, eine Perspektive. Du kannst wählen, dass du auserwählt bist, um wahre Freiheit, Selbsterkenntnis und Weiterentwicklung zu erlangen. Oder du wählst, in einer Krise, einer psychischen Krankheit und einem schweren Schicksal gelandet zu sein. Was möchtest du? Was dient dir mehr?

Hierzu sagt Jesus in der Bergpredigt: «Selig die Trauernden und gesegnet, die da leiden.»

Und er zeigt den Weg. Den Weg des Leidens, um das ewige Leben und den Himmel zu erreichen. Er selbst, der die Gesetze lebte, der rein war und den höchsten Glauben an sich und das Leben hatte, musste seine Herrlichkeit auch durch das Leiden und den Tod finden. Erst im Tod und der Auferstehung verschwanden alle Zweifel daran, dass er ein grosser Meister war und das Zeichen war gesetzt. Erst der Tod und seine Auferstehung machten ihn für alle Zeit zum Messias. Vorher war er bloss ein Prophet, von denen es viele gab. So ist es für uns alle. Egal wie gut und stark, grossartig oder elend wir sind. Für uns alle sind die Lebensgesetze gleich! Erst durch das Leiden wird unsere eigene Herrlichkeit geboren.

In sich selbst zu sterben bedeutet, das lebendige Leben in sich zu finden.

Darum ist Depression, Erschöpfung und seelische Not keine Krankheit, sondern eine Aufforderung, mich von all den Meinungen, der eigenen Abhängigkeit von Mitmenschen und den Anforderungen der anderen zu lösen und in mir meine Kraft in der Freiheit zu entdecken. Gesegnet, die da leiden. Das habe ich an mir selbst erfahren. Meine grosse Krise ist heute der Schatz meiner Seele und der Reichtum meines Lebens. Durch meine Krise bin ich erwacht. Darin fand ich Gesetz, Wahrheit, Halt und die Kraft, welche hinter aller Projektion und endlichen Körperlichkeit steckt. Ich habe in der Krise und der Selbsterkenntnis mit der tiefen Transformation ein grosses Verständnis über mich und das Leben gewonnen. Ich fand tiefes Vertrauen und habe mir damit Freiheit und Perspektiven erschaffen.

Die Depression ist der Beginn der Selbsterkenntnis.

Dein Symptom ist nicht dein Feind, sondern dein Freund

Meine Krise ist heute mein Glück. Meine tiefe Depression bis zur Todessehnsucht wurde die Grundlage für meinen unglaublichen Lebenswillen und meine grosse Herzenskraft, um zu vertrauen und zu dienen. Sie ist mein Schatz und meine Vision für die Welt, mein Beitrag und meine Grundlage für meine finanzielle Unabhängigkeit. Ich fühle mich dadurch als ein gewünschtes Kind des Lebens und als begnadet. Dieses Gefühl gebe ich dir sehr gerne weiter. Es soll der Beziehung zu dir selbst und dem Stellenwert, den du für dich einnimmst, dienen und dich geliebt fühlen lassen. Dieses Gefühl des Geliebtseins ist eine grosse Quelle an Kraft und Lebensmut, selbst in schweren Zeiten. Heute fühle ich mich in keiner Weise mehr im Nachteil. Ich spüre, dass ich dank der durchlebten Krise oft einen grossen Vorteil habe. Ich kann loslassen. Ich kann in schweren Situationen den Überblick bewahren und bin in allen Bereichen unabhängig. Ich kann aus mir selbst Fülle erzeugen und den grosszügigen Lebensunterhalt für mich und meine Kinder verdienen, ohne meine innere Harmonie zu gefährden.

Wenn es uns zu gut geht, haben wir so lange Ausreden, um uns vor unserem tiefen Erwachen drücken zu können, bis der Schmerz so gross wird, dass wir erwachen müssen. Der Schmerz wird uns vom Leben geschickt, um zu erwachen. Alle spirituellen Wege kennen den Wert von Verzicht und Selbstkasteiung. Warum? Weil wir durch das Leid und den Verzicht unsere wahre Natur erkennen. Durch das Verlieren lernen wir loslassen. Im Loslassen finden wir den wahren Halt, den Fels unter unseren Füssen. Wir verlieren, was auf Sand gebaut ist und gewinnen, was in Ewigkeit währt. Durch den Schmerz sterben unsere Erwartungen und Abhängigkeiten und wir finden die Freiheit in der Verbindung mit dem Universum. In der Dunkelheit erkennen wir unser eigenes Licht. Für mich gibt es nichts Schöneres. Kein Geschenk der Welt, kein Reichtum, kein Ruhm, keine Macht ist nur annähernd so nährend, so beruhigend und so beglückend, wie diese Selbsterkenntnis aus dem Schmerz.

Somit ist deine Krise genau das, was du brauchst, um jetzt endlich dein wahres Potenzial und dich selbst zu finden. War das nicht dein sehnlichster Wunsch? Wenn du ehrlich bist?

War es nicht dein sehnlichster Wunsch, frei und geliebt zu sein? Dann ist das hier jetzt der Weg dahin, wenn du wagst, ja dazu zu sagen. Und du hast hier die Antwort – mit diesem Buch. Etwas anders als erwartet, aber es ist DIE Antwort. Der «Secret Healing

Code» ist nichts anderes als eine Anleitung, die Krise zur Antwort zu machen auf all die Fragen, die du bisher ans Leben hattest.

Was ist, wenn genau darum die Krise kam, weil sie dir bringt, was du nicht hast?

Wenn du die Veränderung annimmst, kann sich dir ein Leben und ein Selbst offenbaren, welches du immer sein wolltest.

Lass dich mit dem «Secret Healing Code» auf die Veränderung der Krise ein und lass dich zu der Person transformieren, die du schon immer sein wolltest. Das ist das Rezept des Glücks.

Deine emotionalen und körperlichen Symptome sind der Grund, warum du zur Heilung in deine Träume, deine Selbstliebe und deinen Glauben an dich hineinwachsen musst. Ohne deine Symptome hättest du keinen Grund, dich weiter zu entwickeln. Ohne den Antrieb sie zu überwinden, hättest du keine Kraft, neu zu denken, loszulassen und dich für deine Person und deine tiefen Wünschen bedingungslos einzusetzen. Die Wut, die Trauer, die Angst, welche deine Symptome, deine Erschöpfung und dein inneres Leiden verursachen, sind die Energie, welche du brauchst für deine Transformation in deine Freiheit. Je stärker die negativen Gefühle sind, desto mehr darfst du an Erkenntnis, Lebenssinn und Freiheit erwarten.

Trauer, Wut, Angst. Das sind grosse Energieströme deiner Lebenskraft. Lerne diese für dich zu nutzen, statt sie zu bekämpfen und du wirst innerhalb kurzer Zeit hohe Erkenntnis und tiefe Befreiung erleben und mit dieser Kraft ein wundervolles Leben erschaffen können. Du brauchst die Kraft dieser Gefühle um auszubrechen, wie ich dir im vierten Schritt vom «Secret Healing Code» zeigen werde. Sie sind deine Motivation. Darum widme ich der Angst, der Wut und der Trauer im «The Secret Healing Code» Band II eigenständige Kapitel. Um sie für dich nutzen zu können, darfst du lernen, sie zu verstehen und ihre Botschaft in dir zu nutzen, um deine Wünsche in deinem Leben zu realisieren.

Kein Mensch erreicht sein Potenzial und seine Selbstheilung, indem er seine Angst und seine Gefühle unterdrückt. Damit raubst du dir alle Kraft und erschaffst nicht ein Leben voller Freude und Lebendigkeit, sondern genau das, was du jetzt erlebst: ein Leben, in dem Kraft, Motivation und Sinn fehlen. Indem du dich von dir abgetrennt und oft einsam fühlst. Ein Leben voller Angst, da die Angst dich darauf hinweisen muss, dass du deine Lebenskraft statt für dich, gegen dich nutzt.

Hinter deinem grössten Schmerz liegt dein grösstes Potenzial!

Hinter deiner Angst liegt deine Freiheit!

Im Symptom ist die Medizin der Heilung. In der Annahme des Symptoms öffnen wir die Flasche der Heilmedizin.

Auch ich habe mein grösstes Potenzial und die tiefste Erkenntnis durch mein Leiden und meine schwere Erschöpfungsdepression gefunden. Ohne diese Depression und die damit verbundene Einsamkeit hätte ich es nie gewagt, mich gegen alle meine schlechten Überzeugungen zu emanzipieren. Es wäre mir nicht gelungen, meine tiefen verborgenen Talente zu finden. Und ich habe an mir und an den meisten meiner Klient*innen erfahren: die grössten Talente sind oft genau da, wo wir uns bewerten, unterdrücken oder für unfähig halten.

Ich habe es geschafft den Zugang zu meinen Talenten und aller Freiheit zu finden, nicht weil ich es wollte. Sondern weil ich es musste.

Wille allein reicht nicht. Es muss dich etwas zur Veränderung zwingen. Denn glücklich werden, das wollen alle. Aber nur diejenigen, die sich mit dem Weg zum Glück beschäftigen müssen, werden bereit sein, zu verändern und zu investieren, was nötig ist, um es langfristig zu halten. Es ist definitiv viel einfacher, das Glück und die Freiheit mit der Krise zu finden als ohne eine Krise. Was ist, wenn hinter deiner Krise ein Ruf deiner Seele steckt, um endlich frei und unabhängig zu werden? Wenn es statt Versagen und Strafe ein Geschenk des Lebens ist und dich das Leben selbst zu Freiheit und Selbsterkenntnis einlädt? Kann diese Krise einen Vorteil bedeuten gegenüber Menschen ohne Krise, die sich aber auch selber entwickeln möchten? Was ist, wenn du in deiner Krise nicht mehr den Fehler siehst, sondern die Chance endlich dein Traumleben zu erschaffen?

Alle 2000 Frauen mit einer Krise, welche ich begleitet habe, sind tiefe, sensible Frauen mit grossen Herzen, intelligent und begabt in Mitgefühl und in Verbindung zum Leben.

Entscheide dich für dich und sei bereit alles für dich zu geben

Du wurdest nicht als Sieger geboren.

Du wurdest nicht als Verlierer geboren.

Du wurdest als jemand geboren, der die Wahl hat!

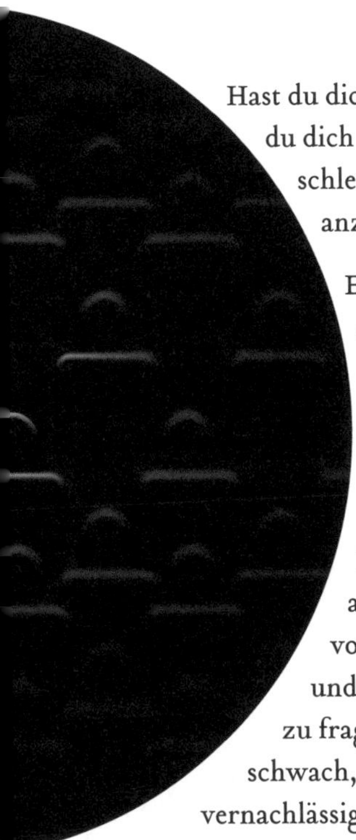

Hast du dich schon mal für dich entschieden, so richtig meine ich: Als würdest du dich heiraten? Dir versprechen – ich liebe mich durch alle guten und schlechten Zeiten? Hast du schon mal entschieden dich bedingungslos anzunehmen? Hast du schon mal vollständig ja zu dir gesagt?

Egal was du über Ehe und Heirat denkst, eines ist klar: mit dir bist du ein Leben lang zusammen. Und die Beziehung, die du mit dir führst, ist die Wichtigste von allen. Sie ist die Basis von allen Beziehungen, die du mit Menschen führst. Sie ist die Grundlage davon.

Stell dir vor, du müsstest dir das Leben retten. Stell dir vor, dass du ein Kind wärst, dessen Leben du retten musst. Dieses Kind wäre in Not, vom Tod bedroht. Es ist ausgehungert und verängstigt. Es lebt auf der Strasse, hat kein Zuhause, fühlt sich einsam und hat Angst vor dem Sterben. Es traut sich kaum mehr, seinen Platz zu verlassen und woanders hinzugehen. Das Kind wagt niemanden mehr um Hilfe zu fragen, weil es so oft erlebt hat, dass es abgewiesen wurde. Nun ist es so schwach, dass es nicht mehr die Kraft hat, aufzustehen. Es wurde seit Jahren vernachlässigt und von allen verdrängt. Das Kind wurde ständig kritisiert und zur Arbeit angetrieben, selbst dann, wenn es sehr erschöpft war. Doch dieses Kind hat sich nie beklagt. Es hat gearbeitet und noch gute Miene zum bösen Spiel gemacht. Es hat versucht zu verstehen und positiv zu bleiben. Hättest du dann nicht Mitleid mit diesem Kind? Würdest du es nicht bei dir aufnehmen, ihm ein Dach über dem Kopf, Essen und Trinken geben? Hat dieses Kind nicht alle Liebe und allen Trost verdient? Allen Lohn der Welt? Stell dir vor, du selbst bist dieses Kind. Und du selbst bist diejenige, die es vernachlässigt, schlägt, kritisiert und antreibt, wenn es müde ist.

Alle Frauen, die zu mir ins Coaching kommen, leiden an Depression, Erschöpfung und Angst und sind nicht liebevoll mit sich. Sie behandeln sich bewusst oder unbewusst, mehr oder weniger so wie dieses Kind behandelt wird. Gleichzeitig sind sie unglaublich mutig, stark und ausdauernd. Die meisten haben gelernt auszuhalten und dabei zu lachen. Sie können stark sein, selbst wenn sie ein Herz voller Trauer haben und anderen ein Ohr schenken, wenn sie selbst jemanden brauchen, der zuhört. Sie sind Heldinnen für die Welt und ihre eigenen Sklavinnen.

Solltest du dich nicht auch für dich entscheiden, so wie du dich für dieses Kind entscheiden würdest? Möchtest du dir nicht auch Essen, Trinken und ein liebevolles Zuhause geben wollen? Mit der Entscheidung für dich, indem du dich ernst nimmst, beginnst eine liebevolle Beziehung zu dir aufzubauen und dir ein Zuhause zu geben. Deinem Körper und deinem Herzen zu schenken, was es an Zuspruch, Liebe, Glauben und Vertrauen braucht. Das würde bedeuten, dir deinen inneren Rhythmus, deine Einzigartigkeit und deine wahren Interessen und Wünsche zu gönnen. Das wäre die Nahrung für deine Seele und das Wasser für dein durstiges Herz.

Entscheide dich für dich und werde gesund!

Entscheide dich für dich und finde Entspannung!

Entscheide dich für dich und finde, was du wirklich willst!

Entscheide dich für dich und finde in dir alle Freiheit!

Entscheide dich für dich und lass alle Schönheit aus dir herausblühen!

Ohne, dass du dich für dich entscheidest, kann dir niemand helfen!

Indem du dich für dich entscheidest, kann das Leben sich für dich entscheiden.

Hilf dir selbst, dann hilft dir das Leben.

Damals vor vielen Jahren, als ich noch meine Naturheilpraxis hatte, in der ich meine Patient*innen mit klassischer Homöopathie behandelte, erstaunte es mich, dass manche Patient*innen mit einer Dosis eines homöopathischen Mittels chronische Leiden leicht und schnell ausheilten und nie mehr einen Rückfall hatten. Sie waren beeindruckt und sagten: «Das ist wie ein Wunder, wie ein Geschenk». Gleichzeitig gab es andere Patient*innen, die Leiden hatten, die ich mit der Homöopathie schon oft geheilt hatte, doch bei ihnen gab es immer wieder Rückfälle und schlussendlich wirkte nichts mehr. Ich habe damals nicht verstanden, was der Unterschied ist zu den Patient*innen, welche so einen reibungslosen Heilverlauf aufwiesen. Ich habe dieses Phänomen erst später verstanden, als ich mich selbst aus meiner Depression geheilt hatte. Die Entscheidung für sich selbst und der Wille, sich um sich selbst zu kümmern, machte den Unterschied.

Meine Heilung begann mit der Entscheidung: Ich will leben! Ich will mich leben! Ich entscheide mich für mich und bin bereit für meine Heilung alles zu tun, was nötig ist und bereit alles zu lernen, was nötig ist, um mein Leiden in eine Kraft umzuwandeln. Und zu lernen, was nötig ist, um meine Angst zu überwinden: Denn diese führt dazu, dass ich mich selbst verstelle, zurücknehme und unterdrücke, um zu gefallen oder einem Idealbild zu entsprechen. Beim Untersuchen der Heilverläufe meiner Patient*innen zeigte sich, dass diejenigen, deren Heilverläufe einfach, schnell und nachhaltig waren, sich zu Beginn der Behandlung oder schon vorher für sich entschieden hatten und es sich wert waren, viel Energie und Zeit zu investieren, um geheilt zu werden. Sie brachten den Willen und die Bereitschaft mit, um sich selbst zu verändern. Sie wollten leben. Sie wollten wirklich gesund sein und waren bereit für diese Heilung. Sie waren es sich wert, in sich zu investieren und sogar Geld dafür auszuleihen. Sie waren sich mehr wert als Zeit, Geld und die Erwartung und die Beurteilung anderer Menschen. Diese Haltung braucht es für die 90 prozentige Wahrscheinlichkeit, dass der «Secret Healing Code» dich vollständig befreit.

Der Grund für ihre schnelle Heilung: Ihr Wille war grösser als ihre Angst.

Patient*innen, welche nicht bereit waren, Zeit aufzuwenden oder regelmässig die Übungen zu machen, hatten nicht den gewünschten Erfolg. Sie hatten oft Ausreden und waren nicht bereit, etwas für ihre Heilung zu tun. Sie wünschten sich einen einfachen Weg, welcher keine Zeit, kein Geld und keine Konfrontation braucht. Sie hatten oft die Vorstellung und den Wunsch, dass ich sie heile und ihnen das Problem, Symptom oder Leid mit einer Methode oder einem Mittel beseitige. Weil das so nicht funktioniert, waren sie schlussendlich enttäuscht von der Therapie. Vielleicht kennst du das auch? Ich selbst habe das oft erfahren. Ich habe einer Therapie und einer Therapeut*in vertraut und bin dann aber ohne Erfolg wieder weggegangen. Habe nur Zeit, Geld und Hoffnung verloren.

*Ohne dass sich jemand für Heilung und für sich selbst entscheidet, kann keine noch so gute Therapeut*in der Patient*in Heilung bringen. Mit deinem Willen und deiner Entscheidung beginnt deine Heilung.*

Sei also bereit in dich zu investieren. Sei dir alles wert. Je mehr du bereit bist dir Herzblut, Zeit und Energie zu geben, desto schneller und einfacher wird die Heilung. Du bist das Allerwichtigste, Allerwertvollste und Einzige, was du wirklich brauchst, um frei zu werden. Wenn du dich selbst nicht hast, so ist selbst das stärkste Medikament oft erfolglos. Aber wenn du willst, dann braucht es von aussen nur einen kleinen Anstoss und du findest alle Befreiung. Je mehr du dich für dich einsetzt, desto stärker wird deine innere Heilung angestossen. Ich empfehle allen meinen Patient*innen, bei Medikamenten, Nahrungsergänzungsmitteln, Erholungsferien oder anderen symptomatischen Therapien zu sparen und die Energie, Zeit und das Geld in deine persönliche Entwicklung und Befreiung zu investieren; in eine Therapie, die dich von

Abhängigkeit befreit, statt dir nur Pause und Erholung von der Abhängigkeit zu geben. So wirst du viel mehr erreichen als du dir vorstellen kannst.

Investiere Energie in dich und es kommt zehnmal mehr Energie heraus. Investiere Zeit in dich und es kommt zehnmal mehr Zeit in Form von Gelassenheit, Fokus und Effizienz heraus. Investiere Geld und es entsteht zehnmal mehr Potenzial für finanzielle Fülle.

Du wählst. Investiere deine Ressourcen klug und es werden sich diejenigen Dinge in deinem Leben vermehren, die dir Wert, Liebe, Respekt und Freude bringen. Klug Prioritäten zu setzen bedeutet, in dein Innenleben und deine emotionale Befreiung zu investieren. Denn diese sind die Grundlage für gute Entscheidungen. Und gute Entscheidungen sind die Grundlage für erfolgreiche Projekte, schöne Beziehungen und Verantwortungsbewusstsein.

Die Kraft und Schnelligkeit deiner Heilung ist proportional zur Grösse der Investition, welche du für deine Heilung bereit bist zu tätigen.

Eva

Als Eva zu mir kam, nahm sie zwei Psychopharmaka ein. Sie schlief schlecht und sie war seit zwei Jahren krankgeschrieben wegen eines chronischen Fatigue Syndroms. Laut den Ärzten unheilbar. Sie hatte sich, seit sie denken konnte, für andere aufgeopfert und wollte immer alle glücklich machen. Sie arbeitete in der Pflege bis zu dem Zeitpunkt, als ihre Mutter starb und ihr Leben in eine grosse Krise fiel.

Eva entschied nach langem Überlegen, mit mir zu arbeiten und den «Secret Healing Code» zu lernen.

Sie war sehr erschöpft und hatte oft Panikattacken. Doch sie hatte die Hoffnung nicht aufgegeben. Sie organisierte sich die erste Rate für das Königinnen-Programm und stieg ein.

Für sie war das ein riesengrosser Schritt aus ihrer Komfortzone. Geld für sich auszugeben, nachdem sie schon zwei Jahre lang ihre Familie belastete mit ihrer Erschöpfung.

Schon drei Wochen nach dem Beginn des Programms setzte sie ihr Schlafmittel ab und schlief durch.

Die Entscheidung für sich selbst hatte so viel geändert. Noch nie hatte sie sich so stark für ihre Heilung entschieden und noch nie war sie bereit, so viel dafür zu geben. Diese Entscheidung, kombiniert mit der Erlösung der Angst durch den ersten Schritt vom «Secret Healing Code», war für Eva ein riesiger Durchbruch. Nach weiteren drei Wochen setzte sie noch ihr zweites Psychopharmaka ab. Eva brauchte viel Mut dazu, da sie die Nebenwirkungen beim Absetzen fürchtete. Nach dem Absetzen gab es eine Verschlimmerung ihrer Wut und ihrer Trauer. Wir arbeiteten zusammen und nutzten die Kraft dieser Gefühle, um sich einen neuen Alltag mit ihrem Sohn und ihrem Mann zu erschaffen. Diese Gefühle sind für mich keine Symptome, sondern die Lebenskraft, die nötig ist, die Veränderungen im Leben vorzunehmen und um gesund zu werden. Eva nutzte die Kraft dieser Gefühle und befreite sich von ihrer Angst, ihrer Erschöpfung und ihren vielen starken Selbstzweifeln und fand ein neues Leben mit einer neuen Berufung, Menschen mit unheilbaren psychischen Krankheiten zu helfen.

Die Entscheidung und der Glaube von Eva an sich selbst veränderten ihr Leben.

Trotz der Meinung der Ärzte, die sie für unheilbar hielten und des Schweregrades ihrer Symptome, fand sie sehr schnell Heilung. Ihre Psychologin war sehr erstaunt. Eva zeigte, dass kein Medikament und keine Therapie stärker ist, als der Wille eines Menschen zu sich selbst zu finden.

Wenn ein Mensch etwas wirklich will, dann ist er nicht aufzuhalten und sein Wille ist seine Bestimmung. Er erreicht das Ziel, egal wie unmöglich es scheint. Wenn ein Mensch aber nicht will, dann bringen ihn keine 1000 Pferde dahin.

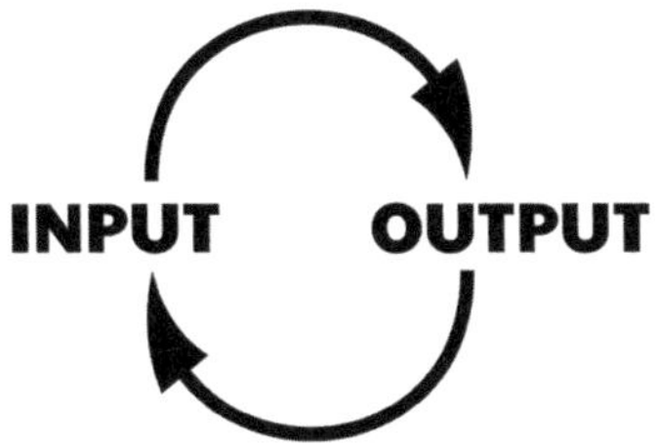

Lass dich auf Veränderung ein, indem du beginnst, bevor du dich bereit fühlst

Heilung von emotionalen und psychischen Leiden bedeutet Entwicklung. Entwicklung bedeutet Veränderung.

Jede Veränderung macht Angst. Das ist menschlich und normal. Diese Angst kennen alle meine Patient*innen vor dem Beginn der Zusammenarbeit in einem unserer Programme und fühlen es als Zweifel und Widerstand gegenüber der Entscheidung. Eine Veränderung löst Verunsicherung aus. Veränderungen zu wagen geht nur mit Glauben und Vertrauen. Da wir nie wissen, was auf uns zukommt, können wir nicht auf eine Erfahrung zurückgreifen. Aber wir können uns selbst vertrauen, dass wir es schaffen.

Da sich das Leben ständig verändert, ob wir das wollen oder nicht, ist das Einzige, was uns Stabilität und Sicherheit gibt, unser Vertrauen in und unseren Glauben an uns.

Viele meiner Klient*innen fragen mich zu Beginn der Zusammenarbeit: «Isabelle, wie kann ich sicher sein, dass der «Secret Healing Code» bei mir funktioniert?» Meine Antwort darauf ist immer dieselbe: «Indem du dir vertraust und wählst, dir und deiner Entscheidung zu vertrauen».

Eine Entscheidung ist nur so gut, wie wir in sie vertrauen. Doch wenn wir in sie vertrauen, ist die Entscheidung schon eine gute Entscheidung und bringt uns Sinn und Klarheit.

Es gibt keine Sicherheit im Aussen, in Therapeuten, sondern nur in mir, wenn ich mir vertraue und fühle, dass dies mein Weg ist.

Das Vertrauen in und der Glaube an mich erzeugen die innere Sicherheit, welche ich brauche, um Veränderungen erfolgreich zu schaffen.

Heute verstehe ich, dass jede wahre Heilung Angst machen muss. Eine Therapie, die mich nicht überfordert, mich nicht triggert und keine Widerstände auslöst, kann nicht zum Durchbruch des Lebens führen und keine nachhaltige Heilung erzeugen. Heilen ist das Ausbrechen aus Selbstabwertung, in Freiheit und Selbstliebe. Schlechte Muster zu zerstören, braucht die Kraft von Rebellion und Wut und die Emanzipation davon, was alle andern über mich denken und von mir erwarten. Diese Befreiung kann nicht nur mit angenehmen Gefühlen erreicht werden. Diese Befreiung findet auch nicht auf bekanntem Terrain statt, sondern konfrontiert mich mit Unsicherheit, Herausforderung und einem ganz neuen Denken. Es reicht nicht, wenn uns andere Menschen sagen, dass wir gut genug sind, wie wir sind. Wir müssen es selbst glauben lernen. Es reicht nicht, wenn uns andere Menschen bedingungslos lieben, wir müssen uns selbst bedingungslos lieben lernen. So entsteht inneres Wachstum und ein Befreiungsprozess.

Deine Heilung ist das Stärken deiner Liebe und deines Vertrauens in dich – gegen deine Überzeugungen von Wertlosigkeit und Selbstzweifel.

Diese Ermächtigung ist wie eine zweite Pubertät. Es geht nicht ohne rebellische, wütende und auflehnende Phasen; Auflehnung gegen alle Wertvorstellungen, die dich klein, abhängig und unfrei machen. Genau diese Phasen bringen die Heilung, das

Wachstum und die Unabhängigkeit. Sie bringen Selbstverantwortung und dadurch die Fähigkeit, dich selbst glücklich zu machen. Es sind genau die Rebellion und die Wut, welche die Kraft und Lebendigkeit schenken, die Veränderung ermöglichen und die Symptome heilen. Die Kraft der Wut ist wichtig für die Heilung von Depression, Angst und Erschöpfung. In Band II habe ich der Wut ein ganzes Kapitel gewidmet. Wenn dich eine Therapie scheinbar überfordert, dann weisst du, dass da etwas ist, was dir wirklich helfen kann. Höre auf, deine Heilung in deiner Komfortzone zu suchen. Wenn sie da wäre, hättest du sie schon lange gefunden.

Deine Heilung deiner emotionalen Leiden und chronischen Symptome liegt ausserhalb deiner Komfortzone – da wo du bereit bist alles zu geben, was du hast, um alles zu gewinnen!

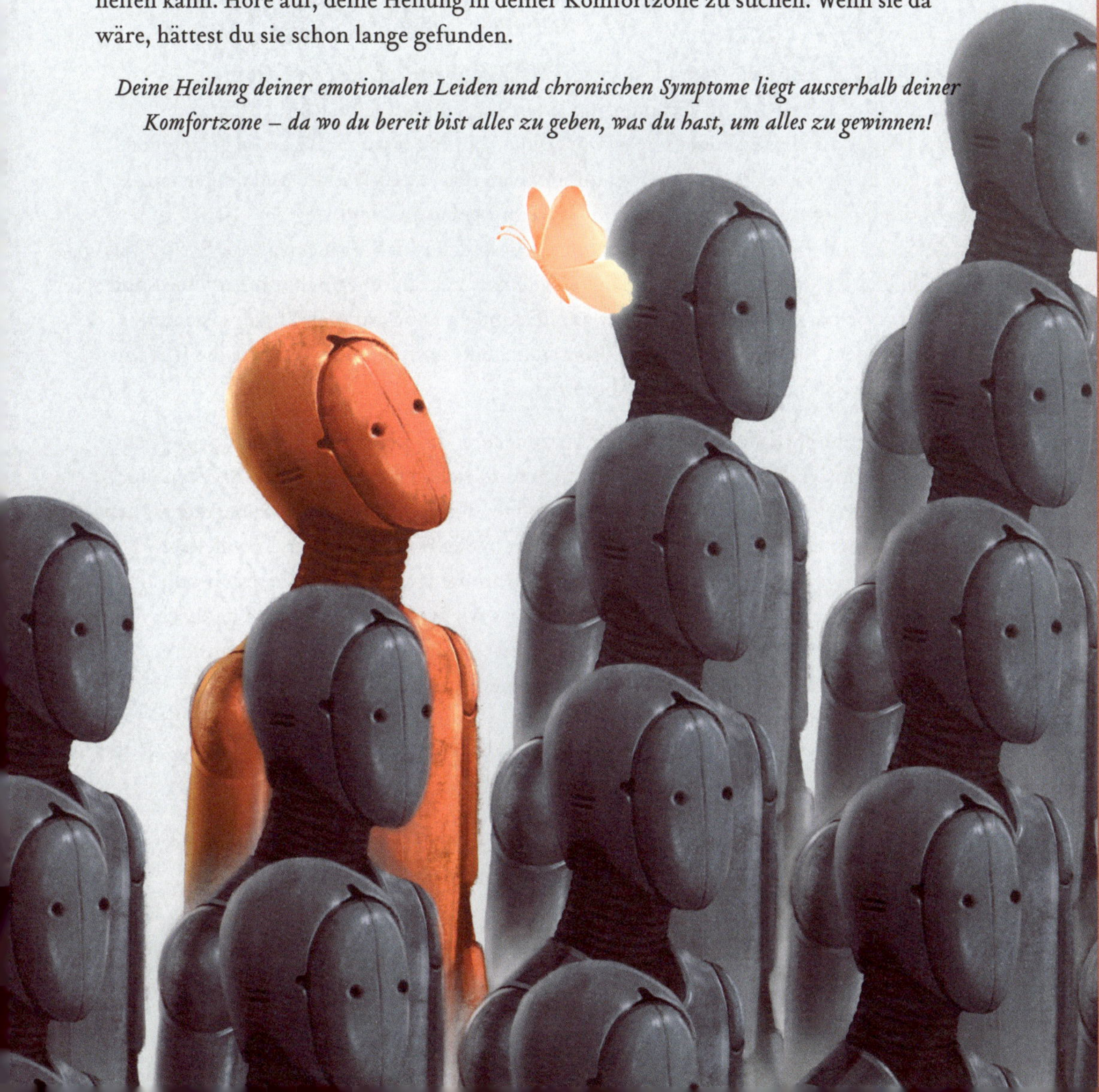

Entscheide dich für deine Veränderung! Und beginne, bevor du dich bereit fühlst. Für seine wahre Befreiung fühlt man sich nie bereit, weil es sich nie sicher, nie gut und nie berechenbar anfühlt. Du weisst, wenn es Zeit ist für eine Veränderung: Diese erscheint dir nötig, dringlich und unausweichlich. Du erkennst sie, weil du nicht mehr umkehren kannst, selbst dann nicht, wenn du wolltest und das gibt dir den Mut, die Veränderung in Angriff zu nehmen.

Je früher du deine Veränderung selbst in die Hand nimmst, desto mehr Leiden kannst du vermeiden.

Ich selbst suche heute die Veränderung schon dann, wenn ich sie erst weit in der Zukunft sehe. Ich suche die Veränderung jeden Tag – damit leide ich nicht an der Erwartung, dass alles so bleibt wie es war. Diese Haltung lässt mich Leiden vermeiden. Ich suche die Veränderung jeden Tag, um mich an den steten Wandel und die Dynamik der Veränderung zu gewöhnen. So gehe ich dem Leiden aus dem Weg. Das Leben ist ständige Veränderung. Wenn ich sie erwarte, fliesse ich mit. Sie zu erwarten, heisst, stets die Fähigkeit zu pflegen mit neuen Dingen gelassen zu sein und mich mit Loslassen und dem darin verborgenen Trauerprozess anzufreunden. Die Kraft der Trauer lässt uns Frieden finden. Diese Trauer ist eine unglaubliche Ressource und wird, wie die Wut im Band II vom «Secret Healing Code» besprochen.

Ich trainiere Furchtlosigkeit, um in der Veränderung das Leiden zu überwinden. Diese Furchtlosigkeit trainiere ich, indem ich mit mich den existenziellen Ängsten vor Verlust, Versagen, Tod und Krankheit beschäftige; mit dem Ziel, die Veränderung täglich furchtlos anzunehmen und offen dafür zu sein, in der Veränderung frei zu bleiben. Denn die einzige wirkliche Ursache, warum wir immer wieder vermeiden wir selbst zu sein, für uns einzustehen oder das zu tun, was wir wirklich fühlen und dadurch Unzufriedenheit und Schmerz erfahren, ist, weil wir uns vor Veränderung fürchten. Zusammengefasst bedeutet das: Wenn du in deinem Leben etwas erreichen willst, dann beginne immer, bevor du dich bereit fühlst. Wenn du dich befreien und entwickeln willst, dann fühlt sich das nie gut an. Doch du kannst nicht auf den Moment warten, in dem sich Heilung gut anfühlt.

Beginne, bevor du dich bereit fühlst und suche dir eine Therapie, welche den Rahmen dessen, was du für möglich hältst, sprengt, jedoch dein Herz anzieht.

*Die Beziehung zu deiner Therapeut*in als Grundlage für nachhaltige Heilung*

Ein essentieller Punkt, um deine Befreiung und Heilung von psychischen Leiden und Angst nachhaltig und schnell zu gewährleisten, ist die Beziehung zu deiner Therapeut*in. Es ist unumgänglich, dass wir für unsere Heilung einen Menschen brauchen. Warum betone ich das, wenn ich doch bisher festgehalten habe, dass niemand dich heilen kann ausser dir selbst? Du bist die Medizin, und dein Wille, deine Kraft, um Heilung zu finden. Doch der Grund, warum du depressiv, erschöpft und voller Selbstzweifel bist, liegt in deiner Erfahrung mit Menschen und in der Beziehung zu den Menschen.

Beziehungen waren die Ursache dafür, dass du dich verloren hast. Beziehungen sind heute die Ursache dafür, dass du dich unterdrückst, hinten anstellst und dich hinterfragst. Richtig? Wäre da niemand auf der Welt, der dich verurteilen könnte für das, was du tust oder sagst, dann würdest du viele Dinge komplett anders machen. Richtig? Wenn du alleine auf der Welt wärst, hättest du bestimmt diese Probleme nicht, die du hast. Dann hättest du andere. Wenn es dir nicht so wichtig wäre, andere nicht zu verletzen oder zu enttäuschen, würdest du viel mehr du selbst sein können. Richtig? Der Ursprung für deine Haltung, dich selbst abzulehnen, basiert auf der Tatsache, dass du andern mehr Glauben, Vertrauen und Aufmerksamkeit geschenkt hast als dir selbst. Und das heute immer noch tust.

Kennst du das, dass du deine Meinung hinterfragst, wenn dir jemand sagt, dass er oder sie deine Meinung komplett falsch findet? Spürst auch du die Verletzung, wenn dich jemand kritisiert, weil du dich falsch und schuldig fühlst und du den Fehler bei dir suchst? Das alles ist Leiden durch Beziehung. Und jede Depression und Erschöpfung, jede Angst hat mit Ohnmacht, Fremdbestimmung und somit Abhängigkeiten von der Anerkennung und der Liebe der Menschen in deinem Umfeld zu tun.

Du hast gelernt, auf andere mehr zu hören als auf dich. Du hast gelernt, dass es dich Liebe kostet, wenn du einfach du selbst bist. Du hast gelernt, dass es sich lohnt, andern zu gefallen, weil es dir Sicherheit gibt. Das ist normal. Das ist die Grundlage eines jeden Menschenlebens. Wir kommen abhängig auf die Welt und entwickeln uns schubweise durch die Trotzphasen und Pubertät und später mit der Emanzipation vom Denken und der Meinung der anderen bis hin zur spirituellen Selbsterkenntnis. In der ersten Lebensphase sind unsere Eltern mit ihrer Liebe und Fürsorge unsere existenzielle Sicherheit. Daher ist Anpassung normal und nicht pathologisch. In der Pubertät lösen wir uns das erste Mal von den Wertvorstellungen der Eltern. Ein unglaublich wichtiger Prozess, um gesund erwachsen zu werden. Viele meiner Klient*innen haben kaum eine Pubertät durchgemacht oder sind in der Rebellion geblieben und finden nicht heraus aus dem Kampf gegen die anderen, oft repräsentiert durch die Eltern. Der Weg zurück zu dir, ist also die Befreiung über deine Beziehungen. Die Erlaubnis, deine eigenen Bedürfnisse ernst zu nehmen und die Bedürfnisse der anderen, deren eigener Verantwortung zu überlassen, ist eine wichtige Abgrenzung, um im Umfeld der Beziehungen in Familie, Freundschaften und beruflichem Umfeld Frieden und Freiheit zu finden.

Viele versuchen diese Befreiung mit Hilfe einer Liebesbeziehung zu machen oder erleben damit die ersten Enttäuschungen. Tatsächlich kommen viele Frauen nach Trennungen oder in akuten Trennungs- und Krisenphasen ihrer Beziehung zu mir ins Coaching. Oft ist die Beziehung zu ihren Kindern ebenfalls nicht gut, was Schuldgefühle und Überforderung mit der Verantwortung auslöst.

Die Ursache des Leidens und der Schmerz, der eine Veränderung anstösst, ist also meistens eine Beziehungsproblematik.

Die Ursache des Leides kann durch die Arbeit an einer Beziehung gefunden werden. Die Beziehung zu uns selbst spiegelt sich in den Beziehungen zu den anderen. Bei uns selbst erscheint vieles des Wissens über Liebe, Heilung und Bedingungslosigkeit vollkommen logisch und einfach. Diese Werte in einer Beziehung umzusetzen fällt doch den meisten dann viel schwerer. Allein sind wir theoretisch unterwegs. Erst die Beziehung zu unseren Mitmenschen macht, dass wir wirklich an uns arbeiten können und uns selbst erkennen können. Da kommen die unbewussten Glaubenssysteme hoch, die uns täglich steuern und unbewusst beeinflussen.

Ich selbst durfte die Erfahrung machen, dass Einsamkeit und Rückzug nicht in die Freiheit führen, sondern noch mehr in die Verstrickung meiner unbewussten Glaubensmuster und Ansichten. Fünf Jahre habe ich mich in die Einsamkeit zurückgezogen. Es war eine sehr starke und in vieler Hinsicht sehr wertvolle Erfahrung. Doch eine zentrale Erkenntnis darin war, dass die Beziehung zu Menschen, an und mit denen wir uns spüren können, zentral ist, um sich zu befreien.

Diese Beziehung, in der wir die Befreiung finden, sollte allerdings eine professionelle Beziehung sein, keine Liebesbeziehung. Die Beziehung zu einer Therapeut*in fordert von ihr, dich bedingungslos anzunehmen. Eine Liebesbeziehung hingegen ist nie bedingungslos, weil zwei Menschen mit verschiedenen Wertsystemen, Vorstellungen und Meinungen aufeinandertreffen. Es dreht sich hier mehr um eine Aushandlung einer Beziehungsform als um eine bedingungslose Beziehung. Wenn ein Partner bedingungslose Liebe fordert, fühlt der andere Partner sich als Mutter oder Vater und alle Leidenschaft verschwindet. Die Funktion von Liebesbeziehung und Ehe ist nicht

Heilung, sondern gemeinsam etwas zu erschaffen und sich zu inspirieren, zu beleben und zu unterstützen. In einer Liebesbeziehung einen Rahmen von Bedingungslosigkeit zu erschaffen, fördert Trägheit und Resignation bei demjenigen, der bedingungslos geliebt wird. Ich sehe dieses Phänomen bei vielen meiner Patient*innen, welche zu viel Empathie und Anpassung zeigen. Ihre Partner werden egoistisch, träge und launisch.

Maria

Als Maria mit dem Wunsch, sich von ihrer jahrelangen Depression zu befreien zu mir kam, wurde schnell klar, dass ihre Beziehung ein grosses Problem war. Ihr Mann machte, was er wollte. Er ging öfter fremd und gab alles Geld für Dinge aus, die nur ihn interessierten. Maria machte alles für ihn und versuchte ihn bedingungslos zu lieben, weil sie wusste, dass er eine schwere Kindheit hatte und daher viel Nachholbedarf hatte. Auch war es ihr nicht möglich, seine Wünsche auszuschlagen, wenn er sie so leidend anschaute und sagte, wie wichtig das jetzt für ihn sei. Seine Bedürfnisse waren ihr viel wichtiger als ihre eigenen. Sie verletzte und unterdrückte sich, um ihn ja nicht zu verletzen und zu unterdrücken. Sie war sehr erschöpft und der Anlass, warum sie meine Begleitung wünschte, war seine Handgreiflichkeit in einem Streit. Im Coaching lernte Maria mit dem «Secret Healing Code» ihre Haltung zu sich und zu ihm zu ändern und erlaubte sich mehr Raum. Nach einigen Befreiungskämpfen begann ihr Mann ihre Bedürfnisse zu sehen, zu respektieren und schlussendlich zu verstehen. Er fand seine Frau viel attraktiver und begann, sie wieder sexuell zu begehren. Nicht viel später schenkte er ihr Traumferien und begann, für sie da zu sein. Maria hätte das nie erwartet. Sie waren wieder ein glückliches Paar, obwohl er für sie so lange die grösste Last war. Dieser Prozess dauerte insgesamt ein Jahr, was unglaublich ist für solch eine zerstörte Beziehung.

Maria ist kein Einzelfall und hat gezeigt, dass nicht immer eine Trennung vom Partner nötig ist, um auszubrechen. Selbst in schweren Fällen. Wir können Beziehungen beenden, müssen es aber nicht. Wenn wir unser Problem der mangelnden Abgrenzung nicht in der Beziehung lösen, dann kehrt es in der nächsten Beziehung oder Freundschaft zu uns zurück. Wenn wir uns erlauben uns selbst zu heilen und zu befreien, dann können wir auch die Beziehung befreien und so eine erneuerte Partnerschaft gewinnen. Mit dem gleichen Partner oder einem anderen. Sobald wir uns erlauben, wir selbst zu sein und auszubrechen, beginnt sich die Dynamik der Beziehung zu verändern.

Die Frauen, die in meine Unterstützung investierten, um den «Secret Healing Code» zu lernen und dazu die Unterstützung ihres Mannes brauchten, fürchteten sehr, dass sie damit für den Mann eine Belastung sein würden. In Wahrheit hat sich aber gezeigt, dass die Partner oder die Männer nach anfänglichen Zweifeln gut finden, dass ihre Frau Unterstützung gesucht hat und etwas tut, um glücklich und unabhängig zu werden. In diese partnerschaftlichen Beziehungen kehrt oft eine Entspannung ein.

Viele Frauen kommen zu mir und fürchten, dass ihr Partner es nicht mag, wenn sie sich befreien und in ihr Potenzial wachsen lassen. Meine Erfahrung hat aber etwas anderes gezeigt. Die Männer meiner Patientinnen haben keine Angst vor der Grösse und Schönheit, der Unabhängigkeit und Freiheit ihrer Frauen. Sie fürchten sich eher vor der Veränderung und ihren Konsequenzen, die dazu führen könnten, dass sie ihre Partnerin verlieren. Doch: Wer sich auszubrechen traut, ohne dem Partner dabei die Schuld zu geben und ihm weiter die Liebe zeigt, kann erfahren, dass die Partnerschaft heftige und grosse Transformationen überlebt und dabei an Freundschaft, emotionaler Intimität und Glück zunimmt.

*Die Therapeut*in darf ihre Klient*innen bedingungslos annehmen,*

ohne Vorurteil, Bewertung und Vorstellung.

Es ist wichtig, dass ich meine Patient*innen bedingungslos an- und ihre Gefühle und Erwartungen nicht persönlich nehme. Ebenfalls unabdingbar ist meine Haltung der Leere im Geist. Das heisst, dass ich keine Vorstellung davon habe, auf welche Weise diese Patient*in ihren Weg finden soll, kann oder muss. Meine Patient*innen dürfen spüren, dass jemand da ist für sie, der sie nicht bewertet, sondern sein lässt. Wenn wir Therapeut*innen leer werden, weiss wie ein Blatt, können wir zuhören und verstehen, was unsere Patient*innen brauchen und sie in ihren schweren Gefühlen verstehen. Gleichzeitig dürfen wir die Werkzeuge vermitteln, die von Abhängigkeit und Fremdbestimmung befreien und zu Selbstliebe und Selbsterkenntnis führen. Ich als Therapeutin darf in meiner Rolle nicht gefallen wollen, wenn ich jemanden begleite. Meine Aufgabe ist es, meine Patient*innen so schnell wie möglich zu befähigen, mich nicht mehr zu brauchen, weil sie mithilfe des «Secret Healing Codes» selbst den Weg finden, um sich zu spüren und sich glücklich zu machen.

Gruppencoaching beschleunigt die Effektivität des «Secret Healing Codes»

Die Patient*innen machen mit mir und in der Gruppe, die ich in meinen Coachings zur Verfügung stelle, den Prozess der Ablösung, Emanzipation und Abgrenzung vom Umfeld durch und sammeln die ersten positiven Erfahrungen. Einen Raum zu teilen mit Teilnehmer*innen, die mit demselben Leiden zu kämpfen haben, ist ein Schlüssel für die schnellen und grossen Durchbrüche meiner Klient*innen aus dem oft jahrelangen Leiden. Die Beziehung zur Gruppe als Ganzes und den einzelnen Personen, sowie zu mir als Fachperson, beschleunigen die Befreiungsprozesse durch den «Secret Healing Code». Das Erleben der Gruppe verstärkt den «Secret Healing Code» und macht ihn erfolgreich in der Überwindung von sozialen Blockaden, Ängsten und den schlechten Erfahrungen mit Menschen. Solch grosse Erfolge sind in 1:1 Coachings kaum zu erreichen, da sie die Grundlage für die Komplexität der zwischenmenschlichen Herausforderungen nicht abdecken. Im Gegenteil, eine therapeutische Beziehung unterscheidet sich von einer alltäglichen Beziehung und ist daher nicht repräsentativ, um alltägliche Beziehungsdynamiken zu erkennen und zu überwinden. Ich erlebe heute 1:1 Sitzungen als viel weniger wirksam, denn die Gefahr der Abhängigkeit ist sehr hoch. In der Gruppe besteht diese Gefahr nur noch in geringem Ausmass.

Meine Patient*innen bedingungslos annehmen kann ich allerdings nur, weil ich diese Krisen selbst erlebt habe. Ich weiss, wie eine Frau denkt, wenn sie erschöpft ist, Angst hat, sich abhängig und depressiv fühlt. Ich weiss, wie es ist, Selbstmordgedanken zu haben, wenn man Mutter ist. Ich weiss, wie es ist, vom eigenen Mann Gewalt zu erfahren und sich nicht trennen zu können, weil man die Konsequenzen fürchtet. Ich weiss, wie es ist, Wahnvorstellungen zu haben und alle Freunde zu verlieren. Ebenfalls kann ich allen Patient*innen nachfühlen, wie es ist, mit den Eltern keine gute Beziehung zu haben und unter dem Kontaktabbruch zu leiden. Ich weiss, was es heisst, sich für andere aufzugeben und sich wertlos in einer Ecke stehen gelassen zu fühlen. Ich weiss, wie es ist, Bulimie zu haben und Panikattacken. Ich kenne auch das Gefühl, wenn man von Therapeutin zu Therapeut läuft und alle nur sagen: Gehen Sie in die Psychiatrie oder nehmen Sie Psychopharmaka.

Darum kann ich für diese Frauen eine gute Therapeutin sein. Ich verstehe sie, habe das nötige Mitgefühl und kann ihr Leiden und ihren Schmerz von mir abgrenzen. Leiden zu verstehen kann nur im Herzen geschehen. Leiden mit dem Verstand zu studieren, führt zu einem Wissen über die Zusammenhänge von Ursache und Wirkung, aber es erzeugt kein wahres Mitgefühl. Wenn ich einen Menschen behandle, dessen Leid ich nicht aus eigener Erfahrung kenne, kann ich ihm nur mit dem Verstand, mit Wissen helfen. Wissen fühlt sich für die Patient*innen oft wie eine Bewertung an und hat nicht den nötigen Boden, um den Menschen das Vertrauen und die Sicherheit zu geben sich zu transformieren. Ich habe das immer wieder erlebt, die besten Therapeut*innen waren diejenigen, die selbst ein schweres Leben hatten und es für sich überwunden haben.

Ich bin keine Therapeutin für alle. Für diejenigen Frauen, welche aus ihrem Leiden heraus Kraft und den Ruf des Lebens, den tiefen Sinn, die tiefe Antwort des Lebens in sich finden wollen, bin ich eine gute Therapeutin. Seit über 20 Jahren beschäftigt und interessiert mich nichts mehr, als die Selbstheilung und die wahre endgültige Befreiung vom Leiden durch die eigene Kraft.

Bei uns haben sich folgende Faktoren für die Struktur einer professionellen therapeutischen Begleitung bewährt, um erfreuliche Resultate und schnelle Selbstheilungen zu erreichen:

1. Online Gruppen Coaching
2. Individuelle Betreuung im Rahmen des Gruppencoachings
3. Definierte, aber befristete Laufzeit (keine Einzelsitzungen über Jahre!)
4. Engmaschige, teilweise tägliche Betreuung in Krisenmomenten
5. Aufzeichnung aller Lerninhalte und Live Sitzungen, um die Coaching-Inhalte immer wieder nachzuhören und zu vertiefen, um Nachhaltigkeit zu sichern.
6. Eine klare Entscheidung für dich zu Beginn des Coachings

Übung

Lerne dein Leben in der Frage zu leben und es wird leicht, die Krise in deine Chance zu drehen.

Die Krise ist eine Aneinanderreihung von Ansichten und Tatsachen, die dich in eine Sackgasse führen.

Lerne nach der Chance und dem Sinn zu fragen und dein Leben entspannt sich sofort.

Folgende Fragen sollen dich inspirieren:

Wie kann ich mir in dieser Situation vertrauen?

Welche Möglichkeiten eröffnet mir das Leben durch meine Situation?

Was in mir will nicht mehr so weiter wie bisher?

Was soll sich verändern?

Was möchte ich leben, was in meinen Gefühlen verborgen liegt?

Wie kann ich die Freiheit in der Angst finden?

Wie kann ich jetzt Freude finden?

Wie kann es leicht gehen?

Warum kann ich diese Selbstzweifel nicht loslassen?

Worin besteht hier der Vorteil dieser Selbstzweifel für mich?

Wo ist hier mein Wille verborgen?

Welches Glaubenssystem möchte ich schützen, indem ich mein Leiden aufrechterhalte?

Warum ist das, was ich habe, für mich besser, als das, was ich will?

Wenn du erkennst, warum diese Situation, in welcher du bist, dir noch Vorteile bringt, kannst du verstehen, warum du sie noch nicht loslassen kannst. Erst wenn du erkennst, wie du dir das, wo du in deiner Situation noch Halt, Sicherheit und Liebe, über Ansprüche und Haltungen von aussen findest, selbst gibst, kannst du deine Krise loslassen.

Wie kannst du dir jetzt sofort vertrauen?

Wie kannst du dir jetzt sofort Sicherheit geben mit dem Glauben an dich?

Wie kannst du jetzt ja zu deiner Zukunft sagen?

Was kannst du darüber denken?

Je mehr du gegen deine Situation kämpfst, desto mehr untergräbst du die Grundlage dafür, dass du etwas ändern kannst, weil du dich von deiner Schöpferkraft abschneidest.

Hier geht's zum Vertiefungstraining des Buches:

www.NATUERLICHTSCHUMI.com

Einleitung: Schritt 1 «Secret Healing Code»: In deiner Wahrnehmung liegt dein Glück

Im ersten Schritt des «Secret Healing Codes» geht es darum, dass du lernst, in deiner Wahrnehmung dein Glück zu finden, indem du sie als deine Schöpferkraft erkennst, mit der du dein gesamtes Erleben und Erfahren verändern kannst und zu dem machen kannst, was du leben und fühlen willst.

Ich bin überzeugt davon, dass alles in uns eine Funktion hat. Auf körperlicher, emotionaler und auch geistiger Ebene. Keine einzige Körperreaktion oder emotionale Reaktion in uns ist sinnlos oder entbehrlich. Jedes Organ des Körpers hat seinen Platz in unserem Organismus und ist einer klaren Aufgabe zugeordnet, um den Organismus und den Stoffwechsel im Gleichgewicht zu halten und das Leben zu erhalten. Keines dieser Organe darf fehlen, ohne dass der gesamte Stoffwechsel darunter leidet. Die Organe arbeiten zusammen und gewährleisten die Gesundheit des menschlichen Körpers.

Analog zur körperlichen Ebene, finden wir auf der emotionalen und geistigen oder anders gesagt, psychischen Ebene, ebenfalls sowas wie innere Organe und einen Stoffwechsel. Es gibt verschiedene innere Instanzen, die miteinander und aufeinander reagieren und äussere Reize psychisch verarbeiten und uns mit dem Aussen im Gleichgewicht halten. So wie der Körper auf die Jahreszeiten reagiert und seinen Stoffwechsel anpassen muss, so reagiert unser innerer, emotionaler Körper auch auf die Veränderung der emotionalen Felder, die uns umgeben. Je nach Anforderung und Stimmung im emotionalen Umfeld werden andere unterschiedliche Helfer gebraucht, um uns mit uns in Verbindung zu halten, unsere Energie zu bewahren und das emotionale Gleichgewicht zu erhalten.

Stell dir vor, die verschiedenen Gefühle, der Geist, der Wille und die Wahrnehmungsebenen sind die inneren Organe, welche dafür verantwortlich sind, deinen emotionalen und psychischen Stoffwechsel im Gleichgewicht zu halten. Diese emotionalen Helfer sind dazu gemacht ,uns in Verbindung mit unserem wahren Selbst, der reinen menschlich-göttlichen Natur und der Lebenskraft zu halten. Sie sichern unser inneres Gleichgewicht, die Lebensfreude und die Gesundheit unseres Herzens und unseres Bewusstseins. Ähnlich wie auf der körperlichen Ebene sind der Raum des Herzens und der Raum der Wahrnehmung (Denken) essentiell im emotionalen Stoffwechsel. Wenn Wahrnehmung oder Herz verletzt sind, dann kann es sein, dass der gesamte emotionale Stoffwechsel durcheinandergerät und bedroht wird von innerem Sterben oder emotional erkranktem Körper. Das kann sich in einer Depression, Angststörung oder tiefen Erschöpfung zeigen. Das ist der Moment, in dem unsere Gefühle und Emotionen ausser Rand und Band geraten und unkontrollierbar werden.

Wir gehen manchmal davon aus, wir sollten immer glücklich sein. Doch das halte ich für einen grossen Irrtum, der uns viel Glück kostet.

Wenn wir in einem bedrohlichen Umfeld sind, so ist es gesund, die inneren Helfer wie Wut und Angst zu spüren und das Leben über sie wahrzunehmen und uns mit ihrer Hilfe in Kontakt mit unserem Mitgefühl und der Liebe zu uns sowie zu unserem Umfeld zu halten. Harmonie zu in einem lebendigen Leben voller Veränderung zu halten ist nicht möglich ohne die inneren Helfer, die stets auf alles reagieren und uns den Weg zeigen inmitten der Herausforderungen. So können wir in unserer Mitte bleiben und gute Entscheidungen treffen oder diejenige Energie bereitstellen, die nötig ist, um in unserer Gelassenheit und der inneren Mitte zu bleiben. So sind Angst und Wut in körperlich oder emotional bedrohlichen Situationen Helfer. In der liebevollen Atmosphäre mit dem geliebten Partner, wären allerding Angst und Wut fehl am Platz und die Liebe und das Glück übernehmen die Führung. Wenn wir diese emotionalen inneren Helfer verstehen und ihre Funktion begreifen lernen, dann können wir über sie einen Kompass gewinnen, der uns hilft Herrin der Lage zu bleiben und uns emotional im Gleichgewicht zu halten.

Selbstheilung ist nichts anderes als das emotionale Gleichgewicht wieder herzustellen. Das bedeutet konkret jeden inneren Helfer, jedes emotionale Organ wieder an seinen Platz zu bringen und es von Bewertungen, die wie eine Vergiftung des inneren Helfers wirkt, zu befreien. Wenn wir den inneren Helfer Wut bewerten, vergiften wir ihn und es kommt Angst. Wenn wir Angst bewerten und unterdrücken, dann wirkt das als das Gift, das Panik und Wahnsinn verursacht. Diese inneren Helfer zu befreien führt dazu, dass wir den Zugang zur inneren ständig sprudelnden Kraftquelle, der Lebensfreude und Motivation, des klaren Geistes und eines ruhigen Herzens gewinnen. Wenn der emotionale Stoffwechsel im Gleichgewicht ist, dann empfinden wir das als inneren Frieden. Wir können auch inneren Frieden verspüren, wenn Angst da ist oder Wut. Solange wir diese Gefühle nicht durch Bewertungen unterdrücken und uns selbst ablehnen, dienen sie uns, um unsere höhere Bestimmung zu leben.

Innerer Frieden hat nichts mit Gefühllosigkeit zu tun, sondern mit einer lebendigen Bewegung der inneren Kraftströme, die aber frei und ungehindert fliessen können. Innere Unruhe ist blockierte Lebenskraft, durch die Unterdrückung eines oder mehrerer der inneren Helfer. Sie kommt immer aus dem Herzen, das im Widerstand mit dem ist, was sich in uns bewegen, erheben oder sinken will.

Die Verspannung im Körper ist die Unruhe des Herzens und die Zweifel des Geistes.

So ist unser Innen-, wie das Aussenleben stetigen Veränderungen unterworfen. Und wer nur Glück will, leidet an der Suche nach Glück, weil sie oder er nur dann das Gefühl hat richtig zu sein, wenn sie oder er glücklich ist. Glück wechselt sich ab mit Trauer, Trauer mit Angst, Angst mit Stille und Stille mit Denken. Das ist Leben. Dies zu akzeptieren und es sogar nutzen zu lernen ist der Schlüssel für absolute innere Freiheit und die Heilung von inneren Blockaden, welche wir als Leiden, Schwere und Schmerz empfinden.
Das therapeutische Bestreben geht heute dahin, dass wir versuchen Herr*in unserer Gefühle zu werden, indem wir sie wegdrücken, überspielen, unterdrücken und eine aufgesetzte Ausgeglichenheit an den Tag legen. Auch fürchten viele Menschen die Kraft der Gefühle und machen sie verantwortlich für Kriminalität, Missbrauch, Gewalt und Ungerechtigkeit. Kaum jemand kennt den Weg in innere Freiheit und Ausgeglichenheit, den Weg in die Kraftbefreiung begleitet von tiefer Gelassenheit.

Kein frei fliessendes Gefühl kann Ungerechtigkeit, Verletzung oder Gewalt erzeugen. Erst die Unterdrückung der Gefühle, der Wut, der Eifersucht, der Angst und auch der Liebe können zu grossen Blockaden und innerem Druck führen, der sich unkontrolliert entladen kann. Das verursacht grosses inneres und auch äusseres Leid. Frei fliessende Gefühle, selbst Angst, Wut und Eifersucht erzeugen Frieden, Fülle und Wohlergehen für uns und unsere Mitmenschen, wenn wir sie in ihrer Kraft verstehen, sie in uns frei lassen und ihrer Aufforderung folgen. Alle Gefühle, alle inneren Helfer haben eine Botschaft für uns, aber nur für uns, nie für unsere Mitmenschen. So ist es auch nicht immer gegeben, dass unsere Mitmenschen die Botschaft unserer Gefühle nachvollziehen können. Das Nichtwahrnehmen wollen oder können der Lebenskraft in den Gefühlen, der Wahrnehmung und der Angst erzeugen äusseres Leid. Disharmonie, Unruhe, Mangel und emotionales Defizit entstehen und bringen uns in Abhängigkeiten und Bedürftigkeit. In der Folge erleben wir, dass wir grosse Erwartungen entwickeln, die uns selbst in manipulatives oder egoistisches Handeln verstricken, das nur zu unserem Vorteil dient, ohne an unser Umfeld zu denken.

Wenn wir die Innenwelt mit ihrer Energie und Funktion verstehen können, dann wird es uns möglich, alle Gefühle wahrzunehmen, ohne den Druck, sie sofort äussern zu müssen. Wir spüren den Raum ihre Botschaft zu hören und ihre Energie mit unserer Aufmerksamkeit zu lenken, um uns innerlich zu regulieren.

Das ist der Weg zu wahrer Ausgeglichenheit, die nicht aufgesetzt, sondern ehrlich ist, mit einer starken Gesundheit und Lebendigkeit und dem freien Fluss aller Gefühle. Wenn Gefühle frei sind, dann können sie auch sichtbar sein. Sie dienen aber immer der Regulation der inneren Ausgeglichenheit und der Unabhängigkeit in Beziehungen und sind keinesfalls übergriffig in Schuldzuweisungen oder gar manipulativen Handlungen. Schuldzuweisungen und Abhängigkeiten basieren immer auf einer unfreien Geisteshaltung durch die Unterdrückung von Gefühlen. Gefühle halten uns in der Selbstverantwortung und der Fähigkeit uns selbst glücklich zu machen. Ich habe durch meine Selbstheilung und in der Arbeit mit meinen Patient*innen und Klient*innen die wichtigsten inneren Helfer oder «Organe» herausgearbeitet, die für die Selbstheilung von Erschöpfung, Depression, Angst und anderen emotionalen und psychischen Leiden elementar sind.

In den folgenden Kapiteln werde ich dir einen Überblick über diese inneren Helfer geben, die für Dich und Deine Selbstanwendung ohne therapeutische Begleitung von grossem Nutzen sein können.

An dieser Stelle möchte ich nochmals erwähnen, dass die Beschreibung und Darlegung der Funktion dieser inneren Helfer eine Annäherung sind an die unglaublich tiefe und befreiende Kraft und das grosse Bewusstsein, das in ihnen wohnt und keine persönliche Schulung und Begleitung ersetzen kann. Ich hoffe, dir damit einen Schritt weiterhelfen zu können in deinem Leben, damit du diese grossartige universelle Kraft in dir und deinen Gefühlen für dich erkennen kannst und so alle deine Wünsche und Ziele erreichst von innerer Freiheit, Gesundheit und Lebendigkeit. Wenn du allerdings spürst, du möchtest tiefer gehen und dir mehr Übung und Wissen im Bezug auf die jeweiligen Helfer aneignen, dann zögere nicht, mit mir in Kontakt zu treten und dich über unser Ausbildungs- und Kursangebot zu informieren.

hier findest du die Möglichkeit mit uns ein kostenfreies Beratungsgespräch zu

vereinbaren:

www.NATUERLICHTSCHUMI.com

KAPITEL IV

Verändere deine Wahrnehmung und erschaffe das Leben, das du wirklich leben willst

Was ist Wahrnehmung? Was hat Wahrnehmung mit Selbstheilung zu tun? Warum ist die Wahrnehmung so wichtig, dass ich sie zum ersten Werkzeug im Schritt 1 des «Secret Healing Codes» gemacht habe? Wie hat unsere Wahrnehmung mit der Ursache von Leid und Glück, von Streit und Frieden zu tun?

*Alle meine Klient*innen haben eines gemeinsam: Es ist ihnen nicht bewusst, dass die Ursache ihres Leidens in ihrer eigenen Wahrnehmung liegt.*

Von Stress und Druck, Erwartungen und Anforderungen ihres Alltags überfordert, fühlen sie sich überfordert und unterdrückt. In ihrem Umfeld – was ich gerne das "Aussen" nenne – versuchen sie Lösungen zu finden und machen sich Gedanken, wie sie ihren Alltag und ihre Beziehungen ändern können, um endlich zur ersehnten Harmonie zu gelangen. Viele klagen über Streitereien mit ihren Kindern, Freunden, den Eltern oder ihren Partnern. Oft sogar liegen sie im Kampf mit der Welt und leiden unter der Gewalt und der Ungerechtigkeit in der Gesellschaft. Sie können es nicht fassen, dass so viele Menschen böse und eigennützige Absichten haben und sind darüber betrübt. «Die Welt ist voller Egoisten», sagte Amanda im ersten Gespräch zu mir. Die Frauen sehnen sich nach Liebe und Verbundenheit, nach Harmonie und Perfektion. Doch ihr Wunsch nach Perfektion und ihr Harmoniebedürfnis sind zu ihrer grossen Schwäche geworden. Sie sind dadurch angespannt, pingelig und übergenau geworden oder finden einfach keine Ruhe, bevor nicht alles aufgeräumt ist oder ihren Vorstellungen entspricht. Manche spüren es selbst, dass sie alles kontrollieren wollen und einen Optimierungszwang entwickelt haben, aber sie können davon nicht ablassen, da dieser Zwang Unruhe oder Angst erzeugt. Die Suche nach Perfektion ist für viele die Ursache für ihr Hamsterrad. Das "Zu-viel-zu-tun" zu haben und doch "nie fertig" sein, führt dazu, dass sie nie wirklich ein Erfolgserlebnis haben können.

Sie suchen das PERFEKTE LEBEN.

Den PERFEKTEN KÖRPER.

Die PERFEKTE BEZIEHUNG.

Den PERFEKTEN PARTNER.

Die PERFEKTEN FREUNDE.

Die PERFEKTEN HOBBIES.

Die PERFEKTE WOHNUNG und den PERFEKTEN BERUF.

Sie versuchen die PERFEKTE MUTTER zu sein und die PERFEKTE PARTNERIN.

Die PERFEKTE TOCHTER und die PERFEKTE FREUNDIN.

Und nie wird ihr LEIDEN grösser als dann, wenn sie versuchen perfekt zu sein.

Und perfekt zu sein bedeutet für sie in der Regel in Harmonie zu sein mit den Dingen, nicht in Streit, nicht in Disharmonie. Streit und Disharmonie fühlen sich für sie an, als hätten sie die Verbindung verloren. Darum sind sie bereit, alles zu geben und sogar sich selbst hintenan zu stellen und ihre Bedürfnisse zu unterdrücken, um die Harmonie herzustellen und die Verbindung zu halten. Dabei verlieren sie, während sie um Frieden, Perfektion und Harmonie kämpfen, langsam aber sicher und über die Jahre ihre Kraft. Sie werden dadurch stetig mutloser, schwächer und oft auch kränker. Schmerzen werden schlimmer, die Motivation schwindet. Das positive Denken funktioniert nicht mehr automatisch. Positive Affirmationen halten sie über Wasser und ihr langjähriger Optimismus hat sich in Zweifel und eine pessimistische Lebenshaltung verwandelt. Das versuchen sie zu verbergen oder schämen sich: Weil sie fühlen, dass das nicht echte Harmonie ist. Es ist für sie hart, Frieden zu haben. Es ist hart, sich frei zu fühlen und glücklich zu sein. Manche haben den Glauben daran verloren, dass das Leben schön ist und empfinden eine grosse Resignation oder sogar eine Sehnsucht zu verschwinden oder zu sterben.

Sehr viel Kraft haben diese Frauen in Harmonie und Frieden investiert, in Vollkommenheit, Güte und Liebe. Und nichts als Entkräftung und Schwere zurückbekommen. Frauen, die ein hohes Idealbild hatten und mit viel Mut dafür kämpften, sitzen verloren und entkräftet da. Was läuft hier falsch?

Mir ging es genau gleich! Das kann doch nicht wahr sein, dachte ich damals im Jahr 2010, als ich in die schwere Depression rutschte. Ich, die ich so bereit war, alles aufzugeben: Alle Freunde, allen Genuss, alle meine Wünsche und Bedürfnisse, um Harmonie und den Sinn des Lebens zu finden. Ich verstand die Welt nicht mehr und der Sinn der spirituellen Botschaft des Dienens hatte sich mir komplett verschlossen. Ich war derart frustriert, enttäuscht und verärgert, dass ich alle Spiritualität zur Seite schob und mich entschied Atheistin zu werden, das heisst nur noch selbst die Dinge zu erforschen und nichts mehr zu glauben. Damit begann meine Phase der wissenschaftlichen

Auseinandersetzung mit dem Leben. Niemand sagte mir, dass all dieser Streit, dieser Kampf mit der Welt durch eine Veränderung der Wahrnehmung beendet werden kann. Niemand konnte mir meinen Schmerz und meine Wahnvorstellungen verstehen helfen. Niemand erwähnte, dass ich nirgendwo hingehen muss und nicht die anderen zu verändern brauche, zur Überwindung meiner Erschöpfung und meiner Angst und um Frieden und Harmonie mit mir und der Welt zu finden.

Ich musste zuerst noch so tief fallen, um am tiefsten Punkt meines Lebens zu erkennen, dass mein Leben nur mit einem einzigen Gedanken vollkommen anders werden kann.

Erst am tiefsten Punkt erhielt ich den Schlüssel zur Tür des Weges in die Freiheit. Ich erkannte, dass ich wahren Frieden und innere Harmonie finde, wenn ich meine Wahrnehmung in mir verändere und eine andere Haltung einnehme, die meinem Herzen zuträglicher ist und ihm Frieden, Freiheit und Unversehrtheit vermittelt.

Diese Haltung zu finden ist die Grundlage zur Selbstbefreiung, Selbstheilung und Selbsterkenntnis. Diese Fähigkeit, die eigene Wahrnehmung zu verändern, ist der sichere Schlüssel für echtes Glück. Weil sich alles immer verändern wird. Und wir nur Halt finden in unserer Haltung zu den sich laufend verändernden Dingen.

So war auch bei mir, wie bei all meinen Patient*innen, das Verlangen nach Harmonie und friedlicher Verbindung zu den Menschen der Grund, warum ich mich nicht mehr abgrenzen konnte. Ich hatte keine Kraft mehr für mich einzustehen, wenn mein Gegenüber eine andere Meinung hatte. Und je lieber ich eine Person mochte, desto schlimmer wurde es mit der Abgrenzung. Je mehr ich jemanden liebte oder bewunderte, desto mehr wurde ich zu einer Jasagerin und in der Gegenwart dieser mir liebsten Menschen kleiner, hilfloser und abhängiger. Ich fand mich darin schrecklich langweilig, peinlich und war total unsicher. Und das trieb mich noch mehr in die Jasager-Position. Oft soweit, dass ich mich selbst in der Gegenwart dieser Person schlecht redete und erniedrigte.

Kennst du das auch? Dass du dich klein fühlst in der Gegenwart von starken Menschen und Personen, denen du gefallen möchtest? Dass du dann “ja” sagst, aber “nein” meinst und einfach nicht anders kannst? Dich unter Druck fühlst, dich anzupassen und die Erwartungen der anderen nicht zu enttäuschen? Du spürst, dass du etwas tun möchtest, was jemanden in deinem Umfeld verletzen könnte, und wagst es dann nicht? Lieber machst du Kompromisse und hältst deine Träume zurück, anstatt jemandem zur Last zu fallen? Du bleibst zu lange in unguten Freundschaften, in destruktiven Partnerschaften und redest dir ein, dass du glücklich bist, dass es doch nicht so schlimm ist und du nicht zu viel verlangen darfst. Die Erwartungen der Menschen, welche du spürst, kannst du nicht enttäuschen. Aber deine eigenen Erwartungen enttäuschst du täglich. Das kenne ich von so vielen meiner Patient*innen und auch von mir selbst sehr gut.

Mein persönlicher Leidensweg zur tiefen Erkenntnis, die mir Selbstheilung ermöglichte

Mit zwanzig Jahren habe ich mich nach der Matura für fünf Jahre in die Berge zurückgezogen, um mich selbst zu finden und mein Leben der Spiritualität zu widmen. Ich ging weg von meiner Familie, meinen Freunden und allen Anforderungen der Gesellschaft hin in die Einsamkeit. Damals war mir alles zu viel: Die Menschen, die Beziehungen, das Gerede, die Weltpolitik. Ich hoffte Frieden zu finden und mich in der Abgeschiedenheit von all den Einflüssen der Menschen und der Welt zu befreien. Ich litt unter der Gewalt in der Welt. Ich konnte keine tierischen Sachen essen und keine neuen Sachen kaufen. Ich spürte die Wahrheit in der Lehre der Gewaltlosigkeit im Buddhismus und griff diese Lebensweise auf. Ich wollte radikal ethisch leben, niemanden verletzen und allen helfen, aus der Überzeugung in dieser Askese meinen wahren Frieden zu finden. Nicht um etwas zu beweisen, sondern um mich von den Schuldgefühlen zu befreien, welche ich hatte, wenn jemand wegen mir litt. Leider verstand ich damals noch wenig von Wahrnehmung, von meinem Innenleben und der wirklichen Ursache von Glück und Frieden. Ich suchte all den Frieden im Aussen. Durch Wunsch und Verzicht im Aussen.

Nach einer Phase von Fasten und Meditation traf ich den Mann, der zu meinem spirituellen Mentor werden sollte und mir fünf Jahre Askese und Rückzug ermöglichte. Er bot mir seine Unterstützung an und ein Dach über dem Kopf, für das ich nichts bezahlen musste. Meine Aufgabe war einfach, ihm in Haus und Garten zu helfen. Er hatte vor kurzer Zeit seine Frau verloren, die ihm ihre drei Stiefkinder hinterliess. Dieser Mann war damals 64 Jahre alt, sehr gebildet und belesen. Er hatte sich mit allen Richtungen der Spiritualität befasst und ein tiefes Wissen über die Zusammenhänge des Naturgeschehens. Er bewirtschaftete einen Permakultur-Garten, hielt Tiere und sein Haus war gefüllt mit Büchern über Wissenschaft, Religion, Philosophie, Medizin, Heilung und Politik. Ich fühlte mich sofort daheim. Dieses Bauernhaus, das nach Weihrauch roch, voller Bücher und antiken Gegenständen war, erschien mir wie ein Tempel oder eine Kirche mitten am Berg und wurde dann für die nächsten Jahre mein Zuhause. Es war wundervoll. Und ich entschloss mich, zu bleiben. Es war ein Ruf des Lebens und ein Segen.

Ich begann eine strenge Askese mit täglicher Meditation, veganer Rohkost und viel Fasten. Damals hatte ich aussersinnliche Erlebnisse und spürte die Anwesenheit von Geistern. Ich sah Bilder und hatte Kontakt mit Verstorbenen. Doch es gelang mir nicht, diese Kontakte und Erlebnisse zu steuern. Sie überfielen mich und ich hatte keine Chance, mich selbst zu bleiben. So war mein Alltag gesteuert von den spirituellen Ereignissen, die ich erlebte und ich fürchtete mich oft sehr. Mein Mentor, den ich sehr bewunderte, wurde mein grosser Halt bei den für mich so unberechenbaren, neuen Erfahrungen. Trotz grosser Distanz spürte ich die Konflikte der Nachbarn, roch die Lebenskraft der Menschen und träumte vom Weltgeschehen. Es gelang mir also nicht, mich von der Welt abzuschotten. Sie holte mich in meiner einsamen Klause ein und ich nahm sie immer intensiver wahr. Der tägliche Kampf gegen die Einflüsse von aussen und gegen meine schlechten Träume begann. Die Energien und Entitäten, die ich überall wahrnahm und mich mit ihren Botschaften und ihrer Anwesenheit gefühlt in eine ständige Trance versetzten, erschreckten mich. Ich wurde immer empfindlicher und abhängiger von der emotionalen Unterstützung meines Mentors.

Und dann kam der Moment, wo ich innen und aussen nicht mehr unterscheiden konnte. Ich war das Aussen und mein Innen war das Aussen. Dies ist eine wahre Tatsache, doch ohne Wissen und Erkenntnisse über die Wahrnehmung, konnte ich darin keine Orientierung finden. Ich verlor den Halt. Ich verlor die Sicherheit und fiel in eine totale Verwirrung. Ich konnte Wahrheit und Illusion nicht mehr unterscheiden. Welche der Stimmen waren diejenigen der Engel, welche diejenigen der Dämonen. So konnte ich auch nicht mehr unterscheiden, welche Bedürfnisse meine waren und welche nicht.

Kennst du das auch?

Dass du die Bedürfnisse deiner Mitmenschen in dir wahrnimmst?

Dass du dann nicht mehr weisst, ist das deins oder nicht?

Ist das jetzt fremde Energie oder deine eigene?

Es kam soweit, dass ich aufgrund der Abhängigkeit zu meinem Mentor in eine Rolle fiel, die ich nie haben wollte und welche mich stark von meinem inneren Frieden entfernte und traumatisierte. Ich wurde die Geliebte. Mein Mentor, 44 Jahre älter als ich, verliebte sich in mich und sah in mir den Ersatz seiner verstorbenen Ehefrau, für ihn vom Himmel gesandt. Ohne dass ich mich widersetzen konnte, übernahm ich die Rolle. Ich fühlte, dass es falsch war. Ich fühlte Ekel und ich fühlte Scham. Doch es passierte und ich wusste nicht mehr, will ich es oder will ich es nicht.

Ich war die Sklavin des Aussen geworden, der Bedürfnisse der Menschen um mich, der Energien um mich. Mein innerer Halt war verschwunden und ich war Spielball geworden. Je mehr sich mein Mentor beklagte, dass er unter etwas litt, desto mehr musste ich ihm geben, was er wollte. Es war wie ein Zwang. So begann die Phase meines Lebens, in der diejenigen Menschen, die mich mit ihren Erwartungen, Bedürfnissen und Leiden unter Druck setzten, am allermeisten von mir bekamen. Diejenigen Menschen, die mich frei liessen und wirklich liebten, sahen mich kaum mehr. Diese Abwärtsspirale führte über verschiedene weitere Stationen zu meinem Zusammenbruch im Jahr 2013. Einsam und verlassen von allen guten Menschen, welche ich aus meinem Leben weggestossen hatte, verlebte ich, mit gebrochenem Herzen, meinen 30. und den 3. Geburtstag meiner Tochter im Frauenhaus, der Auffangstation für Frauen, die unter häuslicher Gewalt litten und beschützt werden mussten. Ich fühlte mich maximal fremdbestimmt und sozial randständig.

Mit Schmerz und Leid musste ich erkennen, dass ich einen falschen Weg verfolgte. Dass ich meine Energie am falschen Ort investierte – bei Menschen, die keine guten Absichten hatten und ein selbstsüchtiges Leben führten. Ich war zerstört. Innen und aussen. Alles in meinem Leben lag in Schutt und Asche. Alle meine Beziehungen waren missbräuchliche, destruktive Beziehungen und ich glaubte keine wahren Freunde zu haben. Meine Familie hatte mich scheinbar aufgegeben. Mein Körper war krank, voller Schmerzen und Symptome und sehr erschöpft. Der Weg der spirituellen Suche hatte mich in die totale Opfersituation gebracht, traumatisiert und krank gemacht.

In den nachfolgenden Therapien begriff ich, dass ich sexuell, psychisch und körperlich missbraucht und misshandelt wurde. Alle Formen der Therapie wurden bezahlt. Ich wollte meinen Mentor für sexuellen Missbrauch und psychische Gewalt anzeigen. Damals war ich mir noch nicht bewusst, dass dieser Weg wieder ein erschöpfender Weg sein würde. Das Aussen mit dem Aussen bekämpfen. Das ist nie die Lösung. Vor allem dann nicht, wenn meine Probleme durch meine Wahrnehmung entstanden sind. Die Rolle der Geliebten entpuppte sich als tiefe Missbrauchserfahrung und die Gewalt in der Ehe liess mich in tiefer Schuld zurück. Als ich dann 2013, am tiefsten Punkt meines Lebens, die Erkenntnis hatte, dass alles, was ich erlebe aus dem Innen durch meine Wahrnehmung erschaffen wird, verbesserte sich mein Leben innerhalb sehr kurzer Zeit enorm.

Und es war so erschreckend leicht: Nur einen einzigen Gedanken brauchte es, um aus meiner Depression auszubrechen, aufzustehen und mit jedem Schritt vorwärts ein neues, schönes, erfülltes Leben zu erschaffen.

Das war die tiefe Erkenntnis, die mich vom Aussen ins Innen zurückholte. Ich musste so einsam, so verlassen und so zerstört sein, um zu spüren, dass es der falsche Weg ist, sich über die Welt im Aussen glücklich machen zu wollen oder zu hoffen, sie gebe etwas Wahrhaftiges zurück. Das Aussen kann uns nur geben, was wir schon in uns haben. Haben wir Glück in uns, so kann uns das Aussen glücklich machen. Das Alleinsein ist die beste Medizin gegen Abhängigkeit. Dann können wir erkennen, dass wir selbst der Schlüssel sind. Meine Wahrnehmung veränderte sich und meine Aufmerksamkeit fiel auf das, was ich wollte. Sie richtete sich auf meine Wünsche, meine Ziele und meine Träume, auf meine Möglichkeiten, meine Gefühle und meinen Wunsch respektiert zu werden.

Und mir wurde bewusst, dass ich entweder dem Innen, oder dem Aussen dienen kann.

Doch nicht beiden gleichzeitig.

Ich habe erfahren, dass die Suche nach Harmonie, Perfektion und Wahrheit im Aussen direkt in die Hölle führt. Weil kein Mensch über das Aussen Glück finden kann und niemand die Macht hat mich glücklich zu machen. Wenn ich dem Innen diene, dann erzeugt das in mir Leben, Freude und Stärke und ich kann Mitgefühl, Liebe, Klarheit und Authentizität nach aussen geben.

Mir dienen bedeutet anderen dienen. Mir dienen ist anderen gerecht werden.

Heute kenne ich die Kraft und die Macht meiner Wahrnehmung und ihre Dynamik sehr gut und das macht mich frei. Ich fühle mich in keiner Situation mehr als Opfer. Selbst da nicht, wo ich gegen meinen Willen etwas tun muss. Keine Verantwortung erdrückt mich mehr und ich finde für alles eine gute Lösung, die für mich und mein Umfeld stimmt. Ich habe erkannt, dass alle Angst in meiner Wahrnehmung liegt und ich sie durch die Änderung meiner Haltung, sowie die Konfrontation mit meinem Umfeld, leicht transformiere und in Wohlgefallen auflösen kann.

Heute bin ich freier denn je, weil die Erkenntnis über meine Wahrnehmung mich aus aller Fremdbestimmung befreit hat. Meine Kraft steht mir nun für meine Ziele und meine innere Stabilität, Standhaftigkeit und die tiefe Verbindung zu Menschen und Dingen zur Verfügung. Ich bin ruhig geworden und kann mich sehr gut abgrenzen. Meine Beziehungen sind allesamt friedlich, respektvoll und ich fühle mich nicht mehr fremdbestimmt. Ich vertraue, dass bei mir bleibt, was zu mir gehört und weg geht, was weg gehen soll. Ich halte nicht mehr fest und habe Sicherheit und Halt in mir gefunden. Es ist meine Wahl, die Bedürfnisse anderer Menschen zu erfüllen oder nicht, ohne dabei aus meiner Mitte zu fallen oder unter einer Disharmonie zu leiden. Ich spüre jederzeit, was ich will und was meine Bedürfnisse sind. Gleichzeitig spüre ich auch mein Gegenüber und was diese Person von mir erwarten. Das heisst, ich habe keine Empathie eingebüsst, weil ich den Fokus auf mich und mein Innenleben lege. Im Gegenteil: Ich habe darüber noch mehr Empathie gewonnen und zwar für die wahren, tiefen Sehnsüchte der Menschen.

Über meine eigene tiefe Verbindung zu mir bin ich mit allen Menschen und Wesen in meinem Umfeld verbunden und habe Zugang zu ihrem inneren Kern. So fühle ich meine Musikinstrumente, meine Patient*innen, meine Partnerschaft, meine Kinder und meine Freunde hinter ihren Worten und in ihrem Wesen. Oft erkenne ich, dass ihre Worte genau das Gegenteil dessen sagen, was sie wirklich wollen. Darum ist es nicht immer gut, den Mitmenschen zu geben, was sie mit den Worten verlangen, weil es oft nicht das ist, was sie wollen. Um zu spüren, was meine Liebsten um mich herum wirklich brauchen, bedurfte es der Erkenntnis, dass meine Wahrnehmung nicht Wahrheit ist.

Zu spüren, was die Menschen hinter ihren Worten meinen und welche unausgesprochenen Überzeugungen sie haben, macht mich viel empathischer als früher, ohne dass ich dabei mich selbst verliere. So kann ich fühlen und mich gleichzeitig abgrenzen. Diese Fähigkeit zu erlernen, ist die grosse Erlösung für allen meine Patient*innen, welche empathisch sind und denen das Glück ihrer Mitmenschen am Herzen liegt. Sie erkennen dadurch, dass sie weniger egoistisch sind, wenn sie auf sich Rücksicht nehmen und auf sich hören. Je mehr sie sich selbst erfüllen und gut auf sich schauen, desto mehr können sie ihr Umfeld wirklich wahrnehmen. Aber bodenständig, ehrlich und nicht durch Projektionen. Mein Wissen über die Funktion der eigenen Wahrnehmung ist der Schlüssel, um meine Patient*innen in ihre Durchbrüche zu führen und zu erkennen, wo die Ursache für ihr Leid und ihre Krankheit liegt.

Auch du kannst deine Wahrnehmung verändern und damit dein Glück aus dem Innen erschaffen

Stell dir vor, du könntest das auch! Stell dir vor, du hättest dich durchschaut und erkennst dich selbst im Spiegel deiner Mitmenschen und deines Umfeldes. Du würdest in deinen Erfahrungen alle deine Glaubenssätze und Ansichten erkennen, die dich zu Leid, Erschöpfung und Abhängigkeit führen, sowie deinem Herzen und deinem Frieden schaden. Du hättest die Fähigkeit diese Ansichten und Glaubenssätze zu ändern und loszulassen, um wahre Freiheit und wahren Frieden zu erreichen.

Stell dir vor, du könntest so dein Herz heilen und alle Wunden schliessen. Du könntest sogar alte Narben wegzaubern und dein Herz wieder vollständig öffnen und tiefe Berührung und Beziehung zulassen, ohne damit überfordert zu sein.

Stell dir vor, du könntest über deine Wahrnehmung alle Streitereien und Disharmonien überwinden und in all deinen Beziehungen bedingungslose Liebe geben und erfahren. Kein Feind könnte mehr dein Feind bleiben. Du findest überall Freunde. Und du findest überall Wahrheit. Alles ist sicher und gelassen geworden, weil du erkennst, wer du bist und wer die anderen sind. Stell dir vor, du würdest dich selbst in allem erkennen. Mit jedem Tag dich selbst mehr spüren, mehr sehen und mehr Klarheit finden darüber, wer du bist. Stell dir vor, mit dieser Klarheit kommen Kraft und Offenheit, sodass du immer mehr Lust aufs Leben bekommst.

Wenn du erkennst wie du dich von leiderfüllten Erfahrungen über deine Wahrnehmung befreist, dann kannst du dein Leben so erfahren, wie es deinem Herzen dient und es damit heilen. Du wirst erkennen, dass es dir bestimmt ist glücklich zu sein. Und es deine einzig wahre Mission in deinem Leben ist, dich glücklich zu machen. Dieses Glück teilst du mit den anderen Menschen und wirst dabei richtig reich werden.

So wie für mich die Veränderung meiner Wahrnehmung innerhalb von Sekunden zu einem Erleuchtungserlebnis wurde, so ist dieses Werkzeug für alle meine Patient*innen ein Schlüssel zur Selbstheilung und zur Überwindung ihrer Beziehungskonflikte. Die Wahrnehmung führte bei allen meinen Patient*innen zu einer tiefen Selbsterkenntnis und einem tiefen Verstehen des eigenen Innenlebens. Die Welt und die eigenen Erfahrungen werden berechenbar, fühlbar und beeinflussbar. Das ist das Ende der Ohnmacht und der Angst. Und es ist das Ende der Fremdbestimmung und des Funktionierens.

Es gibt keine Wahrheit im Aussen. Sondern nur Wahrnehmung.

Nora

Nora suchte mich völlig erschöpft und verwirrt auf und erzählte mir, dass sie unter Hochsensibilität litt und von ihrem Mann und seinen dominanten Energien völlig verdrängt wurde. Sie berichtete mir ebenfalls, dass sie dunkle Geister sehe, deren Energie nicht gut seien und sie ängstigten. Sie fragte mich, was sie mit dieser Hellsichtigkeit machen soll und ob es nötig sei, sich von ihrem Mann scheiden zu lassen. Im Verlauf unserer Zusammenarbeit und des Erlernen des «Secret Healing Codes», indem wir mit der Wahrnehmung arbeiteten, verschwanden die bösen Geister, indem sie darin ihre unterdrückten Gefühle befreite.

Sie erkannte, dass diese bösen Geister die Projektion einer negativen Lebenshaltung und unbewusster Ängste darstellte. Diese Geister waren all die Gefühle, die sie sich selbst zu leben verbot, um ihrem Mann zu gefallen, dem Sohn alles recht zu machen und dem Bild einer guten Partnerin und Mutter gerecht zu werden. Als sie begann sich zu lieben, lernte, zu sich zu stehen und ohne Angst vor Ablehnung durch ihren Mann aussprach, was sie bewegte, begannen die bösen Geister zu verschwinden. Je mehr sie sich für sich einsetzte, ihren Wert erkannte und kommunizieren lernte und im Alltag, der Erziehung und den Finanzen mitzureden begann, desto ruhiger und heller wurde es um sie. Nora erkannte, dass sie ihr Leben lang versucht hatte nach den Vorstellungen von anderen zu leben und dabei vollkommen auf der Strecke blieb. Sie suchte sich dann Orientierung und Hilfe in der Spiritualität, dabei intensivierten sich aber ihre Leiden durch die Hochsensibilität und sie begann, böse Geister zu sehen. Als ihr Mann begann, sie mehr zu respektieren und ihr den Raum zu gewähren, den sie wollte, löste sich alle Angst vor bösen Geistern und sie verschwanden. Und Nora erkannte, dass ein freies Herz keine bösen Geister sieht, sondern ein ruhiges Herz und einen leeren Geist hat und die Schönheit in allem sieht. Als sie sich befreite und in eine eigene Wohnung zog, weil sie das für sich wollte und brauchte, wurde die Beziehung zu ihrem Mann sehr liebevoll und respektvoll.

Als Nora sich erlaubte ihre Bedürfnisse zu leben, was für sie lange keine Option war, wurde sie glücklich, frei und ruhig. Ihr Reizdarm löste sich und die Selbstzweifel hörten komplett auf. Sie konnte sich ihrer Berufung widmen und Menschen helfen, selbst aus ihrer Unterdrückung ein Leben voller Freude zu erschaffen.

Das Aussen ist leer – erst du erfüllst es mit Bedeutung

Um wahres Glück und echte Freiheit zu erfahren, darf ich mich von aussen nach innen wenden. Mich von den Bedürfnissen und den Erwartungen des Umfeldes ablösen und mir meiner Ziele, meiner Träume und meiner Bedürfnisse bewusst werden, um sie zu verfolgen.

Im Aussen sind wir alle blind. Im Aussen verlieren wir alle Energie. Im Aussen liegt die Erschöpfung. Alles Versagen liegt im Aussen. Alles Gewinnen liegt im Innen. Aussen können wir nur verlieren. Innen können wir nur gewinnen.

Wir werden blind geboren und dürfen im Laufe unseres Lebens aufwachen. Das ist die Aufforderung deiner Krise und der Grund, warum du dieses Buch liest. Es ist Zeit aufzuwachen, sehend zu werden und dich selbst glücklich zu machen. Die Unterscheidung zwischen innen und aussen ist der erste Schritt, um aufzuwachen in ein sinnerfülltes und glückliches Leben

Wenn wir sehen, stolpern wir nicht.

Wenn wir sehen, dann laufen wir nicht gegen Wände.

Wenn wir sehen, dann finden wir Sicherheit.

Wenn wir sehen, dann können wir den Weg finden.

Wenn wir den Weg finden, haben wir Orientierung und Fortschritt.

Wenn wir Orientierung haben, können wir uns entspannen.

Wenn wir uns entspannen, dann kommt alles von selbst ins Gleichgewicht.

Wenn wir also sehen, dann können wir Leid und Schmerz verhindern und überwinden.

Die Wahrnehmung ist das innere Auge. Also kommt die Wahrnehmung aus dem Innen. Im Innen ist das Licht, im Aussen die Dunkelheit. Mit dem Innen meine ich unser Innenleben, wie Gefühle, Gedanken und Körperempfindungen. Das Aussen ist die äussere Erscheinungswelt und alles, was wir mit unseren fünf Sinnen erfassen können. Die grundlegende Erkenntnis, welche ich meinen Patient*innen vermittle, um die Wahrnehmung zu verstehen, ist:

Jeder ist in seiner Realität allein.

Niemand auf dieser Welt hat die gleiche Wahrnehmung wie ich. Kein Mensch hat die gleichen Erfahrungen gemacht, zur gleichen Zeit mit den gleichen Schlussfolgerungen wie ich. Und unsere Wahrnehmung setzt sich aus unserer bisherigen Erfahrung mit unserem Umfeld zusammen.

Vielleicht kannst du dich daran erinnern, dass du als Kind ein Glas umgeschüttet hast. Und für dich war das überhaupt nicht schlimm. Aber du hast gemerkt, dass es für deine Eltern schlimm ist und sie dich als ungeschickt bezeichnet haben. So hat sich die Erfahrung von Glas umschütten mit der Interpretation und dem Glaubenssatz: «Das ist ungeschickt» verbunden. Somit wirst du in Zukunft jeden Menschen, der ein Glas umschüttet, inklusive dich selbst als ungeschickt wahrnehmen. Ob du das nun willst oder nicht.

So ist es mit allem. Wir können das Aussen nicht klar sehen. Wir sehen in den Dingen bloss unsere eigenen Bewertungen und Glaubenssätze. Wir treffen auf eine Situation und sehen etwas. Wie wir das, was wir sehen, benennen oder interpretieren, das ist von Person zu Person unterschiedlich und sehr abhängig von den kulturellen, religiösen oder moralischen Vorstellungen einer Gesellschaft. Schlussendlich verbinden sich im Laufe der Jahre unsere Erfahrungen und unsere Ansichten zu komplexen Systemen der Wahrnehmung, wobei kein einziger Mensch auf der Welt dasselbe aufweist.

Wenn wir begreifen, dass wir in unserer Wahrnehmung allein sind, fallen all die Erwartungen ab, dass uns jemand einfach so verstehen kann.

Lassen wir uns von den Worten nicht mehr täuschen, sind wir nicht mehr enttäuscht, wenn uns jemand nicht versteht oder nachfragt. Im Gegenteil, wir erkennen, Nachfragen bedeutet echtes Interesse an meiner Wahrnehmung und ist respektvoll und wertschätzend. Viele meiner Klient*innen fühlen sich durch das Hinterfragen ihrer Ideen kritisiert oder denken, man vertraut ihnen nicht. Das Gegenteil ist wahr. Je mehr jemand nachfragt, in die Tiefe geht und die Absichten erforscht, desto mehr Interesse hat diese Person an mir.

Interesse an dir bedeutet nicht, dass dich jemand bejaht, sondern dass jemand Lust hat, dich zu erforschen und darum auch zu hinterfragen.

So empfehle ich meinen Patient*innen stets nachzufragen, was denn das Gegenüber meint mit dem, was er oder sie sagt. Wenn ich nicht frage, gehe ich davon aus, dass das Gegenüber das meint, was ich verstehe. Und das ist die häufigste Ursache von Streit und tiefen Missverständnissen. Zudem ist es ignorant. Also ein Mensch, der einfach nur ja zu dir sagt, der hat kein Interesse dich zu sehen, sondern will nur, dass du in seiner Gegenwart ein gutes Gefühl hast und das ist meist auf sich selbst bezogen. Die meisten Eheprobleme und Beziehungsstreitereien basieren auf dem Konflikt von unterschiedlicher Wahrnehmung, die nicht besprochen oder geklärt ist. Beide wollen das Beste und beide sind unverstanden.

Kennst du das? Du meinst es gut, willst helfen und hast gute Absichten und dein Gegenüber fühlt sich angegriffen?

Hilfe kann für den einen etwas Langersehntes sein und für den anderen eine Erniedrigung. Wir können nie sehen, welche Glaubenssätze unser Gegenüber gespeichert hat. Wir dürfen nicht davon ausgehen, dass wir das sehen können. Denn das führt oft zu Manipulation und Respektlosigkeit. Es gibt hier auch kein richtig oder falsch. Sondern nur ein Wahrnehmen, dass bei einer Disharmonie mein Gegenüber wohl etwas anderes versteht als ich.

Darum ist Harmonie nicht im Aussen zu finden. Weil wir alle einander mit verschiedenen Wahrnehmungen begegnen. Niemand hat dieselbe wie ich. Harmonie entsteht, wenn wir uns hinter unserer Wahrnehmung und den damit verbundenen Worten treffen. Das ist erst möglich, wenn wir mit uns selbst in Verbindung gehen und uns selbst erkennen. Hier sehen wir einmal mehr, dass Depression und Erschöpfung, Angst und andere emotionale Leiden ein tiefer Ruf sind, uns der Wahrheit, der Harmonie und dem Frieden zuzuwenden und uns von der Illusion im Aussen abzulösen. Die Wahrheit in unserer Wahrnehmung und der Interpretation unseres Lebens und der Worte der Menschen liegt in uns. Die Wahrnehmung ist ein Geschenk für uns. Sie offenbart mir, wer ich bin, indem ich erkenne:

Das was ich sehe, das bin ich! Das Aussen ist leer. Ich gebe den Dingen ihre Bedeutung, ihre Farbe, ihren Geruch und ihre Form.

Stell dir folgendes Bild vor: Zwei Menschen sitzen sich gegenüber und einer hält ein Buch in den Händen, welches er senkrecht zwischen sich und seinem Gegenüber in der Mitte in die Höhe hält. Der eine sieht das Buch von vorne, der andere von hinten. Wenn sie einander nun erzählen, was sie sehen, so erkennen sie beide schnell, dass jeder etwas anderes sieht und beschreibt. Aber es handelt sich um dasselbe Buch.

So ist es mit allen Streitereien. Zwei Personen betrachten denselben Umstand oder dieselbe Situation und sehen sie anders. Wenn nun der eine den andern überzeugen will und recht haben will, wird es immer darauf hinauslaufen, dass es einen Machtkampf der Meinungen und einen Verlierer und einen Gewinner gibt. Wenn wir uns im Rechthaben verlieren, fühlen wir uns verunsichert und wütend oder verlieren an Vertrauen in uns oder unser Gegenüber. Wenn wir allerdings wissen, dass mein eigener Standpunkt genauso richtig ist, wie derjenige des Gegenübers, entstehen Diskussionen und Gespräche, die geprägt sind von Respekt und weder einen Verlierer noch einen Gewinner hervorbringen, sondern Inspiration und Möglichkeiten eröffnen.

Jemanden zu belehren hat noch nie zu grossen Veränderungen geführt, sondern eher zur Unterdrückung. Jemandem aber die richtige Frage zu stellen, hat schon ein Leben verändert.

Unterdrückung ist die schlechteste Form von Wissensvermittlung und Überzeugung. Wir erzeugen damit Druck auf unser Gegenüber, worauf mit Gegendruck und Widerstand reagiert wird. Jemanden zu inspirieren und dabei seine eigenen Erfahrungen zu machen, das hat schon sehr oft zu grossen und schnellen Entwicklungen geführt. Das sehe ich auch in der Arbeit mit meinen Patient*innen, weil jede Frau ihre eigene Wahrnehmung als Werkzeug nimmt, um sich zu heilen. Von meiner Seite gibt es keinen Druck, dass sie etwas tun müssen oder dass es etwas gibt, was richtig oder falsch ist. Sie finden ihren Weg und was für sie und ihr Herz stimmt selbst.

Denn Freiheit und Glück sind eine INDIVIDUELLE ANGELEGENHEIT.

Wir sehen, was wir glauben

Die Art der Wahrnehmung meines Umfelds und aller Dinge im Aussen, offenbaren mir meine Glaubenssysteme und Ansichten. Das Aussen ist der Spiegel meines unterbewussten Bewertungssystems, das sich aus all meinen Erfahrungen, Überzeugungen, Ansichten und Glaubenssätzen zusammengefügt hat. Der grösste Anteil ist automatisiert und uns nicht bewusst. Fünf Prozent aller Ansichten sind uns bewusst. Die anderen 95 Prozent sind es nicht und können nur im Spiegel unserer Mitmenschen bewusst werden. Wir haben lediglich durch das Denken keinen direkten Zugang zu unseren unbewussten Überzeugungen. Wir finden in den Triggern, den Gefühlen – den positiven, wie den negativen – die unser Umfeld, unser Erleben in uns auslöst, unsere Überzeugungen. Unsere tiefen, unbewussten Überzeugungen werden durch die Kraft der Gefühle, der Angst, der Wut, der Eifersucht, der Liebe, der Trauer und des Glücks in unser Bewusstsein geholt. Ohne die Kraft dieser Gefühle könnten wir sie nicht sehen.

Damit ist das, was Gefühle der Angst und der Wut auslöst nicht die Realität im Aussen, sondern die Überzeugung im Unterbewusstsein, die Idee in der Wahrnehmung.

Unsere schlechten Gefühle sind das Werkzeug, um unsere innersten Überzeugungen zu erkennen und sie zu ändern. Diese Gefühlsarbeit behandeln wir im Detail im Band II des «Secret Healing Codes» Schritt 4 zu den Gefühlen. In den Gefühlen und der Angst liegt die Kraft, welche wir brauchen, um zu erkennen, wo unsere Überzeugungen, Grenzen und Einschränkungen liegen, die uns in unserem Leben immer wieder zu Erfahrungen führen, die wir nicht haben wollen. Sonst landen wir immer wieder in der gleichen Sackgasse. Beziehungen zu Menschen und Interaktion mit der Gesellschaft sind essentiell, um sich selbst zu erkennen. Meine Erfahrung von den fünf Jahren Abgeschiedenheit hat mich diese Lektion auf eine sehr harte Weise gelehrt.

Ich habe erkannt, je mehr ich der Interaktion mit Mitmenschen aus dem Weg gehe, desto weniger kann ich sehen, wer ich bin und verfalle so meinen eigenen Illusionen.

Das hat aber nichts mit wirklicher Selbsterkenntnis zu tun. Selbsterkenntnis erlange ich in der Konfrontation mit dem, was hinter meinen schlechten Gefühlen steckt. Erst wenn uns Menschen bewegen, im Negativen wie im Positiven, und uns unseren Spiegel vorhalten, können wir uns entwickeln. Aus genau diesem Grund gibt es tiefe Selbsterkenntnis nicht ohne Beziehungen und nicht mit nur guten Gefühlen. Beginne deinen Weg, bevor du bereit bist, da sonst die Essenz des Lebens für dich verloren geht.

Ich selbst pflege heute gerne tiefe und langjährige Beziehungen. Dies hilft mir zu erkennen, wie fortgeschritten meine Befreiung ist oder wie ich mich in eine Illusion verstrickt habe. Ich brauche nicht jemanden, der mir die Wahrheit erklärt, sondern Menschen, die bereit sind, sich mit mir ehrlich und langfristig auseinander zu setzen, weil mich nur diese Form von Auseinandersetzung emotional frei macht und auf diesem Weg aus der Verstrickung der Wahrnehmung reflektiert und unterstützt.

Ich halte auch von langen Partnerschaften und loyalen Freundschaften sehr viel. Weil es um die Auseinandersetzung mit Wahrnehmung, Meinung und Respekt geht und weniger darum, dass ein Freund mich bestätigt und liebt. Mich selbst zu lieben, das ist meine Aufgabe, nicht die meiner Freunde oder meines Partners.

Eine wahre Freund*in ist eine Person, welche uns nicht bestätigt, sondern mutig den Spiegel vorzeigt. In meiner Unterstützung ist es oft so, dass die Frauen mit ihren ehemaligen Partnerbeziehungen Frieden finden und wieder Kontakt aufnehmen. Viele Beziehungen heilen und finden Dauer. Wenn ich in Beziehung bleibe, kann ich mich erkennen. Mit "Bleiben" ist nicht gemeint, dass wir in einer Liebesbeziehung bleiben, sondern uns nicht innerlich durch Kontaktabbruch oder Schuldzuweisung von dieser Person im Herzen abtrennen. Wenn ich einen Menschen verlasse, weil ich denke, dass diese Person einen schlechten Einfluss hat und anderswo nach äusserer Harmonie suche, verliere ich mich und die Möglichkeit, mich zu erkennen in gleichem Masse, wie ich Menschen, Partner und Freunde verliere.

Es gibt nur eine mögliche Realität der Selbsterkenntnis: mich im Aussen zu erkennen. Das Aussen ist nichts. Es ist leer. Es hat aus sich keine Funktion, ausser uns aufzuzeigen, wer wir sind. Es gibt in meinem Leben und meiner Wahrnehmung nur mich. Mein gesamtes Leben dreht sich nur um mich.

Zu denken, es gäbe da draussen etwas anderes als mich, ist die grundsätzlichste und tiefste Täuschung, auf der alles Leiden basiert.

Wenn wir es schaffen, uns über die Arbeit mit dem «Secret Healing Code» von den einengenden und erniedrigenden Ansichten, die uns klein, ohnmächtig und schwer machen, zu befreien, dann wird unser Spiegel im Aussen uns ein schönes Bild von uns zurückgeben. Wenn wir in diesem Spiegel Liebe, Freude, Schönheit, Dankbarkeit und Fülle erkennen, dann weil wir diese in uns haben. Für mich ist Erleuchtung nichts anderes, als die Leere des Unterbewusstseins. Ein natürlicher Zustand ohne die Bewertung, wodurch das Licht und die Kraft des Lebens ungehindert durch uns hindurch strahlen kann. Diese Schönheit des Lebens sehen wir in unserer Wahrnehmung, reflektiert im Spiegel des Aussen.

Es ist wie ein Ankommen in einem Leben voller Möglichkeiten, mit Schönheit, Fülle und Sinn. Ein Paradies, wo niemand uns etwas Böses will und keine Verletzung und keine Nacht existiert. Es ist immer hell. Immer warm. Immer erfüllt von einem wundervollen Geruch. Die Wesen sind schön, ohne Ausnahme und es gibt keine Begrenzung der Schönheit und der Fülle. Es hat genug innere und äussere Nahrung, Hilfe und Zeit. Es gibt keinen Tod, kein Ende und auch keinen Anfang – weil keine Begrenzung in unserem Unterbewusstsein ist. Leben hat keinen Anfang und kein Ende.

Dies alles können wir erreichen, wenn wir mithilfe des «Secret Healing Codes» an unserer Wahrnehmung arbeiten. Wir lernen unsere Ansichten und Überzeugungen im Unterbewusstsein, die Bilder von Gut und Böse, Richtig und Falsch zu überwinden. Das alles ist die Chance in deiner Depression, deiner Erschöpfung, deiner Angst.

Die grosse Täuschung erkennen

Ich kann keinen Menschen in seinem Wesen erkennen, bevor ich mich nicht selbst erkannt habe.

Ich vergleiche die Wahrnehmung mit dem Sehen mit einer Sonnenbrille. Die Sonnenbrille ist unser bewusstes und unbewusstes Glaubenssystem zu Richtig und Falsch, Gut und Böse. Je nach dem erscheint die Umwelt rötlich, gelblich oder eher bläulich. Wir sehen das Gleiche und benennen es anders. Im Rahmen dessen, was wir durch unsere Brille sehen, halten wir Dinge für möglich oder für unmöglich. Das ist allerdings nicht die Realität, sondern nur das, was wir als Realität wahrnehmen. Ich empfehle den Patient*innen, sich davor zu hüten, irgendetwas für unmöglich zu halten, sei es noch so verrückt.

Wenn wir etwas für unmöglich halten, wird es unmöglich.

Damit verhindern wir selbst, scheinbar Unmögliches jemals zu erreichen. Da jeder Mensch eine andere Brille aufhat, können wir nie erahnen, was unser Gegenüber sieht. Es hilft, seine Brille eine Weile zu tragen, um seinen Standpunkt beurteilen zu können. Wenn uns jemand grössenwahnsinnig, verrückt, engstirnig oder dumm erscheint, dann prüfen wir zuerst unsere eigene Wahrnehmung. Wir erkennen, dass wir darin Glaubenssätze und Überzeugungen antreffen, die die Handlung und die Haltung unseres Gegenübers als unmöglich und unrealistisch darstellen, dass es lediglich unsere Wahrnehmung ist und nicht die Realität.

So können wir mit der Arbeit an der Wahrnehmung aus unserer verwirrten Realität ausbrechen und einen Zugang zu einer neuen Realität, einem weiteren Universum und grösseren Möglichkeiten finden. Wir lernen, keinen Menschen mehr verurteilen oder verändern zu wollen. Sondern erkennen, dass unser Urteil falsch ist und nicht der Mensch, der uns gegenüber sitzt. Mich hat diese Einsicht sehr erleichtert.

Ich habe erkannt, wenn mich jemand kritisiert, heisst das nicht, dass ich falsch bin.

Sondern die Person, die mich kritisiert, erachtet etwas, was ich sage oder tue, als falsch. Warum das so ist, weiss ich nicht. Aber ich kann nachfragen. So haben sich so viele meiner Beziehungskonflikte gelöst. Das ist der Weg der Selbsterkenntnis und Selbsterkenntnis kann Konflikte mit anderen lösen. Über den Spiegel der Wahrnehmung finde ich mich selbst.

Ich erkenne, was ich über mich glaube und denke und was ich als erlaubt und verboten erkenne. Wenn wir uns unterdrückt fühlen, dann weil wir in der Situation, in der wir uns befinden denken, dass wir nicht wir selbst sein dürfen oder können. Die Ansichten dazu sind in uns, nicht in den anderen. Wenn wir uns in solchen Situation erlauben, wir selbst zu sein, erleben viele meiner Patient*innen, dass die Mitmenschen meist kein Problem damit haben, und wenn doch, dann fühlen wir uns nicht unterdrückt.

Nur wir selbst haben die Macht uns zu unterdrücken, indem wir glauben, wir dürfen nicht wir selbst sein.

Das innere Auge sieht dann klar, wenn mein Denken leer ist. Und mein Denken wird leer, wenn es in meinem Herzen ruhig wird. Ruhig wird mein Herz dann, wenn ich aufhöre, die Wahrheit im Denken zu suchen. Sondern beginne, mich zu fühlen, meine Gefühle wahrzunehmen und sie ernst zu nehmen und mich dafür nicht zu verurteilen oder versuchen, sie zurück zu halten.

Sehr oft habe ich schon erlebt, dass hinter dem Durchfühlen meiner Gefühle, ohne mich dafür schlecht zu fühlen, eine grossartige Idee, Klarheit und mein wirklicher Wille auftaucht.

Ich kann die Wirklichkeit, den Sinn, das Leben hinter der Oberfläche des Urteilens wahrnehmen, wenn ich beobachte, ohne zu bewerten, wenn ich sehe, ohne zu benennen.

Hier ist wichtig, dass wir nicht die anderen nicht bewerten, sondern uns selbst nicht bewerten für das, was wir wahrnehmen, sondern es lediglich zur Kenntnis nehmen.

Das ist die offene und freie Wahrnehmung und führt zu tiefer Erkenntnis über die Gesetze des Universums und der Natur. So kam ich zum «Secret Healing Code». Das Gesetz hinter Leben und Sterben, hinter Krankheit und Genesung offenbart sich von alleine, wenn wir nicht mehr krank als krank und gesund als gesund bezeichnen, sondern still werden und lauschen. Mit dem Denken lauschen ist beobachten.

Die innere Medizin offenbart sich, wenn ich aufhöre gegen mich zu kämpfen und alles Denken, das mich unterdrückt loslasse, egal was andere sagen.

Wenn ich meine Erwartung an mich loslasse, etwas richtig machen zu müssen oder eine bestimmte Rolle zu erfüllen, dann kann ich im Aussen sehen, wer ich bin. Das ist die Selbsterkenntnis der eigenen Natur. Darum haben Menschen, die mit sich

Frieden haben, auch Frieden mit ihrem Umfeld. Das heisst im Gegenzug nicht, dass uns alle Menschen toll finden und wir nicht alle Menschen toll finden müssen. Mich selbst abzulehnen, um es anderen recht zu machen, führt immer zu Erschöpfung und Selbstzweifeln. Weil ich in dieser Haltung meine Selbstablehnung erkenne und erschaffe.

Die Ansichten, die unser Herz öffnen und weich machen, offenbaren dir deine Wahrheit und den Weg deiner Freiheit und Gelassenheit.

Wenn wir leer sind an Bewertungen und Ansichten über uns selbst, sind wir reines Leben. Durch das Lösen unserer Selbstbewertung, lösen wir sozusagen die Ursache unserer inneren Lebenskraftblockaden und bringen die Energie in den Energiebahnen des Körpers wieder zum Fliessen. Reines Leben und eine frei fliessende Lebenskraft ist das, was wir brauchen, um unsere psychosomatischen und chronischen Krankheiten zu heilen und zu überwinden. Leben ist Gelassenheit mit einem offenen Herzen. Dieses offene Herz kann lieben und diese Liebe strahlt uns dank unserer Wahrnehmung von aussen zurück. Wenn wir uns selbst lieben und in allem, was wir tun, unsere eigene gute Absicht und die Suche nach Glück erkennen, dann sehen wir die Liebe und die gute Absicht in unserem Gegenüber. Und die Furcht vor Manipulation und Fremdbestimmung löst sich in eine friedvolle, mitfühlende Abgrenzung.

Ich erkenne, dass mein Gegenüber auch nach Glück sucht und dies eventuell noch im Aussen tut und daher in Vorwürfe gerät. Diese sind aber nie meine Schuld und nie meine Verantwortung, sondern wir erkennen darin die Wahrnehmung meines Gegenübers.

Es andern recht machen zu wollen und auszuhalten ist immer der falsche Weg. Der Weg in die Wüste der Seele. Der Einsamkeit und Erschöpfung.

Frauen, welche den «Secret Healing Code» lernen und damit lernen, sich selbst hinter ihrer Wahrnehmung zu erkennen, ziehen immer mehr Glück und Fülle in ihrem Leben an. Plötzlich beginnt ihr Partner sie zu respektieren. In ihrem Team finden sie Anschluss und ihr Chef erlaubt ihnen ihre Wünsche. Sie erhalten ungefragt mehr Unterstützung von Familie und Freunden. Und sie finden Ruhe, tiefen Schlaf und Erholung. Ihr Körper wird gesund und langjährige Symptome verschwinden. Alles wird einfacher. Und was sie tun ist lediglich, sich um sich selbst zu kümmern und darum damit aufzuhören, schlecht von sich zu denken und Respektlosigkeit und Abwertung auszuhalten. Indem sie mit einer neuen Haltung und einer neuen Wahrnehmung mutiger werden und sich leicht für sich einsetzen.

Alles geht einfacher. Plötzlich entspannen sich die Babys und Kleinkinder der Frauen und beginnen durchzuschlafen oder alleine zu schlafen. Die Kinder werden ruhiger und vertrauen mehr. Oft bekommen die Frauen mehr Geschenke und viel Wertschätzung für ihre neue und klare Art, die immer gut tut. Sie bekommen Komplimente für ihre Entwicklung und werden eine Inspiration für ihr Umfeld.

Dies alles, weil sie in ihrer Haltung leer und frei geworden sind von all den Selbstzweifeln und all den Ansichten, die sie in Resonanz und die Erfahrung von Leiden und Mangel gebracht hat.

Vielleicht kannst du dich an Zeiten der Verliebtheit erinnern. Da war alles nur gut, nur schön, nur einfach und du hast geglaubt, alles zu schaffen und warst zu jedem Menschen freundlich, auch zu denen, die unfreundlich waren. Keine Kritik hat dich erreicht und dein Herz war offen für die Wunder und die Schönheit des Lebens. So ähnlich ist es, wenn die Wahrnehmung frei ist und wir das Wesen der Dinge erkennen. Ich hoffe, das motiviert dich, diesen Weg zu beschreiten und nicht aufzugeben, bis du erreicht hast, dass deine Realität Liebe und Schönheit geworden ist und dein Leben sich leicht anfühlt.

Wenn wir in Selbstzweifel, Streitereien und Konflikte verwoben sind, dann ist unsere Wahrnehmung immer noch voller Überzeugungen, die uns selbst schaden, unsere Bedürfnisse missachten und uns selbst abwerten. Diese Überzeugungen, die gegen unsere eigene Natur gehen und gegen die Gesetze der inneren Lebenskraft und der Naturgesetze. Diese Glaubenssätze erzeugen in uns Disharmonie, Schmerz, Leid und Abhängigkeit. Die Wahrnehmung zu klären und nach Selbstvertrauen, Selbstliebe und innerer Harmonie auszurichten, ist der Schlüssel, um Erfahrungen zu schaffen, die uns im Innen Freude, Ruhe, Schönheit und Lebendigkeit vermitteln.

Ein Beispiel, wie ein Glaubenssatz eine Wahrnehmung erzeugt: «Menschen sind nur dann nett mit mir, wenn sie etwas von mir wollen». Das löst viel Misstrauen aus, gegenüber Menschen, die nett mit uns sind, und wir fühlen uns in ihrer Gegenwart oft unter Druck oder nicht frei. Wir sind nicht offen zu erkennen, dass jeder Mensch nach Harmonie, sozialer Zuverlässigkeit und gemeinschaftlichem Glück strebt. Sondern wir folgen der Überzeugung, der Mensch ist ein Tier, das in Konkurrenz lebt und ständig kämpfen muss, um zu überleben.

Diese Haltung führt zu einem ständigen Kampf im Leben und zu Furcht und Erschöpfung durch Beziehungen oder sogar Furcht vor Menschen. Egal, ob diese Personen wirklich etwas von uns verlangen, oder uns eventuell nur dienen wollen, wenn sie nett sind oder nicht. Weil wir nur das sehen können, was wir glauben.

Wenn wir uns selbst dienen, dann erkennen wir, dass alle Menschen nur dienen wollen, auch wenn das vielleicht auf eine seltsame Art geschieht, weil sie zu sich selbst und dem Leben schlechte Ansichten pflegen.

Sarah

Sarah litt darunter, dass ihr Mann ständig unpünktlich nach Hause kam. Er kam regelmässig zehn Minuten zu spät. So regelmässig, dass darauf eigentlich Verlass war. Fast jeden Tag hatten sie wegen dieser Unpünktlichkeit Streit. Nachdem ich mit Sarah gearbeitet hatte, erkannte sie, dass sie diese Unpünktlichkeit als persönliche Ablehnung und Provokation empfand, weil sie glaubte, dass Pünktlichkeit mit Respekt zu tun hat. Somit fühlte sie sich jedes Mal nicht respektiert, wenn er zu spät kam. Erst als sie erkannte, dass dieser Glaubenssatz ihre eigene Haltung war und nicht Wahrheit und dazu führte, dass sie sich vernachlässigt und nicht respektiert fühlte, konnte sie diese Wahrnehmung ändern. Erst als ihr bewusst wurde, dass nicht er sie nicht respektierte, sondern sie sich selbst von ihm nicht respektiert fühlte, hatte Sarah die Möglichkeit, ihren Mann in seinem Verhalten zu verstehen. Die zehn Minuten zu spät gehörten zu ihm und er hatte nicht die Absicht, Sarah zu enttäuschen. Sarah fand den Weg, in sich ihre Haltung zu ändern von «er kommt aus Respektlosigkeit zu spät», zu «fünf bis zehn Minuten zu spät sind für meinen Mann pünktlich». Seither hat Sarah ihren Mann als pünktlich und zuverlässig wahrgenommen. Er ist auf seine eigene Art zuverlässig und pünktlich. Dies zu erkennen, war für sie eine grosse Erleichterung. Sie wusste, was sie erwarten konnte und fühlte sich nicht mehr vernachlässigt, weil er zuverlässig zehn Minuten zu spät kam. Es kam nie wieder zu einem Streit wegen seiner Unpünktlichkeit. Das Problem hatte sich wie in Luft aufgelöst. Sarah hat nicht ihren Mann verändert, sondern ihre Überzeugung, dass Unpünktlichkeit respektlos ist und man Pünktlichkeit unbedingt lernen musste. So wollte sie ihren Mann jahrelang verändern, anstatt ihn anzunehmen wie er ist. Mit dieser Haltungsänderung hat sie einen grossen Beitrag geleistet für den Frieden in der Familie und für ihr persönliches Wohlbefinden in der Beziehung zu ihrem Mann.

Vielen Frauen, die ich begleitet habe, ging es ähnlich wie Sarah.

Sie fühlten sich nicht gesehen, nicht wertgeschätzt oder auch nicht verstanden. Und nur eine kleine Änderung ihrer Haltung liess sie erkennen, dass sie geliebt, getragen, respektiert und begehrt werden. So haben sich viele Beziehungen in kurzer Zeit von regelmässigem Streit erholt.

Das Leben und alles Glück beginnt in dir

Nichts im Aussen kann uns geben, was wir suchen. Kein Mensch, kein Reichtum, keine Schönheit, keine Freiheit. Je mehr wir im Aussen suchen, desto mehr werden wir uns an die Dinge verlieren. Die Suche im Aussen führt in die Wüste der Einsamkeit und Abhängigkeit. Wenn wir den Fokus darauf legen, in unserem Umfeld und der Welt im Aussen zu finden, was wir wünschen, werden wir uns dabei nicht nur selbst verlieren, sondern auch unsere Energie. Das Aussen gibt nichts zurück, was uns lebendig hält.

Die Suche im Innen führt zur Quelle. Je mehr wir das Aussen loslassen, desto leichter findet uns das Glück im Innen. Es ist wie ein Sog, den wir erzeugen, wenn wir das Aussen loslassen. Es schadet uns, andere Menschen zu verurteilen und verantwortlich zu machen für unser Leid und unser Schicksal. Es schadet aber ebenso, andere Menschen zu brauchen, um glücklich zu sein. So können wir keinen Frieden und keine Freiheit finden, weil wir der Illusion verfallen, dass es irgendetwas da draussen gibt, dass uns beeinflussen oder die Ursache unseres Leidens beheben könnte. Alle chronischen Leiden in unserem Herzen und in unserem Geist kommen aus der Anhaftung am Aussen.

Warum? Wenn wir im Aussen etwas haben wollen, so passen wir unser Innenleben den Bedürfnissen von aussen an, um es zu bekommen.

Lasst uns folgendes Beispiel betrachten: Wir leiden unter Selbstzweifeln und suchen Anerkennung. Wir suchen Bestätigung und Liebe bei unseren Mitmenschen. So sind wir bereit, unsere Gefühle zu unterdrücken, unsere Bedürfnisse zu zügeln und auszuhalten, um diese Anerkennung zu bekommen. Wir sind sogar bereit Dinge zu tun, die wir aus uns heraus nie tun würden.

Dieses Suchen im Aussen trennt uns von uns selbst, zieht uns mit unserer Aufmerksamkeit von innen nach aussen und bindet uns in diesem Beispiel an das Gegenüber. Solange nun unser Gegenüber uns gibt, was wir an Anerkennung brauchen, werden die Selbstzweifel ruhig sein. Sobald aber die Anerkennung nicht mehr kommt, so tauchen die Selbstzweifel wieder auf. Und ich spüre Schmerz und Verlust, Verletzung und Verlassenheit.

Diese Gefühle sind nicht die Antwort auf das Weggehen unseres Gegenübers, sondern die Wahrnehmung von uns selbst, wenn die Anerkennung nicht mehr kommt.

Die Ursache von Erschöpfung, Depression und Angst liegt immer darin, dass wir im Aussen nach der Antwort suchen. In anderen Menschen, im Beruf, im Körper, in der Partnerschaft oder in der Beziehung zu den Eltern. Nichts von dem ist ursächlich lösend.

Erst wenn wir erkennen, dass ich immer mich selbst suche und beginne die Beziehung zu mir selbst zu verbessern, finden wir Freiheit, Selbstbestimmung und anhaltendes, inneres Glück.

Dazu aber mehr im Band II und Schritt 3 vom «Secret Healing Code»: «Dein Selbstbild als Essenz von einem glücklichen, lebendigen Leben».

Es gibt nur eine wahre Heilung. Die Selbstheilung.

Es gibt nur eine wahre Erkenntnis. Die Selbsterkenntnis.

Es gibt nur eine wirkliche Liebe, die mich satt und frei macht. Die Selbstliebe.

Es gibt keinen Sinn, keine Antwort im Aussen. Es gibt sie nur im Innen.

Es gibt niemanden, der uns schaden kann, ausser wir uns selbst. Solange wir glauben, dass uns jemand beeinflussen oder schaden kann, ist unser Herz verletzbar. Sehen wir ein, dass nur wir selbst unser Herz verletzen können, und zwar mit unseren Denkmustern und mit dem, was wir glauben. Wir können die Geisteshaltung wählen, die unser Herz öffnet, erfüllt und reich macht und uns eine Wahrnehmung schenkt, die uns gut tun kann, statt uns im Mangel zu hinterlassen. Auch wenn diese Wahl unkonventionell, verrückt oder verboten scheint. Sie ist es nur, weil wir es für verboten, verrückt oder unkonventionell halten.

Jeder Vorstoss in die Freiheit, jede Heilung aus der Enge und des Funktionierens hat damit begonnen, dass ich aus der Komfortzone meiner scheinbaren «Wahrheit» ausgebrochen bin. Das ist der Weg der Heilung. Alle Gefahr zu überwinden, die ich in der Welt sehe, indem ich sie in mir überwinde.

Wenn du dich selbst lieben kannst in der Gegenwart deines Feindes und nicht an dir zweifelst, hast du den Feind im Aussen überwunden und er hat keine Macht mehr über dich.

Unsere inneren Sehnsüchte und Bedürfnisse mithilfe der Welt im Aussen stillen zu wollen, führt uns in die Abhängigkeit von genau diesen Bedürfnissen. So entstehen allerlei Süchte und emotionale Abhängigkeiten. Glauben wir, dass unsere Partner*innen uns glücklich machen müssen, so sind wir darauf angewiesen, dass unsere Partner*in immer gut zu uns ist, unsere Erwartungen erfüllt, stets die gleiche Meinung und die gleichen Interessen hat. Damit erzeugen wir immensen Druck auf sie oder ihn und einen Raum voller Bedingungen, in welchem sich kein Mensch auf die Dauer wohl und geborgen fühlen kann.

So ist es mit allem. Sobald wir glauben, dass wir etwas zum Glück brauchen, vertreiben wir es mit unserem Druck. Je mehr wir zum Beispiel Geld wollen, weil wir denken, dass es uns glücklich macht, desto weniger werden wir an Geld Freude haben und es loslassen können. Desto geiziger werden wir und der Verlust von Geld erzeugt in uns das Gefühl von Existenznot. Geld hat nicht die Macht uns zu töten. Aber die Vorstellungen über Geld und die Abhängigkeit vom Geld hat sehr wohl die Macht, uns zu töten. Darum ist es mir ein grosses Anliegen, bei meinen Patient*innen die Abhängigkeit von Geld zu lösen. Denn diese Abhängigkeit ist besonders für uns Frauen sehr leidvoll. Sich vom Geld abhängig zu machen ist eine grosse Last für die Seele und löst schwere Existenzängste aus. Selbst bei Menschen, die finanziell keine Probleme haben. Geld verlieren bedeutet Freiheit zu verlieren, wenn ich im Aussen von Geld abhängig bin. Wer seinen Frieden und seine Freiheit im Innen sucht, wird durch keinen Verlust mehr am Boden zerstört sein.

Niemand kann uns etwas wegnehmen, wenn wir für uns im Wegnehmen Reichtum, Chance und Gewinn sehen.

Mich hat eine Frau, obwohl ich ihr vertraute, um viel Geld betrogen. Es hat sich herausgestellt, dass sie mir dieses Geld nie zurückgeben wird. Da ich oft unter

Existenzängsten litt und um die Abhängigkeit von Geld wusste, nahm ich diesen Verlust als Chance wahr, um mich von der Abhängigkeit des Geldes zu befreien. Wie tat ich das konkret? Ich übte mich in Dankbarkeit und Respekt gegenüber dieser Frau. Alles, was in mir auftauchte, was diese Frau bewertete und verurteilte, verwandelte ich in gute Gedanken, Mitgefühl, Liebe, Wertschätzung und Wohlwollen. Ich erkannte, wie ich an meinen Gedanken litt und nicht an der Tatsache, dass das Geld weg war. Ich spürte, wie dieses Leiden sofort verschwand, wenn ich die Gedanken veränderte. Gleichzeitig habe ich an Vertrauen in mich gewonnen, statt verloren. Wenn ich geglaubt hätte, dass ich betrogen wurde, hätte das in mir mehr Angst, Zweifel und Misstrauen erzeugt und ich hätte wohl mein Herz verschlossen. Da ich entschied, es als Chance wahrzunehmen, verlor ich durch die Erfahrung auch nicht mein Vertrauen in mich selbst.

Bei mir passierte das Gegenteil. Ich habe viel über mich und meine Kraft gelernt, der Verlust hat sich in Fülle verwandelt. So drehe ich alles, was ich erlebe und schöpfe daraus Kraft, Geduld und Entspannung. So ist die Fülle im Aussen, ein Resultat der inneren Erfüllung, dem inneren persönlichen Wert, den wir generieren und fühlen. Wir werden unabhängig und selbstständig.

Du kannst mit deiner Wahrnehmung Existenzangst überwinden und aus dem inneren Wert und der inneren Freiheit mehr Fülle kreieren. Wenn wir glauben, die Freiheit im Aussen zu finden, dann werden wir uns von all den Menschen und Situationen, die unsere körperliche Freiheit einschränken, unterdrückt und gefangen genommen fühlen. Wenn wir Freiheit im Innen suchen, indem wir unsere Wahrnehmung verändern, dann werden wir selbst in einem engen Gefängnis frei sein können. Wenn wir lernen, den inneren persönlichen Wert zu steigern, stehen uns mehr Möglichkeiten offen, aus dem innern Wert einen äusseren Wert zu generieren und damit auch finanziell freier und erfüllter zu werden.

Wahre FREIHEIT kommt von innen.

Wahres GLÜCK kommt von innen.

Wahrer FRIEDEN kommt von innen.

Wahre SICHERHEIT kommt von innen.

Wahre STÄRKE kommt von innen.

Wahres VERTRAUEN kommt von innen.

Wahrer WERT kommt von innen.

BEDINGUNGSLOSE LIEBE kommt von innen.

Alles LEBEN kommt von innen.

ALLES beginnt in uns.

Jedes Leben. Jedes Projekt. Jede Handlung.

So liegt der Erfolg und das Gelingen unserer Absichten einzig in unserer Einstellung dazu.

Von aussen nach innen erfolgt keine Belebung. Von aussen nach innen erfolgt Zerstörung.

Ein Mensch, der von aussen nach innen lebt, beschleunigt Zerfall, Krankheit und Tod. Wer von innen nach aussen zu leben beginnt, erzeugt Heilung, Befreiung und Belebung. Wenn wir ein Haus bauen, dann haben wir die Idee des Hauses, bevor das Haus da ist. Nichts im Aussen kann entstehen, ohne dass es im Denken eines Menschen geboren wurde. Dies ist eine Gesetzmässigkeit der Natur, eine Wahrheit.

Wieso sollte denn unser Leben von aussen beeinflusst werden können? Wie soll Krankheit von aussen mit Medikamenten geheilt werden? Wie kann etwas überhaupt von aussen ins Leben zurückkehren? Wie sollen wir denn Veränderung finden von unserem inneren Fühlen durch das Aussen, wenn das Aussen doch von unserer Wahrnehmung abhängig ist? Ist es nicht so, dass, egal auf wen wir treffen, wenn wir unsere Wahrnehmung nicht ändern, stets wieder das Gleiche sehen? Wie – zum Beispiel – wenn wir erleben, dass wir uns immer wieder in dieselben Erfahrungen verstricken? Dann liegt das nicht daran, dass wir im Aussen immer dasselbe anziehen, sondern daran, dass wir im Aussen immer dasselbe sehen. Ich kann nichts Neues sehen, bevor ich nicht neu denken gelernt habe. Ich kann nichts Neues erfinden, bevor ich in meinem Denken nicht diese Möglichkeit erschaffen habe. Die Geburt jeder Erscheinung in der materiellen Welt kommt aus dem Inneren einer Kreatur.

> *«Achte auf deine Gedanken, denn sie werden zu deinen Worten. Achte auf deine Worte, denn sie werden zu deinen Taten. Achte auf deine Taten, denn sie werden zu deinem Charakter. Achte auf deinen Charakter, denn er wird zu deinem Schicksal.»*
>
> *Talmud*

Stefanie

Stefanie kam zu mir ins fünf Monats-Programm «Werde die Königin deines Lebens», um den «Secret Healing Code» zu lernen, weil sie sich immer wieder in Narzissten verliebt hatte. Stefanie war alleinerziehend und fühlte sich sehr einsam und von allen im Stich gelassen. Sie fürchtete sich so sehr davor, sich wieder zu verlieben, weil sie sich immer in die falschen Männer verliebte und sie jedes Mal nach einer kurzen Beziehungsphase in ihrem Selbstwertgefühl komplett zerstört war. So kam sie zu mir mit dem Wunsch nach einer schönen Beziehung, aber ohne Glauben daran, dass es noch einen Mann gab, der dazu fähig war. Sie wusste nicht mehr, ob sie nicht beziehungsfähig war oder ob es ihre Kindheit war, die ein destruktives Männermuster hinterlassen hatte. Als wir begannen zusammenzuarbeiten, betrachteten wir zuerst ihre Beziehung zu sich selbst und ihre Glaubenssätze zu Beziehungen und Männern. Sie hatte schon länger eine Bekanntschaft mit einem Mann, den sie sehr mochte. Aber sie dachte, dass der keine gute Partie sei, weil er unsicher war und sich von seinen Freunden manipulieren liess und störte sich immer wieder an ihm. Durch unsere Arbeit erkannte sie ihre Denkmuster und löste sie auf. In dieser Zeit kam ihr dieser Mann näher und sie lernte ihn als sensiblen, starken und loyalen Menschen kennen, auf den sie sich verlassen konnte. Drei Jahre später ist sie noch immer mit ihm zusammen, nennt ihn ihren Traumpartner und lebt mit ihm und ihrer Tochter in einem gemeinsamen Haus. Er hat ihre Tochter mit ganzem Herzen aufgenommen und unterstützt Stefanie auf all ihren Wegen.

Aus genau dem Grund, wie es Stefanie erlebte, lernen wir vom «Secret Healing Code» zunächst die Wahrnehmung zu verstehen und das Leben von innen nach aussen zu führen. So gelingt es aus dem Funktionieren auszubrechen, den eigenen Platz in der Welt zu finden und ein wundervolles Leben zu erschaffen. Hätte Stefanie nicht ihre Wahrnehmung verändert, sie hätte in diesem Mann keine Beziehung gefunden und nicht ausbrechen können aus dem Muster, dass sie sich stets in selbstbewusste Männer verliebte, die aber ihr Wort nicht hielten.

Der Ausstieg aus dem Rad der negativen Erfahrungen und dem Leiden wird möglich, wenn wir lernen, unser Denken zu verändern. Die meisten Frauen, welche ich begleite, erleben das erste Mal wirkliche Freiheit und beschreiben es wie ein zweites, geschenktes Leben.

Möchtest du auch ein zweites Leben? Möchtest du wirklich frei werden? Bist du bereit, dich mit deiner Wahrnehmung und deinen tiefliegenden, verborgenen Glaubenssätzen zu konfrontieren?

Folgende zwei Übungen helfen dir von aussen nach innen zu gehen

Übung 1: Was will ich wirklich?

Verbinde dich mit dem, was du wirklich willst.

Finde deine Superheldenidentität – das Bild einer Person, die all das verkörpert, was du sein willst! Zum Beispiel eine Heldin, eine Kriegerin, eine Heilige, eine Lehrerin, ein Meister.

Folgende Fragen sollen dir dabei helfen:

Wie will ich mich mit mir fühlen?

Wer will ich sein?

Wie will ich mein Leben haben?

Wie rede ich mit mir, wenn ich all meine Ziele erreicht habe?

Was denke ich dann über mich?

Wie will ich mich in meiner Partnerschaft fühlen?

Wie fühle ich mich, wenn ich meine Traumbeziehung führe?

Wie denke ich dann über mich, über meinen Partner?

Wie will ich mich als Mutter fühlen?

Wie will ich mich als Tochter fühlen?

Wie will ich mich in Herausforderungen fühlen?

Wie will ich mich in der Welt fühlen? Als Frau?

Welche Gedanken würden mich glücklich machen?

Wie würde ich gern behandelt werden?

Wie fühle ich mich als gütiger, wohlwollender und herzlicher Mensch?

Was könnte ich denken, um mehr Freude in meinem Leben zu haben?

Wie könnte ich meine Haltung ändern, um mehr Leichtigkeit und die tollsten Abenteuer zu erleben?

Welche Haltung könnte ich einnehmen, um mehr Fülle und Genuss in meinem Leben zu sehen?

Übung 2: Was du akzeptierst, das bekommst du!

Wenn wir akzeptieren, dass uns jemand respektlos behandelt, dann ist es das, was wir bekommen. Lernen wir nicht mehr auszuhalten, sondern zu wählen und zu erlauben, was wir wollen, kann sich unser Leben innerhalb weniger Tage bis Wochen radikal verändern.

Was hältst du noch aus, weil du glaubst, dass du es musst?

Was hältst du aus, um anderen zu gefallen?

Was trägst du an Leid, um andere nicht zu verletzen?

Wo unterdrückst du dich, um nicht egoistisch oder herzlos zu sein?

Wo hilfst du, obwohl es nicht deine Verantwortung ist?

Wo hilfst du, obwohl du dafür nichts bekommst?

Wo hilfst du und lässt dich dafür noch schlecht behandeln?

Wo verlangst du von dir etwas tun zu müssen, obwohl man dich dafür nur kritisiert?

Was bist du bereit, in Zukunft nicht mehr zu akzeptieren?

Welche Wahrnehmung möchtest du verändern?

Welche Werte möchtest du festlegen, um nicht mehr auszuhalten?

BEISPIEL 1:

Ich entscheide mich für den Wert: Ich bin wertvoll.

Ich möchte nur noch denken, dass ich wertvoll bin.

Und in jeder Situation, in der ich meine Wertlosigkeit fühle, beginne ich liebevoll mit mir selbst zu werden. Ich werde mich wertschätzen und mir erlauben, geliebt zu werden. Ich werde mir geben, was ich will und aufhören auszuhalten, was in mir Selbstzweifel erzeugt und nicht mehr bei mir den Fehler suchen.

BEISPIEL 2:

Ich entscheide mich für den Wert: ich habe Respekt verdient.

Ich möchte, dass ich respektvoll behandelt werde, selbst wenn ich einen Fehler mache.

Ich habe das Recht, dass man mich respektvoll auf einen Fehler hinweist und ich entscheide mich, alle Bestrafung und alle Akzeptanz von Strafe für einen Fehler, den ich nicht aus bösen Absichten gemacht habe, zu lösen, indem ich mir erlaube, Respekt zu fordern!

www.NATUERLICHTSCHUMI.com

KAPITEL V

Erschaffe dein Traumleben aus deinem Denken

«Das, was du heute denkst, wird morgen deine Realität sein», sagte Buddha.

Deine Ansichten kreieren deine Realität. Wenn es allerdings so wäre, dass wir uns immer bewusst sind, was wir glauben und denken, dann wäre es sehr einfach, unsere Träume zu verwirklichen. Und wir hätten, was wir wollten. Wenn es genügen würde zu denken, dass wir Gesundheit wollen und wir bekämen sie, dann wären alle gesund. Viele Menschen haben nicht, was sie wollen und wollen etwas anderes als sie haben. Es ist sogar zu einer Volkskrankheit geworden, genau das haben zu wollen, was man nicht hat. Warum ist das so? Welches Phänomen steckt dahinter und wie kann ich es überwinden, um aus dem Leben und den Mustern auszubrechen, die mich unglücklich machen? Wie kann ich mit meinem Denken die Realität und das Leben erschaffen, das ich wirklich haben will?

«Wenn wir klar sind, ist genau das,
was ist, das was wir wollen.»

Laotse

Vom unbewussten zum bewussten Leben

Tatsache ist, dass uns nur fünf Prozent aller Gedanken bewusst sind. 95 Prozent der Gedanken laufen ohne unser Zutun und sehr schnell ab. Wir kommen ins Fühlen und Handeln, noch ehe wir uns diesen darunter liegenden Überzeugungen bewusst werden. Ich möchte dies als "schnelles Denken" definieren. Das unbewusste Denken ist das "schnelle Denken", weil es denkt, bevor wir bewusst denken. Es reagiert sofort, sozusagen als Reflex. Dieses Denken basiert auf allen Dingen, die wir gelernt haben und wiederholt erfahren haben. Es ist eine sehr kräfteschonende Strategie unserer menschlichen Intelligenz, die uns ermöglicht, zu lernen und die Dinge, die wir immer wieder tun, zu automatisieren. Stell dir vor, wir müssten jeden Tag darüber nachdenken, wie wir Zähne putzen, kochen oder gehen. Das wäre fürchterlich. Wir wären jeden Tag aufs Neue mit den Grundbedürfnissen überfordert und würden in unserem Leben nicht weiterkommen.

Es gibt also ein "schnelles Denken" – das automatisierte Denken aus dem Unterbewusstsein und ein "langsames Denken" – das bewusste Denken.

Das "schnelle Denken" setzt sich zusammen aus der Summe aller Erfahrungen und Überzeugungen, die wir in unserem Leben gesammelt haben. Dieses Denken wird auch die "Bauchintelligenz" genannt oder die "Intuition". Die Funktion des schnellen Denkens ist die Erleichterung unseres Alltags und der inneren Führung. Wenn wir zum Beispiel eine schlechte Erfahrung mit einem dominanten und extrovertierten Chef gemacht haben und dies zu Selbstzweifeln und dann Jobverlust geführt hat, dann wird uns unsere Intuition in einer nächsten Situation, wenn wir wieder einem dominanten Chef begegnen, davor warnen.

Die Gründe für unsere Selbstzweifel, im Umgang mit dem dominanten und extrovertierten Chef speichert das Unterbewusstsein nicht ab. Es speichert einfach ab, dass wir uns da schlecht gefühlt haben und unsere Existenz durch die Kündigung bedroht wurde. Also werde ich mich in allen zukünftigen ähnlichen Situationen unter Druck oder in Gefahr fühlen. Das Unterbewusstsein übernimmt alle Interpretationen meines bewussten Denkens und speichert sie als wahr und gegeben ab. Wahrheit ist im bewussten Denken nicht unbedingt wahr. Darum ist die Wahrnehmung so individuell und täuschend. Sie zeigt nicht was war, sondern was wir daraus gemacht haben. Somit hat unser Fühlen keinen Bezug zur Realität. Auch wenn wir unsere Intuition für die innere Wahrheit halten, ist die Wahrscheinlichkeit gross, dass wir immer wieder denselben Mustern verfallen.

Ich selbst hatte aufgrund von Erlebnissen in meinen frühen Jugendjahren die Überzeugung entwickelt, dass Männer dominante Egoisten sind, die wenig Respekt vor Frauen haben. Auch wenn ich das in keiner Weise denken wollte und diese Überzeugung lange nicht wirklich bemerkt habe oder bewusst gewählt habe, so hat sie mich doch in meinen Handlungen, meinem bewussten Denken und meinem Leben unglaublich stark beeinflusst. Meine Intuition hat mir eine Furcht vor Männern gegeben. Ich habe ihnen nicht vertraut und sah immer wieder ihre egoistischen, manipulativen und dominanten Eigenschaften. Kein Wunder, dass ich viele Jahre in der Beziehung zu Männern schwierige Erfahrungen machte. So sehr ich mir auch Mühe gab positiv zu sein und mich auf jemanden einzulassen, ich schaffte es nicht über die Verliebtheitsphase hinaus. Sobald die Verliebtheitsgefühle weg waren, überfiel mich der Pessimismus und meine Intuition warnte mich vor Abhängigkeit. Ich hatte oft das Gefühl mit einem Feind in Beziehung zu sein. Leider konnte ich die Liebe des Mannes gar nicht sehen und auch nicht, wie er eigentlich war. Ich fürchtete mich davor, ausgenutzt, manipuliert und für seine Zwecke benutzt zu werden. Das machte mich unglaublich misstrauisch, kritisch und verschlossen. Ich wurde in Beziehungen sehr bedürftig und forderte viele Liebesbeweise, die natürlich nie genug waren, weil ja die Ursache meiner Unsicherheit nicht mein Partner war, sondern meine Erfahrung, wie Männer sind. So konnte man mich lieben. Ich habe diese Liebe nicht gesehen und die scheinbare Erfahrung gemacht, dass ich manipuliert und ausgenutzt werde. Dies wurde immer wieder meine Realität, früher oder später. Ich wurde so hart und misstrauisch, dass meine Partner mit der Zeit grosse Ablehnung empfanden und sich mit mir alleine fühlten. So kam es dann zu Forderungen, Erwartungen und Streit, die mich in meiner Wahrnehmung und meinem Gefühl bestärkten, dass Männer nur fordern und erwarten.

So vertiefen sich Muster. Diese zu überwinden hiess für mich eine radikal neu gewählte Vorstellung: Männer sind wundervoll, liebenswert und oft viel weiser als ich. Diese Haltung kultivierte ich drei Jahre lang, bis ich mich in meiner Beziehung frei, gelassen und sicher fühlte. Heute liebe ich Männer, besonders meinen Mann und kann mich gut öffnen. Ich habe Freundschaften mit Männern und kann Frauen helfen, die Liebe und den Respekt ihrer Männer, aus sich selbst zu gewinnen.

Unsere unterbewussten Überzeugungen und Ansichten formen also unsere Wahrnehmung. Diese Wahrnehmung formt dann unser Erleben und Fühlen und wir machen damit genau die Erfahrung, die wir erwarten.

Was wir glauben, erwarten wir. Und was wir erwarten, erfahren wir.

Mit der vorher beschriebenen, leidvollen Wahrnehmung können Menschen um uns nicht sein, was sie sind. Sie werden automatisch das, was wir erwarten. Dies ist eine der grossen Ursachen für so viele Verletzungen und Enttäuschungen in Beziehungen. Es ist auch die Basis für das Gefühl, in einer Beziehung nicht gesehen, respektiert und unterstützt zu werden.

Meine Patient*innen leiden unter der Summe von jahrelangen, schlechten Erfahrungen, Verletzungen und Enttäuschungen durch unbewusste Ansichten, die ihnen ein Leben voller Stress, Druck, Missbrauch und Erniedrigung gebracht hat. All diese Erfahrungen halten sie für real und fürchten, ihr Leben verloren zu haben und unheilbar zu sein. Wenn sie dann durch mein Coaching erfahren, dass das alles ihre eigene Wahrnehmung war und durch deren Änderung überwunden werden kann, ist das für viele ein Grund zu Wut: «Warum hat mir das niemand gesagt? Wieso habe ich solange gelitten?»

Diese Wut ist der erste Schritt in die Befreiung. Ohne Wut ist eine rasche, sichere und anhaltende Befreiung kaum möglich. Die Wut hilft uns, eine Haltung zu entwickeln, die uns gut tut und uns von unseren Ansichten und den damit verbundenen Menschen und Erfahrungen abzugrenzen. Die Frauen trauern um all die verschwendete Lebenszeit und Lebensenergie. Ich wünsche dir, liebe Leser*in, von Herzen, dass du nicht mehr so lange wartest und dich unterstützen lässt, um wirklich aufzubrechen in ein Leben, das dir gehört und du richtig geniessen kannst. Du hast das verdient!

Diese wiederholten, schlechten Erfahrungen haben meine Patient*innen in Depression, Erschöpfung, Mutlosigkeit und ein Gefühl des Verlusts des Lebenssinns geführt. Viele haben den Glauben an das Gute im Leben verloren.

Den Glauben an das Gute und den Sinn im Leben zu finden, kann uns kein Medikament vermitteln. Das kann jeder Mensch nur für sich selbst bewusst erlernen.

Darum ist kein Heilmittel so stark, wie die Wahl eines Menschen zum Ausbrechen aus seinem Leiden. Erfahrungen können nicht geändert werden, wenn sich meine unbewusste Haltung nicht ändert. Kein Mensch kann uns lieben, wenn wir seine Liebe nicht sehen. Kein Projekt kann erfolgreich werden, wenn wir nicht daran glauben.

Um die unbewussten Glaubensmuster und Überzeugungen durch allerlei Erfahrungen zu ändern, habe ich den «Secret Healing Code» entwickelt. Diese Veränderung des Unterbewusstseins ist nicht mit einem Werkzeug, einer einzigen Therapiesitzung zu erreichen, sondern durch einen bewussten Prozess einer Neuorientierung im bewussten Denken und dem Erschaffen einer neuen Erfahrung. Nicht neues Wissen heilt, sondern neue Erfahrungen. Erst wenn du lernst, neue Erfahrungen zu erschaffen, heilst du deine Verletzungen, Traumata und alten Erfahrungen.

In diesem Prozess begleite ich meine Patient*innen dazu fünf Monate lang intensiv und habe die Erfahrung gemacht, dass in dieser Zeit im Unterbewusstsein ein neues Denken und eine neue Grundlage an positiven Denkmustern verankert werden können. Die Frauen sind nach fünf Monaten aus ihren Depressionen, Ängsten und ihrer Erschöpfung ausgebrochen und haben ihren Weg, der sie von Monat zu Monat mehr in ihre Kraft und in positive Erfahrungen führt, gefunden. Sie sind dann die Königinnen ihres Lebens, weil sie wissen, wie sie ihre Realität so erschaffen, wie sie sie erfahren wollen. Und sie wissen, was sie tun können, um die Erfahrungen, die ihnen nicht gefallen, in sich zu verändern.

Je länger wir unser Unterbewusstsein mit den Ansichten und Glaubensmustern füttern, die uns entspannen, uns guttun und uns Freude bereiten, desto mehr ziehen wir immer bessere Menschen, grössere Chancen an, bringen alles, was wir tun zum Erfolg und erreichen unsere Träume. Ich habe gesehen, dass Frauen, durch die Neuausrichtung ihrer unbewussten Überzeugungen viel ausdauernder wurden, berufliche Erfolge erzielten, schönere Beziehungen lebten und ihr gesamtes Leben von einer anhaltenden Leichtigkeit getragen wurde. Von Tag zu Tag stiegen ihr Urvertrauen und ihr Selbstvertrauen und sie überwanden immer grössere und tiefer liegende Ängste und Phobien.

Selbstvertrauen, Heilung wie auch Erfolg sind nichts Zufälliges.
Sie basieren auf unseren inneren Überzeugungen mit den damit verbundenen Gefühlen.

Wie entstehen unbewusste Überzeugungen und Glaubensmuster?

Jede unbewusste Überzeugung ist aus dem bewussten Denken entstanden.

Erleben kombiniert mit Denken erschafft Fühlen.

Und das Fühlen übermittelt die Ansicht ans Unterbewusstsein.

Wenn du etwas Schönes denkst, was du noch nicht glaubst, so fühlt es sich zu Beginn leer an. Vielleicht kennst du das. Ein häufiges Phänomen, wenn wir Affirmationen üben oder positiv denken praktizieren. Es fühlt sich unglaubwürdig an und wie ein Selbstbetrug. Je öfter du es aber denkst, desto mehr kannst du es fühlen. Vielleicht machst du dazu auch noch eine Erfahrung und so wird es fühlbarer. Sobald du es fühlen kannst, füllt sich der Gedanke mit Kraft und setzt sich im Unterbewusstsein fest. Je stärker die Gefühle zu einem Gedanken oder einem Gedankenkonstrukt werden, desto tiefer verwurzelt sich der Glaubenssatz und die Glaubensmuster im Unterbewusstsein.

So ist es auch, wenn Frauen, die sich selbst hassen oder stark ablehnen, zu mir kommen und wir beginnen, die Selbstliebe zu üben. Sie sagen sich bestimmt tausendmal «Ich liebe mich genauso, wie ich bin», bevor sie es ansatzweise glauben können. Manche sagen es auch zweitausendmal, bevor sie es spüren. Es ist keine Kunst, eine neue Realität zu erschaffen. Einzig und allein das Dranbleiben ist die Medizin, die alles in Veränderung und zur Heilung bringt. Und genau hier brauchen die Frauen meine Unterstützung. Weil Dranbleiben für sie das allerschwerste ist. Es ist wie das Training eines Muskels, von dem sie gar nicht wussten, dass es ihn gibt. Sie zweifeln so oft und würden ohne meine Unterstützung aufgeben. Es ist schwer in einem Umfeld, das sich an meine Haltung gewöhnt hat oder mich sogar in meiner Haltung unterstützt, meine Ansichten zu verändern. Wir brauchen dafür andere Menschen, neue Menschen und neutrale Menschen, die auf demselben Weg sind, die uns unterstützen und daran erinnern, wenn wir drauf und dran sind, wieder in die alten Muster zu fallen. Diese Unterstützung biete ich meinen Frauen in meiner Community und in Gruppenbetreuung an. Diese schenkt meinen Patient*innen viel Halt, Freundschaften und oft auch langjährige Weggefährtinnen.

Eva

Eva kam zu mir ins Königinnen-Programm nach zwei Jahren tiefer Erschöpfung. Diese Erschöpfung begann nach dem Versterben ihrer Mutter. Die Psychiater diagnostizierten ihr ein chronisches Fatigue Syndrom, das unheilbar sei und verordneten ihr zwei Psychopharmaka und ein Medikament zum Schlafen. Ich half Eva die tiefe Überzeugung zu überwinden, dass sie nicht heilbar sei und Medikamente brauche. Wir trainierten die Wahrnehmung und arbeiteten mit der Selbstliebe und der Kraft der Wut. Sie hatte immer wieder unglaublich tolle Tage, bis sie zu ihrem Psychiater ging oder mit ihrem Mann über ihren Zustand sprach und wieder in den Glauben kam, dass sie unheilbar ist. In solchen Momenten hatte sie einen unglaublichen Rückfall in ihre Erschöpfung und Depression. Erst als sie so stark wurde und sich mit der Wut und der Liebe für sich gegen die Diagnose des unheilbaren chronischen Fatigue Syndroms emanzipierte und an sich selbst glaubte, begannen ihre Smyptome nachhaltig besser zu werden. Ich half Eva sich mehr zu vertrauen als allen Stimmen im Aussen. Sich zu fühlen und in sich die Kraft zu erkennen, die da ist, wenn auch oft unterdrückt und diese Kraft mit dem Glauben und neuen Überzeugungen, wer sie sein will, wirklich zu befreien.

So wie Eva geht es vielen meiner Klient*innen. Sie kommen mit tiefen Überzeugungen, dass ihre Symptome eine chronische Störung sind, die nicht mehr heilbar ist. Sie nehmen Psychopharmaka und leiden unter schwerer Hoffnungslosigkeit. Alle Frauen, die ich bisher begleitet habe mit dem «Secret Healing Code», haben den Weg aus dem Glauben, dass sie unheilbar krank sind, gefunden und haben eine neue Perspektive an Heilung und tiefe Erlösung erfahren, indem sie selbst begonnen haben zu entscheiden, was sie glauben wollen.

Was wir wählen zu glauben, das ist unser Schicksal.

Solche Glaubensmuster wie diese Überzeugung von Eva sind oft stark und erscheinen so real, dass sich zu Beginn das Gefühl einstellt, dass sie sich etwas vormachen, wenn sie versuchen etwas anderes zu denken oder zu glauben. Mit viel Erklärung über die Funktion der Heilung und des menschlichen Wesens, der Erkenntnis und des Mitgefühls mit sich selbst, finden meine Patient*innen den Glauben an ihre Gesundheit und ihre Freiheit. Wir dürfen uns überzeugen von einer anderen Möglichkeit, einer anderen Realität. Sobald eine neue Ansicht zur Überzeugung wurde, geht die Heilung und die Veränderung sehr schnell und erscheint oft wie ein Wunder. In der Phase davor bemerkt man jedoch kaum einen Fortschritt. Doch irgendwann passiert das Wunder und die neue Überzeugung sinkt tief und wird stärker als die alte. Die neue Realität ist von einem Tag auf den anderen da.

So «trainieren» meine Frauen manchmal zwei bis drei Monate lang die gleiche Haltung und fühlen nichts, gehen durch alle Widerstände, Hoffnungslosigkeiten und Zweifel. Und plötzlich, von einem Tag auf den andern spüren sie es, können neu denken, neu handeln, Probleme lösen und Beziehungen heilen. Manche heilen mit ihrer neuen Haltung jahrzehntelange Kontaktabbrüche. Andere schliessen ein Projekt unerwartet gut ab und bekommen eine Beförderung oder weitere fühlen sich plötzlich gewollt, glücklich und angekommen, obwohl ihr Umfeld sich überhaupt nicht geändert hat.

Dies ist der Moment, in dem schwere chronische Körpersymptome in Heilung gehen. Ein zu hoher Blutdruck sinkt, Schmerzen, Schlaflosigkeit, Magenschmerzen, chronischer Durchfall oder Zysten verschwinden und jegliche Form von Panik oder Selbstzweifel hören auf. Oft verschwinden auch starke Menstruationsprobleme und Migräne, Asthma und andere Allergien.

Luzia

Luzia war 70 Jahre alt, als sie das Königinnen-Programm bei mir buchte, um den «Secret Healing Code» zu lernen. Sie kam, weil sie abends starkes Gedankendrehen hatte und einen hohen Entzündungswert aufgrund ihrer chronischen Polyarthritis. Dazu hatte sie noch starke Verdauungsbeschwerden und starke Blähungen, die sie sehr im Alltag einschränkten. Wir befreiten mit einer homöopathischen Verschreibung ihre Wut und arbeiteten an ihren Glaubensmustern zu Beziehungen und ihren Erwartungen an sich selbst. Sie erkannte, wie sehr sie sich immer angepasst hatte, ausgehalten hatte, um alles richtig zu machen und für alle da zu sein und begann, "Nein" zu sagen. Nach einer Woche Trauer und Weinen fand sie ihre Wut, die ihr half sich abgrenzen zu lernen und anders über sich zu denken. Sie fand mit sich Frieden, konnte sich ihre Fehler und Selbstunterdrückung in der Vergangenheit vergeben, fand bessere Gespräche und ihre Freundschaften vertieften sich. Schlussendlich berichtete sie mir einige Wochen nach dem Beginn unserer Zusammenarbeit, dass ihre Schlafprobleme vollkommen verschwunden waren und sie keine Gedankenkarusselle mehr hatte. Gleichzeitig waren ihre Blähungen massiv besser geworden und die Entzündungswerte der Polyarthritis im Blut um 80 Prozent gesunken. Ebenfalls erzählte sie mir, dass sie ihr Medikament für ihr Sodbrennen abgesetzt hatte, einfach weil sie es fühlte, dass sie es nicht mehr brauchte. Und nach dem Absetzen ging es ihr viel besser als vorher und das Sodbrennen war weg.

Luzia ist ein super Beispiel, dass selbst in fortgeschrittenem Alter und bei chronischen, jahrelangen Leiden eine schnelle und sanfte Heilung möglich ist, selbst von Leiden, die bisher nur mit Medikamenten Erleichterung fanden.

Was ist auch für dich möglich, wenn du lernst, deine Haltung und deine Glaubensmuster zu dir, deinen Leiden und deinen Gefühlen zu verändern? Es ist nie zu spät. Es ist nie zu schwer. Jederzeit kannst du wählen, Heilung zu finden.

Diese körperlichen Heilungen passieren oft so schnell, dass es für meine Klient*innen wie ein Wunder erscheint. Und es wird ihnen klar, welch grosse Auswirkung negative Erfahrungen und Überzeugungen auf ihren Körper haben. Diese körperliche Anspannung, die aus negativen Ansichten entstehen kann, ist meist die Ursache für zu viel Adrenalin und Cortisol und dem daraus resultierenden inneren Stress. Hohe Körperspannung und Muskeltonus werden oft durch innere Überzeugungen erzeugt.

Das unbewusste Denken kann sehr viel Zuversicht, Lebenskraft und Lebensmut kosten. Jede erschöpfte Frau hat in sich Glaubensmuster und Ansichten, die sehr kräftezehrend sind und für ihre Bedürfnisse, Träume und Visionen kaum Raum lassen. Meistens sind diese Ansichten widersprüchlich und führen zu inneren Konflikten, die ihnen die Fähigkeit nehmen, sich zu entscheiden und klar zu denken. So schlittern sie in ein Leben, in dem sie funktionieren für Ziele und Vorstellungen, die ihnen eigentlich schaden. Für ein Leben, in dem sie nicht ihren Platz haben und das gegen sich selbst gerichtet ist. Ist es dann noch erstaunlich, dass Angst aufkommt, innerer Druck, Lustlosigkeit und alle Formen von Selbstzweifel?

Da alle unsere Gedanken unsere Gefühle auslösen, können bewusste und unbewusste Ansichten zu einem sehr schlechten emotionalen Befinden führen. Je mehr wir die Fähigkeit haben, den Glauben an uns, Selbstliebe und Vertrauen in uns, unsere Menschen und das Leben zu empfinden, desto wohler, freier und gelassener werden wir. So ein Leben ist der Ort, wo wir friedvoll werden, geduldig, ausdauernd und optimistisch. Wir können so viel Liebe geben und viel Liebe empfangen. Wir können die Schönheit in der Welt sehen und haben darin eine grosse Kraftquelle, die uns hilft, die Widrigkeiten und Herausforderungen des Lebens mühelos und in Leichtigkeit zu meistern. Das ist der Ort, wo der Dienst an sich selbst, der Dienst am Nächsten wird.

Ein schönes Leben beginnt somit mit einer mitfühlenden und positiven Grundeinstellung zu mir selbst und zum Leben.

Daraus resultiert die gute Haltung zu unserem Umfeld und unseren Mitmenschen. Diese positive Haltung zum Umfeld ist sozusagen die Konsequenz unseres inneren Friedens, der sich einstellt, wenn wir unsere Wahrnehmung hin zu einer wohlwollenden Haltung uns selbst gegenüber verändern. Glück und gute und erfüllende Erfahrungen beginnen in der Verankerung von positiven Ansichten im Unterbewusstsein.

Weil die Gedanken sich über die Gefühle ins Unterbewusstsein verankern, ist es verständlich, dass Schocksituationen, heftige Furcht und grosse Verletzungen, sehr schnell sehr tiefe Einsichten bilden, die wir als Traumata bezeichnen. Diese Traumata sind nichts anderes als tiefe, starke Überzeugungen, die uns in allem was wir tun, beeinflussen. Gleichzeitig gehen aber auch Erfolgserlebnisse und Freude tief ins Unterbewusstsein. Vielleicht kennst du das: die schönsten Momente deines Lebens, die vergisst du nicht mehr. Aber auch die schlimmsten vergisst du nicht mehr! So habe ich zum Beispiel oft erlebt, dass Frauen im Alter viele Dinge vergessen haben, aber der Moment nach der Geburt ihres Kindes blieb lange ganz fühlbar und nah. Diese starken Emotionen und die tiefe Erlösung und Freude, wenn ein Kind auf der Welt ist, führten zu einer sehr starken Erinnerungskraft und tiefen Bindung. Das hat die Natur ganz gut eingerichtet.

Wenn wir beginnen, mit dem Denken zu arbeiten, geht es darum, uns diese Realität, die wir erfahren wollen, vorzustellen. Je mehr wir diese Vorstellung mit Emotionen aufladen, wie zum Beispiel mit schöner Musik, mit körperlicher Bewegung und den damit einhergehenden positiven Erfahrungen, desto schneller beginnt sich diese Überzeugung in unserer Realität zu zeigen.

Diese Tatsache, dass wir unser Leben aus unserem Denken erzeugen, geht soweit, dass wir fähig werden Fülle, Partnerschaften und Leistungsfähigkeit zu erreichen, die wir kaum für möglich gehalten hätten. Wenn wir wagen daran zu glauben und dabei zu bleiben, wird sich ein Weg zeigen, wie wir dieses Ziel erreichen können. Das Geheimnis der Wahrnehmung, das für den Zusatz «SECRET» in meiner Methode «The Secret Healing Code» steht, kann uns zu wundersamen Ergebnissen führen, welche die Normalität sprengen. Eine Gesellschaft schaut das als normal an, was die meisten glauben. Und alle, die etwas anderes glauben, werden verstossen, abgelehnt oder in die Klasse der Sonderbaren gestellt. Das war schon immer so und wird so bleiben. Solange das Sonderbare uns mit Glück, Gelassenheit und Gesundheit erfüllt, ist ja alles wunderbar.

Galileo Galilei

1291, als die Kirche und die Gesellschaft noch davon ausgingen, dass die Erde flach sei, erkannte Galileo durch seine wissenschaftlichen Forschungen, dass die Erde rund ist. Er konfrontierte sich mit der Kirche und wurde von ihr aufgrund seiner Überzeugung verfolgt und verachtet. Heute wissen wir, dass die Erde rund ist und halten die Menschen, die eine flache Erde predigen für Wissenschaftsleugner, im Denken veraltet oder unvernünftig bis geistig beeinträchtigt.

Das ist ein schönes Beispiel, wie das, was wir glauben für uns als normal gilt, aber keineswegs etwas mit der Wahrheit zu tun haben muss und Veränderungen unterworfen ist. Nur weil eine Mehrheit einer Gesellschaft etwas für wahr hält, muss das nicht wahr sein.

Du weisst es jetzt: Alles im Aussen ist leer. Erst wir füllen es mit Bedeutung. Also lass dich nicht aufhalten, dein Leben zu leben und an deine Träume zu glauben, nur weil andere das nicht tun. Lass dich nie von anderen Menschen und ihren Zweifeln aufhalten.

Denn ihre Zweifel sind der Grund, warum sie ein Leben führen, das du nicht haben willst und der Grund, warum für sie keine Wunder mehr möglich sind.

Glaube an Wunder. Glaube an deine Kraft. Wisse um deine Macht, zu erschaffen. Du bist die Schöpferin deines Lebens.

Egal ob du ein gutes oder ein schlechtes Leben hast. Du selbst hast es über deine Wahrnehmung erschaffen. Du erschaffst immer. Jeden Moment. Anerkenne das! Und somit deine Schöpferkraft. Wähle jetzt neu, was du wirklich erleben und erfahren willst. Beginne heute, um morgen frei zu sein. Beginne heute, um morgen gelassen zu sein. Beginne heute, um morgen dich selbst zu lieben. Beginne heute, um morgen deine Träume zu umarmen.

Du bist dein SCHLÜSSEL.

Wenn du selbst nichts änderst,

dann ändert sich nichts in deinem LEBEN.

Intuition ist die Summe aller bisherigen Erfahrungen und unbewussten Ansichten

Die Intuition ist die Summe aller unserer Erfahrungen. Sie gibt uns die Impulse, die uns in diejenigen Erfahrungen führen, welche mit unserem unbewusst gespeicherten und angelernten Bewertungssystem aus Ansichten und Überzeugungen möglich sind.

Die Intuition ist für viele Menschen eine sehr positive Sache und doch erleben viele meiner Patient*innen, dass sie uns nicht hilft, bestimmte Erfahrungen zu vermeiden. In diesem Fall denken wir, wir hätten ein psychisches Problem und suchen eine Therapeut*in auf, weil wir bemerkt haben, dass unsere innere Führung unlösbare Konflikte und Streitereien bringt oder wir dieselben Muster und Verhaltensweisen wiederholen. Unsere Intuition ist genau dann von unschätzbarem Wert, wenn sie einem positiven Bewertungssystem folgt, das viel Glauben, viel Liebe und viel Vertrauen zu sich, unserem Umfeld und zum Leben aufweist.

Das Phänomen von Wundern wie zum Beispiel bei Mutter Theresa, Franz von Assisi oder der Erleuchtung von Buddha basieren auf ihrem unerschütterlichen Glauben. «Glauben versetzt Berge», heisst es so schön in der Bibel. «Und nach deinem Glauben soll dir geschehen», sagte Jesus zu einem Römer, dessen Tochter im Sterben lag.

Ich selbst erlebe das exakt so. Selbst in wirklich schweren Herausforderungen und Momenten, in denen ich früher für Wochen in Depression gefallen wäre oder Panikattacken entwickelt hätte, kann ich heute gelassen und ruhig bleiben.

Aber nicht, weil die Situation einfach ist, sondern weil ich mein Denken kontrolliere und eine vollkommen neue Haltung gegenüber Herausforderungen und schweren Gefühlen in mir etabliert habe. Ich entscheide in jedem Moment, was ich über diese Situation denke und was ich aus der Situation mache. Ich nutze sozusagen die Situation für mich. Ich nutze ihre Energie, um daraus zu erschaffen, was ich haben will. Und je mehr Gefühle ich habe, auch wenn es schlechte sind, desto mehr Kraft ist da, um genau das zu erschaffen, was ich haben will.

Diese Herangehensweise nenne ich oft auch inneres Kung Fu. Weil ich die Kraft meines Gegners, die Kraft in der Ansicht, die sich mir als negative Erfahrung oder ein negatives Gefühl zeigt, aufnehme und für mich nutze, um eine neue Haltung zu erschaffen. Und zwar eine, die mein schlechtes Gefühl und meine schwere Erfahrung zerschmettert. Ich erlaube mir keinen einzigen Gedanken des Misstrauens, des Geizes, der Missgunst und der Angst. Ich überwinde so alle meine Feinde. In jeder Auseinandersetzung fühle ich mich gelassen, weil ich mich schon als Gewinnerin fühle, bevor ich gewonnen habe.

Was ist nun wichtiger für mich? Dass ich wirklich gewinne und mein Gegenüber mich als Gewinnerin bestätigt, oder dass ich mich als Gewinnerin fühle?

Für mich ist es wichtig, dass ich mich als Gewinnerin fühle. Diese Realität macht, dass ich nie mehr gewinnen muss und viel an Ehrgeiz, Gier oder Konkurrenzdenken und Rechthaberei aufgeben kann, weil ich gefühlt bereits gewonnen habe. Diese Gelassenheit lässt mehr Konzentration und klares Denken zu und erhöht die Wahrscheinlichkeit wirklich zu gewinnen. Die Erfahrung des Gewinnens in allen Lebensbereichen ist Glück und Freiheit. Das ist Gelassenheit in jedem Moment.

Ich habe keine Angst mehr vor anderen Menschen und davor, von ihnen verdrängt zu werden. Ich habe auch keine Eifersucht mehr, da ich selbst glaube, es schon geschafft zu haben. Ich kann mich entschuldigen, erniedrigen und unrecht haben. Ich kann unwissend sein und ausgelacht werden. Ich bin die Gewinnerin und dadurch nicht verletzbar. Wie oft haben sich so unmögliche Dinge und Konflikte schlussendlich zu meinen Gunsten gewendet.

Das ist das Beste, was ich in meinem Leben je erreicht habe. Es ist die vollkommene Überwindung von Angst und Mangel und erschafft mir von Tag zu Tag mehr Wohlstand, Fülle und Glück. Seit einigen Jahren sieht mich nun auch mein Umfeld als Gewinnerin, weil ich alle meine Ziele früher oder später erreicht und unglaubliche Kraft und Ausdauer entwickelt habe, um sie zu erreichen, ohne dass es mich krank, erschöpft oder hochmütig gemacht hat.

Ich wähle, von Jahr zu Jahr erfolgreicher und leichter zu werden.

Alles, was ich anfasse, wird zu Gold.

Ich bin eine Gewinnerin.

Ich bin unverletzbar und unbesiegbar.

Ich bin geliebt und gewollt zu jeder Zeit.

Alle lieben mich. Und alle, die mich nicht lieben, haben noch nicht gemerkt, dass sie mich lieben.

Jedes meiner Projekte wird auf magische Weise erfolgreich.

Alles dient mir.

Alles kommt immer gut.

Ich schaffe alles in Leichtigkeit und mit Freude.

Ich bin immer zur rechten Zeit am rechten Ort.

Ich finde immer eine Lösung.

Ich bekomme alles was ich will, wenn auch nicht auf den Wegen, die ich kenne.

Alles was ich gebe, kehrt zehnfach zu mir zurück.

Wunder sind für mich normal.

Das wahre Wesen des Universums ist Liebe.

Das Leben liebt mich.

Ich bin immer sicher.

Ich bin immer genährt und getragen.

Ich bin immer in bester Gesellschaft.

Mit guten, unbewussten Überzeugungen, Intuition und einem positiv fokussierten, bewussten Denken erschaffen wir Erfahrungen, die sich tief in unser Unterbewusstsein eingraben . Ein «gereinigtes» Unterbewusstsein zieht unser Traumleben ohne Anstrengung einfach an, indem wir dieses Traumleben von innen nach aussen einfach werden lassen. Die Intuition möchte uns vor schlechten Erfahrungen schützen und positives Erleben fördern. Doch das ist nur im Rahmen unseres unbewusst konditionierten Glaubenssystems möglich.

Im Zen-Buddhismus praktizieren wir die «Leere des Denkens». Gereinigt von Vorstellungen, Ansichten und Bildern, kann die Buddha-Natur geweckt werden. Die reine Liebe und reine Glückseligkeit ist, in Harmonie mit dem Universum.

Je leerer wir werden, desto mehr kann das Licht unseres wahren Wesens, der Liebe und dem schöpferischen, lebendigen Universum aus uns leuchten und wirken.

Das ist der Ort, wo wir keinen eigenen Willen mehr haben, das heisst nichts mehr selbst definieren, sondern in reiner Beobachtung leben, ohne die Dinge zu benennen oder zu bewerten. Dieser Ort ist absolute Freiheit und absoluter Einklang. Und dort erkennen wir, dass es keinen Feind gibt. Dass es keine Strafe gibt, keinen Unterschied, kein Wachstum, keine Heilung und keinen Fehler. Wir erkennen, dass es nur Liebe und Leben gibt. Seit aller Ewigkeit und bis in alle Ewigkeit. Wir erkennen auch, dass es den Tod nicht gibt und der Schmerz des Sterbens eine Illusion ist. So brechen wir aus dem Leiden aus.

Das ist der Weg und das Ziel vom *«Secret Healing Code»*: Frei werden von Vorstellungen, die uns schaden und den Sinn und die Wahrheit des lebendigen Lebens, der Schönheit und der Liebe hinter allem zu finden. Es ist ein Weg des Loslassens und des Leerwerdens, nicht ein Weg des Tuns. Wenn wir uns befreien, leer machen von dem, was uns selbst nicht guttut, kommt von selbst, was uns gut tut. Auf diesem Weg in die Freiheit mit dem «Secret Healing Code» kann ich so lange und so weit gehen, wie ich das möchte. Nicht alle wollen absolute Freiheit. Doch wenn wir uns selbst heilen, ist es dieser Fokus, der uns unsere innere Krankheit und so die Wurzel von körperlicher und chronischer Krankheit überwinden lässt. Durch unsere Wahl, unsere Haltung und unseren Fokus werden wir frei und gesund, können tiefe Selbsterkenntnis erlangen und alle Angst überwinden.

Die Falle der intuitiven Lebensführung

Viele meiner Patient*innen suchen mich auf und berichten mir, dass sie trotz viel Mühe und Aufwand beim Hinterfragen ihrer Verhaltensweisen immer wieder in die gleichen Fallen tappen und die gleichen Verletzungen erleben. Wenn ich sie dann frage, wie sie die Entscheidungen in ihrem Leben treffen, dann antworten sie meistens: Intuitiv. Ich versuche auf mein Herz zu hören. Die Intuition ist jedoch ein schlechter Ratgeber, wenn wir über uns hinauswachsen wollen oder eine Realität erschaffen wollen, die heller, schöner und erfüllter ist als das, was wir bisher erlebt haben. Mit unserer Intuition können wir nicht wachsen oder uns selbst heilen. Wir bleiben da wo wir sind. Das Folgen der eigenen Intuition bedeutet in der Komfortzone zu bleiben. Die Intuition hat nicht die Kraft, Angst und Krankheit zu überwinden.

Neu werden bedeutet: Neu denken, dann neu fühlen, dann neu entscheiden, dann neu handeln und dann neue Erfahrung machen.

Das ist der Weg der Heilung, der nachhaltig funktioniert. Und dieser Weg hört nie auf, bis wir in der vollkommenen Freiheit ankommen und dem Leben, das uns wirklich erfüllt und wir gelassen und unverletzbar in uns ruhen. Jeder Schritt bringt dich näher zu deiner Leichtigkeit, Gesundheit, Selbstliebe und deiner ständig aus dem Innen sprudelnden Kraft und Lebensfreude.

Ändere deine Wahrnehmung und Intuition und lass dich von deinem Traumleben finden. Dazu dürfen wir uns nicht auf unsere Intuition verlassen, sondern müssen lernen, unsere Wahrnehmung zu dem zu machen, was uns dient und in Resonanz mit unserer Traumrealität bringt, in der wir gesund, erfüllt, stark und lebendig sind. Erst wenn wir unsere Wahrnehmung verändert haben, legen wir die Basis für eine neue Intuition, die uns zuverlässig in die Erfahrungen führt, die wir erleben wollen.

Daher ist der Weg in die Freiheit, deine Heilung und dein Glück im ersten Schritt ein antiintuitiver Weg. Ein antilogischer Weg.

Das ist ein weiterer Grund, warum so viele diesen Weg nicht als richtiges Mittel für die Heilung ihrer Leiden erkennen. Schon gar nicht Menschen mit grossen Selbstzweifeln und Ängsten. Gerade diese Patient*innen suchen Sicherheit in dem, was sie schon kennen und allem, was sich gut anfühlt, obwohl es nicht die gewünschte Erleichterung und Befreiung mit sich bringt. Eine neue Wahrnehmung zu erschaffen und eine gesunde, grossartige, magische Intuition beginnt im Verändern des bewussten Denkens. Das bedeutet: Um die 95 Prozent des unbewussten Denkens steuern zu lernen und in eine Neuausrichtung zu bringen, sollten wir lernen, die fünf Prozent des bewussten Denkens zu führen und zu kontrollieren. Je mehr wir in unserem bewussten Denken diejenigen Gedanken halten können, welche wir haben wollen und die der inneren Ruhe zuträglich sind, desto bessere Erfahrungen machen wir und bringen unsere Selbstheilung voran. Je mehr wir fähig sind die Gedanken zu denken, die unser Herz beruhigen und uns innerlich weit machen, desto mehr findet der Körper Gelassenheit, Stress und Anspannung werden gelöst. Auf diese Weise finden hormonelle Störungen, Kreislaufprobleme und muskuläre Verspannungen Heilung.

Isabelle

Isabelle hatte einen sehr niedrigen Blutdruck. In ihren Schwangerschaften hatte sie daher grosse Probleme mit Übelkeit und venösen Stauungen. Ebenfalls konnte sie feuchtwarmes Klima nicht ertragen, da sie sich dabei schwindelig und der Ohnmacht nahe fühlte. Morgens war das Aufwachen schwer und sie brauchte viel Kaffee und Sport, um überhaupt in die Gänge zu kommen. Als wir gemeinsam begannen mit ihrer Wahrnehmung zu arbeiten, kam schnell raus, dass sie ihre Wut stark unterdrückte. Als wir diese Kraft befreiten, indem sie lernte sich selbst zu lieben und ihre Gefühle zuzulassen, kam mit der Befreiung der Wut die Erhöhung des Gefässtonus und ihr Blutdruck regulierte sich. Isabelle hatte eine stark unterdrückte Wut, weil sie immer lieb und nett sein wollte, aber eigentlich eine Frau mit starkem Charakter und viel Kreativität war, die gern ihr Leben absolut frei und selbstbestimmt lebte. Als sie sich erlaubte, emotional zu sein und lernte, ihre Emotionalität für sich und ihre Ziele zu nutzen, um ihr Leben so zu gestalten, wie sie es sich erträumte, begannen sich viele Symptome zu verabschieden. Bis heute hat sie keine Probleme mehr mit Anlaufschwierigkeiten am Morgen und mit Hypotonie. Je mehr wir unseren Geist leeren von Vorstellungen und Ideen, die uns schaden und einengen, weil sie uns in Rollenbilder quetschen, desto schneller werden die Selbstheilungskräfte aktiviert. Einen Geist, leer von eigenen Vorstellungen und voll von Werten wie Mitgefühl, Liebe und Wohlwollen sich selbst und der Natur gegenüber, bringt Gesundheit und Wohlbefinden in Herz und Körper. Wenn wir leer von eigenen Vorstellungen sind, nehmen wir automatisch den Charakter des Lebens und unserer wahren Natur an und gliedern uns wieder ins natürliche Gefüge von Universum und Leben ein. Dies entspricht der Erkenntnis, dass das Leben Liebe und Leben ist. Diese Erkenntnis ist keine Theorie mehr, sondern ein Erleben hinter aller Vorstellung. Es fühlt sich dann an, als würden wir aus dem Herzen denken und wahrnehmen. Da ist Freiheit, Leben und Sicherheit aus dem Innen.

Wenn wir am reinen Geist, der an das Gute glaubt, auf Vertrauen, Mitgefühl und Liebe setzt, zweifeln, dann legen wir den Grundstein, um unheilbar zu leiden. Erst wenn wir erkennen, dass das Leben und seine Gesetze unserem Wohlergehen dienen und wir grosszügig sein können, wird uns wahrer Friede, sowie innerer und äusserer Reichtum zuteil.

Oft habe ich früher in meiner Praxis Patient*innen erlebt, die einfach nicht glauben wollten, dass das Leben gut ist, dass das Universum Güte und Liebe ist, sondern die überzeugt waren, dass das Leben hart und feindlich und ein Kampf ist. Solch eine Haltung ist nicht therapierbar und das Leiden eines solchen Menschen nicht zu heilen, bevor diese Person nicht beginnt, bewusst die Wahl zu treffen und an das Gute im Leben zu glauben und sich darauf zu fokussieren.

Alle Zweifel und alle schlechten Überzeugungen, die du angelernt und aus deinen Erfahrungen aufgrund von den Meinungen zu Moral, Kultur und deinen Mitmenschen interpretiert hast, gehören nicht zu deiner wahren Natur. Sie sind fremdartig, menschengemacht und unnatürlich. Sie sind die Überzeugungen, die dir Leid und Stress, Krankheit und inneren Tod verursachen. Sie führen alle in die innere Wüste, in die Einsamkeit der Selbstablehnung oder Verwirrung, wo weder Wasser noch Nahrung zu finden ist und die Vertrocknung des Herzens voranschreitet, die sich in Verbitterung und vielen Formen von chronischen Leiden und Schmerzen zeigen kann.

Jedes Gedankengut, das Disharmonie, Missgunst, Misstrauen und Verlustangst erzeugt, entsteht aus einer Idee, die dem wahren Wesen des Menschen feindlich ist und ihm in seinem Herzen schadet. Was uns selbst schadet, das schadet dann auch unserer Umwelt und unseren Beziehungen. Das wahre Wesen des Menschen lebt in Harmonie mit reiner Güte, tiefem Vertrauen und grossem Mitgefühl für alle Wesen und alle Kreaturen. Diese negativen Überzeugungen sind auch nicht im Einklang mit dem Universum und dem Gesetz des Lebens.

So sind der Zweifel, das Misstrauen und alle damit einhergehenden Ansichten die Gründe, warum wir unsere Verbindung zu unserer inneren, lebendigen, unsterblichen Natur verloren haben oder uns über sie erheben. Diese Überheblichkeit sehen wir in den Auswirkungen der modernen Gesellschaft durch das Verlangen nach Kontrolle über Leben und Tod in der Medizin und anderen Wissenschaften. In dieser Haltung haben wir die Fähigkeit, uns gesund zu erhalten oder selbst zu heilen, gänzlich verloren und chronische Degeneration schreitet voran.

Die Angst vor dem Tod verursacht eine der tiefsten Entfremdungen vom Wesen der Natur, weil die wahre Natur keinen Tod kennt. Diese Erhebung durch die eigens erzeugten Meinungen ist der Hochmut, von dessen Höhen wir ständig in die Tiefe fallen und uns mit Dunkelheit und Seelenleere umgeben. Viele meiner Patient*innen sind der tiefen Überzeugung, dass Selbstzweifel doch nötig sind, um sich nicht in Verblendungen oder Grössenwahn zu verstricken. Doch meines Erachtens ist der Grössenwahn der Zweifel selbst. Weil sich der Zweifel über die wahre Natur erhebt, die Schönheit des Menschen zerstört und seine Fähigkeit, mit Himmel und Erde im Gleichgewicht zu schwingen, wegnimmt. Die bedingungslose Liebe und der reine Glauben an sich selbst und an eine höhere, immerwährende Gerechtigkeit, das tiefe Vertrauen und das Wissen darum, dass alles möglich ist, was der Geist sich vorstellen kann, das ist die wahre Demut und erschafft einen guten, weichen und mitfühlenden Charakter, der den Menschen dient fernab von Gewalt und Ausnutzung.

So sind alle negativen Gedanken, die das Herz schwer machen und es verschliessen, Hochmut. Und alles, was das Herz öffnet, ist Demut.

Diese Wahrheit zu erkennen ist grundlegend, um sich dem Prozess der Konzentration und Fokussierung auf Vertrauen, Liebe, Glauben und Güte hinzugeben. Zurück zu uns selbst zu finden, uns selbst zu heilen bedeutet zu akzeptieren, dass das Leben Liebe ist, dass es Freiheit und Kraft ist. Dass wir alles haben können, was wir wollen, wenn wir aufhören zu glauben, dass etwas fehlt, etwas mangelt und ich mich gegen die anderen behaupten und beweisen muss. Im Laufe der Anwendung des «Secret Healing Codes» werden wir immer genauer erkennen, warum wir bisher gewisse Erfahrungen gemacht haben. So bekommt das Leben immer mehr Sinn und wird immer klarer und berechenbarer. Schlussendlich verstehe ich, warum ich Beziehungsprobleme hatte, Streit und Unsicherheiten bei der Arbeit, warum meine Freunde nicht für mich da waren. In diesem Stadium bin ich fähig alles zu meinen Gunsten zu verändern, mit wenig Aufwand und Energie, weil ich genau weiss, was zu tun ist.

Kennst du das? Jemand greift dich im Streit an, und obwohl du dir vorgenommen hast, nicht auf die Provokationen einzusteigen, schiesst aus dir eine Reaktion raus, bevor du darüber nachdenkst. Das ist das unbewusste und schnelle Denken. Um diese Reaktionen zu stoppen, trainiere ich mit meinen Patient*innen das Halten der Gefühle und die Fähigkeit zwischen sich selbst und dem eigenen Denken eine Distanz zu bringen.

Ändere deine Wahrnehmung und somit dein Leben

Wenn wir davon ausgehen, dass deine Erfahrungen durch deine Wahrnehmung erzeugt werden, dann brauchst du zur Veränderung deines Lebens bloss eine neue Wahrnehmung. Deine Wahrnehmung änderst du, indem du dein Bewertungssystem änderst. Konkret heisst das, du beginnst ab sofort zu wählen, was du glauben willst. Willst du glauben, dass es dir nicht möglich ist, gesund zu werden? Willst du glauben, dass du verloren bist und man dir nicht mehr helfen kann? Möchtest du glauben, dass das Leben hart ist und die Menschen um dich Egoisten sind? Möchtest du diese Realität erschaffen und erfahren?

Oder möchtest du lieber glauben, dass du stark genug bist, um alle Herausforderungen in Chancen zu verwandeln? Dass du liebenswert bist und alles Glück verdient hast? Dass du erfolgreich, beliebt und glücklich sein kannst? Dass du dich selber heilen und alle Zweifel überwinden kannst? Und dass du fähig bist, alle deine Träume umzusetzen und zu leben?

Wenn du erkennst, dass dein Denken und deine Wahrnehmung nicht du selbst sind, sondern das Werkzeug, um deine Realität zu erschaffen, dann hast du die Fähigkeit gewonnen, dein Leben aus dir selbst zu erschaffen und zu dem zu machen, was dich erfüllt.

Es gibt heute so viel Druck und Reize, Ideen, Meinungen und Verlockungen der Zerstreuung in unserem Umfeld, sodass es kaum möglich ist, sich abzugrenzen, wenn man sich nicht die Fähigkeit angeeignet hat, mit der eigenen Wahrnehmung zu arbeiten. Wenn wir nicht selbst entscheiden, welche Haltung wir einnehmen, auf was wir reagieren wollen und auf was nicht, dann wird die Wahrnehmung und damit unsere Erfahrung von unserem Umfeld bestimmt. In der heutigen schnelllebigen Zeit von Social Media und Internet ist es eine wichtige Fähigkeit, sich abgrenzen zu können, um innere Ruhe und Frieden zu erfahren. Es kursieren viele Ideen über Heilung, Selbsterkenntnis, Spiritualität und Erfolg im Internet, welche uns das Leben nur schwer machen. Wir dürfen stets bewusst wählen, was wir glauben wollen und alles überprüfen, was uns Menschen erzählen, selbst diejenigen, die wir sehr mögen, respektieren oder verehren. 90 Prozent von allem, was wir hören und sehen, sind konstruierte Ideen und Interpretationen, die mit der Wahrheit nichts zu tun haben und uns schaden, wenn wir sie glauben.

Unsere Mitte zu wahren bedeutet, zwischen uns selbst und dem Aussen, dem Umfeld und all den Meinungen und Erwartungen, eine Distanz aufzubauen. Eine Pufferzone, in der ich fähig werde, meine Haltung und Wahrnehmung zu überprüfen und selbst zu wählen. Das ist der Inbegriff der Selbstbestimmung. Fremdbestimmung beginnt im Denken, in einem unbewussten und vom Aussen gesteuerten und beeinflussten Denken.

Nehmen wir uns bewusst Zeit zu beobachten, was wir denken. In Situationen von Stress und Streit und auch in Situationen, in denen wir erfüllt sind und uns aufgehoben und wohl fühlen. In den guten Momenten habe ich eine positive, optimistische Einstellung und glaube an mich. In Momenten, in welchen ich den Kontakt zu mir verloren habe, mich erschöpft und gefangen fühle, denke ich negativ. Egal was und wer jetzt Schuld ist an der Ursache – ich bin immer negativ im Denken, wenn es mir schlecht geht. Und genau hier kann ich mein Schicksal in die Hand nehmen. Die meisten Frauen denken, dass ihr Denken aufgrund der äusseren Umstände negativ geworden ist und bemerken nicht, dass sie selbst negativ auf die Situation blicken. Nehmen wir hier die Aufmerksamkeit nach innen und werden uns bewusst:

Jede Situation kann bestenfalls nur das sein, was ich in ihr sehe.

Auf diese Weise kann ich mein momentanes Empfinden ändern, indem ich meinen Blickwinkel und mein Denken ändere. Das ist innere Alchemie. Verbiege deine Realität und mache sie so, wie du sie haben willst. Du entscheidest dich für diejenigen Gedanken, die dich erleichtern, glücklich machen und dein Herz öffnen. Gedanken, die dir Freiheit schenken und Unabhängigkeit, für diese entscheide dich! So einfach? Ja! Ist das alles? Ja!

Und du entscheidest dich auch dafür, dass das für dich die universelle Wahrheit ist. Denn der Zweifel daran, ob du gut denken darfst, selbst wählen darfst und glücklich sein in Ordnung ist, ist die Ursache der Ursachen für emotionales Leiden. Diese Haltung wird dir helfen, Schritt für Schritt eine neue Wahrnehmung zu entwickeln und die Dinge und Menschen anders und neu zu erfahren.

Da, wo sich das Herz wohl fühlt, da spürst du Wahrheit. Da ist Harmonie und Einklang und du kommst mit dem Gesetz des Universums und des Lebens in dein Gleichgewicht. Das führt zu Gesundheit und aktiviert alle innere Lebendigkeit und Regenerationsfähigkeit.

Der Selbstzweifel ist der Indikator für unbewusste Glaubenssätze,
die nicht mit einer liebevollen Beziehung zu dir im Einklang sind.

Sie bedeuten nicht, dass du zu wenig gut bist, sondern dass du hier glaubst, zu wenig zu sein.

Wahre Abgrenzung ist Mitgefühl mit dir selbst und die Erlaubnis deiner Bedürfnisse.

ÜBUNG: In 3 Schritten deine Wahrnehmung verändern

1. Schaffe Distanz zwischen dir und deiner Wahrnehmung

- Nimm dir Zeit bewusst wahrzunehmen, was du denkst.
- Beobachte deine Gedanken und deine Gefühle zu den Gedanken.
- Beobachte deine Gedanken zu den Geschehnissen in deinem Umfeld.
- Beobachte, was du für dich denkst und was du denkst, wenn du mit Menschen in Kontakt bist.
- Versuche zu unterscheiden, welche Gedanken du von aussen aufnimmst und welche von innen kommen.
- Beobachte dein Denken so oft es geht.
- Mach es zu deiner täglichen, fortwährenden Meditation.
- Trainiere es so oft wie möglich, bis es in Fleisch und Blut übergeht.
- Je mehr du deine Beobachter*in bist, desto leichter fällt dir die Abgrenzung und du erschaffst dir Raum und Zeit, um bewusst zu reagieren.

2. Wähle was du wahrnehmen und erfahren willst.

- Überprüfe deine Gedanken, wie fühlen sie sich an?
- Tut dir die Ansicht gut?
- Macht sie dich weit, gelassen und mitfühlend?
- Wähle für dich stets die Haltung und die Sichtweise, die

    - deinem Herzen ein Gefühl von Harmonie,

    - deinem Körper ein Gefühl von Gelassenheit und

    - deinem Geist ein Gefühl von Freiheit vermitteln.

3. Halte den Fokus auf deiner Wahl. Unerschütterlich.

- Halte den Fokus auf deiner Wahl und dem, was du haben willst.
- Sei unerschütterlich und wenn du abgelenkt wirst, kehre so schnell wie möglich wieder zu deiner gewählten Sichtweise zurück.
- Schreib sie dir auf und lies sie so oft wie möglich wieder durch.
- So lange, bis eine gewählte Überzeugung sichtbarer und fühlbarer wird und du es schliesslich in deiner Realität erfahren kannst.

Wiederhole diese 3 Schritte immer wieder.

Täglich, stündlich, jede Minute.

Und erlebe die grosse Magie dieser Übung, wenn du es schaffst, sie über die Dauer von 21 Tagen aufrecht zu erhalten.

www.NATUERLICHTSCHUMI.com

Einleitung: Schritt 2 «Secret Healing Code»

Angst und Verlustangst lösen und daraus Freiheit und Fülle manifestieren

Die Grundlage eines gesunden Lebens ist ein angstfreies Leben. Mit angstfrei meine ich nicht, dass das Gefühl der Angst nie wieder auftreten soll. Im Gegenteil, Angst dürfen wir mehr suchen, mehr konfrontieren und die Kraft in ihr mehr nutzen lernen. Angstfrei bedeutet für mich, ohne die negativen Konsequenzen von Angst, wie emotionale Verschlossenheit, Trägheit, Stagnation und Motivationslosigkeit, welche durch den Widerstand gegen die Angst entstehen, zu leben. Wenn wir die Angst nicht verstehen, sie fürchten oder gar unterdrücken, berauben wir uns der mächtigsten Kraftquelle sowie einem grossen Teil unserer Konzentrations- und Fokussierfähigkeit. Wir erzeugen damit grossen inneren Stress und schädigen den emotionalen Stoffwechsel mehr als mit der Unterdrückung aller anderen inneren Helfer zusammen. Angst zu unterdrücken kann lebensgefährlich sein.

Die Verdrängung von Angst ist aus dem Grund so verheerend, weil die Angst kein Gefühl ist, sondern eine generalisierte, emotional-körperliche Reaktion, die mit den Grundbedürfnissen des inneren und äusseren Lebens verbunden ist. Sind diese Grundbedürfnisse nicht erfüllt, so haben wir keine Chance auf Glück. Die körperlichen Grundbedürfnisse sind bei den meisten Menschen der westlichen Länder gedeckt, nicht aber die emotionalen Grundbedürfnisse wie: innere Ruhe, innere Klarheit, innere Sicherheit, Geborgenheit und das Gefühl geliebt und gebraucht zu sein.

In unserem heutigen materialistischen Bewusstsein ist die Angst in körperlicher Hinsicht vollständig akzeptiert. Es ist für uns alle verständlich, dass jemand Angst hat von einem Hochhaus zu springen. Auf emotionaler Ebene ist die Angst aber ein Phänomen, das wir ablehnen. Emotionale Angst bedeutet für viele das Gegenteil von Liebe oder gar eine psychische Störung. Wenn die Angst auf körperlicher Ebene sinnvoll erscheint, warum ist sie es im emotionalen Bereich nicht? Dies hat meines Erachtens damit zu tun, dass die physisch-körperliche Ebene intuitiv-logisch und die emotionale Ebene antiintuitiv-antilogisch funktioniert.

Die emotionale Funktion der Angst mit der Logik zu erfassen ist schier unmöglich. Angst ist also auch auf emotionaler Ebene ein wichtiger Helfer, der uns unterstützt, in unserem Leben sicher und erfolgreich an unsere Ziele zu gelangen. Jeder erfolgreiche Mensch, der es geschafft hat seine Vision umzusetzen, ist ein Mensch, der die Angst verstanden und für sich nutzen gelernt hat. Das kannst auch du lernen, wenn du mutig umsetzt, was ich dir in den nächsten Kapiteln beschreibe. Da sich die Angststörungen bei meinen Patient*innen allesamt auf die emotionale Ebene beziehen, habe ich beschlossen, mich in diesem Buch auf die Angst als emotionalen inneren Helfer zu beschränken.

Auf der emotionalen Ebene hat der innere Helfer «Angst» die Funktion Unabhängigkeit, Gelassenheit, mentale Stärke und innere Sicherheit zu gewährleisten. Dies ist die Grundlage für ein Leben als Königin und oft der Beginn tiefer Selbstheilung von physischen sowie emotionalen Schmerzen und Krankheiten.

KAPITEL VI

Transformiere Angst in Klarheit und absolute Freiheit

Warum haben wir Angst?

Was ist der Sinn hinter diesem Gefühl?

Warum verursacht Angst so viel Ablehnung und Verletzung?

Warum verlassen wir uns selbst und andere aus Angst?

Warum lässt uns Angst so viel leiden und viele Dummheiten im Leben begehen, welche Verletzungen verursachen und die wahre Liebe aus unserem Leben vertreiben?

Wie kann die Angst als Helferin genutzt werden?

Stell dir Folgendes vor! Du könntest die Kraft, die in der Angst und in den Zweifeln liegt für dich nutzen um deinen Fokus auf das, was du wirklich willst und auf deinen Glauben an dich zu legen. Stell dir vor, die Angst würde dir helfen, um dir Flügel wachsen zu lassen, welche dich über Abgründe tragen und Kräfte entfalten, mit denen du deine Ziele und Träume erreichst. Stelle dir vor, du könntest die Kraft der Angst nutzen, um dich selbst in deinem Wachstum voran zu treiben; dich mit ihr vom Bewertungssystem der Wahrnehmung zu befreien und Klarsicht und Klarheit zu entwickeln. Sie wäre das Werkzeug um aus der Illusion der Täuschung auszubrechen und hinter den Vorhang deiner Glaubensmuster zu blicken. Stelle dir vor, die Angst gäbe dir den Mut und den Glauben das Unmögliche möglich zu machen und dich gegen alle Stimmen des Zweifels abzugrenzen. Sie könnte die Energie sein, die dich gegen all die Gedanken schützt, die dir weh tun und dich verunsichern. Du hättest den besten universellen und stärksten Schutz immer bei dir, zu jeder Tages- und Nachtzeit; einen Bodyguard, der nie schläft und immer deine Interessen vertritt?

Was ist, wenn die Angst genau das Werkzeug ist, das dir hilft zu erkennen, welches die Glaubenskonstrukte und Ansichten in deiner Wahrnehmung sind, die deine Energie in die falsche Richtung lenken und eine Realität kreieren, die du nicht haben willst und die dir schadet? Was ist, wenn die Angst die grosse weise Kraft in dir ist, die dir hilft innere Sicherheit und absolute Erfüllung zu finden? Was ist, wenn die Angst das Werkzeug ist, das dir aufzeigt, wo du nicht verbunden bist mit dir und deinem wahren Selbst, damit du umdenken kannst, um wieder mit dir in Verbindung zu kommen? Wäre das nicht der Durchbruch deines Lebens?

In dir hast du die Medizin! In der Angst! Die innere Medizin! Sie ist tärker als jedes Medikament und hilft dir, dich selbst von Leid zu befreien!

Wie wäre dein Leben, wenn du in deiner Angst einen inneren Kompass hättest, der dir hilft die Ansichten und Überzeugungen in deinem Unterbewusstsein zu erkennen, die verantwortlich sind für schwere und negative Erfahrungen? Stelle dir vor, du könntest der Angst wie einem weisen inneren Meister folgen und die Schatten finden, welche dich belasten. Die Angst wäre der Zeiger, der dich auf deine negativen Überzeugungen und deine Selbstablehnung verweist. Je mehr du mithilfe der Angst dein Inneres befreist, desto mehr kommt innere Ruhe, Klarheit und absolute Freiheit.

Was ist, wenn die Angst das ultimative Reinigungswerkzeug ist für einen Geist in Freiheit und ein Herz in Ruhe?

Stelle dir vor, du hättest in der Angst den Schlüssel zur inneren Alchemie. Du könntest die Abgründe deiner Seele überfliegen und alle Steine im Herzen zu Gold machen. Fokus, Konzentrationsfähigkeit, Durchsetzungskraft und Ausdauer könnten heute das sein, was früher deine Angst war. Du hast sie transformiert. Du bist im Moment, hier und fokussiert. Voller Lebenskraft und Tatendrang und fähig deine grössten Ziele zu erreichen. Kein Abschweifen mehr. Präsent durch die transformierte Kraft der Angst. Und immer, wenn die Angst kommt, weisst du: Genau damit gibt es einen grossen Durchbruch, genau hier gibt es viel Kraft und Freiheit zu holen. Genau damit kann ich sehr erfolgreich werden und sehr weit kommen.

Für mich ist die Angst mein grösster Helfer und der Grund, warum ich erreicht habe, was ich jetzt habe. Alle meine Traumata sind gelöst, von Missbrauch, über Bulimie, Beziehungsunfähigkeit bis zu Phobien. Ich war als Kind total ängstlich. Mein Leben war gesteuert durch Angst und ich habe alle Energie darauf verwendet die Angst zu vermeiden. Bis ich im Alter von dreissig Jahren mit Panikattacken, chronischer Atemnot mit einer schweren Erschöpfungsdepression in der Todessehnsucht gelandet bin. Heute ist meine Ängstlichkeit meine grosse Stärke, mein Antrieb, meine Motivation und der Grund für all meine Entwicklungsschritte. Seit ich weiss, wie ich meine Angst löse, wird alles, was ich tue, ein Erfolg. Ich erreiche mehr als ich mir jemals zum Ziel gesetzt habe.

So ist die Angst auch eine Energie, die entweder gegen dich oder für dich wirkt. Sie ist die stärkste Kraft in uns, die uns schneller als alles andere zerstören und krank machen kann, aber auch die Kraft, die uns schneller und leichter unsere Träume erreichen lässt.

Ich vergleiche sie gern mit dem inneren Drachen. Wenn du ihm begegnest, dann scheint er übermächtig und nicht zu überwinden oder zu töten. Wenn du ihn aber zähmst und auf ihm fliegen lernst, hast du einen Begleiter, der dich unbesiegbar macht und dein inneres Leben wie nichts anderes entfacht. Möchtest du deinen inneren Drachen auch zähmen - diese Kraft und Weisheit nutzen, um dich zu befreien, fliegen zu lernen und deine Träume erfolgreich umzusetzen. Bist du bereit?

Angst lässt sich nicht verdrängen

Ich habe beobachtet, dass die meisten Menschen, die ich kenne, Angst vor der Angst haben. Kennst du das auch? Fürchtest du dich auch vor der Angst oder den Gedanken in deinem Kopf, die die Angst verursacht? Versuchst du die Angst und die damit verbundenen Zweifel und Sorgen zu vermeiden und spürst Verzweiflung oder Erschöpfung, wenn du nichtsdestotrotz damit konfrontiert wirst? Spürst du, wie dir die Angst Energie entzieht und all dein Selbstvertrauen plötzlich zu Staub zerfällt? Kennst du auch diese Situationen, in denen du am liebsten im Boden versinken würdest oder wegrennen, weil du keinen klaren Gedanken mehr fassen kannst? Oder kennst du die Momente, in denen dir die Konzentration fehlt und du nicht mehr im Stande bist, klar zu antworten oder gar zu reagieren? Hast du auch schon erlebt, dass die Angst aus dir einen angepassten, unselbständigen Menschen macht, der das Gegenteil von dem tut, was er eigentlich richtig findet?

Vielleicht kennst du all die Situationen in Konflikten, in denen wir aus Angst Dinge sagen, welche wir später bitter bereuen. Oder dass wir Menschen im Stich lassen oder beschuldigen, weil uns der Mut verlassen hat und die Angst vor Strafe, Urteil oder Bewertung im Nacken sitzt? Bist du eventuell auch schon von Menschen verletzt worden, die dir aus Angst Schuld gegeben haben an ihrem eigenen Leiden, oder dich verlassen haben, weil du sie mit deiner Art erschreckt hast? Ist Angst für dich bisweilen schon der blanke Schrecken geworden und trägt die Schuld an so viel Unfrieden und so viel Verletzung? Vielleicht kennst du die Angst auch als die Stimme, die dich vor weiteren Verletzungen warnt, die in dir misstrauisch ist und dein Herz verschliesst.

Vielleicht sehnst du dich danach, dass du dein Herz wieder öffnen und das Misstrauen überwinden kannst. Du würdest gern mit allem in Verbindung gehen, mitfliessen und offen sein. Doch Angst verdirbt immer wieder alles und verschliesst dich genau da, wo Offenheit am allerwichtigsten wäre. Du wünschst dir die Angst loszuwerden und suchst nach Orten, wo die Angst mit ihren Zweifeln und negativen Gedanken still ist. Die Orte werden immer weniger. Die Zweifel dehnen sich in alle möglichen Lebensbereiche aus und oft spürst du sie auch schon am Morgen beim Aufwachen oder sogar nachts.

Die Angst lässt dich deine Zukunft pessimistisch sehen. Und wir nehmen die Angst in den pessimistischen Gedanken wahr. In den Worstcase-Szenarien der Zukunft.

Wäre da nicht immer diese pessimistische, negative Stimme in deinem Kopf, dein Leben wäre viel leichter, schöner und glücklicher. Dein Leben wäre nicht so verkrampft und du könntest endlich einfach du selbst sein und mehr Intimität in deinen Beziehungen finden. Du spürst, dass die Angst dich einsam macht, kühl und distanziert. Doch du schaffst es nicht, sie zu verdrängen oder zu überwinden. Sie ist so stark und die Gedanken der Angst sind so stark, dass du ihrer nicht Herr*in wirst. Vielleicht hast du sogar schon Panikattacken erlebt, die Hoffnung auf ein freies, glückliches Leben fast aufgegeben und bist froh, wenn du eine Nacht durchschlafen kannst. Egal wie sich die Angst in deinem Leben ausdrückt, ob du Zweifel hast und Sorgen, ob du Panikattacken mit psychosomatischen Symptomen hast, sie kann mit den Werkzeugen des «Secret Healing Codes» gelöst werden.

Die Angst vor der Angst überwinden

Du bist nicht deine Angst. Du bist nicht deine Gedanken.
Noch weniger bist du die Gedanken, die du denkst, wenn du Angst hast.

Ich habe beobachtet, dass alle Frauen mit Ängsten, Angststörungen oder Panikattacken genau dieser Überzeugung waren, als sie mich in meiner Praxis aufsuchten. Sie fürchteten ihre Gedanken und schämten sich dafür, weil sie sich damit identifizierten. Viele dachten, ihre Persönlichkeit liege in ihrem Denken oder werde durch das Denken offenbart. Und diese Identifikation mit den Gedanken führte sie in eine verzweifelte und schlechte Beziehung zu sich selbst. Wie soll ich mich denn mögen, wenn ich denke, dass andere besser sind? Wie kann ich denn glücklich sein, wenn ich denke, dass ich nicht gut genug bin? Wie soll ich mich den lieb haben, wenn ich gerade einen grossen Fehler gemacht habe? Wie soll ich denn etwas erreichen, von dem ich denke, dass ich es nicht schaffe? Wie soll ich mir vertrauen, wenn ich davon überzeugt bin, dass ich es nicht kann?

Die Identifikation oder die Verbindung mit dem Denken machst du,
indem du glaubst, was du denkst.

Wenn du hingegen deine Gedanken einfach wahrnimmst, aus einer höheren Ebene, als Beobachter*in, dann hast du die Möglichkeit, die Gedanken zu betrachten und zu wählen, ob du sie glaubst oder nicht. Ich entscheide mich oft, einfach einen Gedanken nicht mehr weiter zu denken, nicht zu glauben und etwas anderes zu denken.

Das Unglück beginnt erst da, wo ein Mensch seine negativen und
pessimistischen Gedanken glaubt und sich mit ihnen identifiziert.

Wenn wir die Gedanken glauben, werden sie für uns Realität.
Sie bekommen Macht über uns und beginnen unser Fühlen zu steuern.

Die Funktion der Angst

Du kannst dir den Mechanismus ungefähr so vorstellen, wie einen alten Filmprojektor: Du bist in einem Kino und hinter dir wird der Film von einem Projektor an die Leinwand projiziert. Stelle dir vor, der Projektor hinter dir ist dein Unterbewusstsein. Die Leinwand vor dir ist die Wahrnehmung deines Lebens. Die Filmrolle kann mit dem Glaubensmuster oder einer Ansicht gleichgesetzt werden. Den Film einzusetzen bedeutet jedoch noch nicht, dass er automatisch auf die Leinwand projiziert wird, doch sobald der Projektor mit dem Strom verbunden und eingeschaltet ist, wird das Bild projiziert. Die Stromquelle erzeugt das Licht, welches den Film auf die Leinwand projiziert. Bei uns Menschen ist unsere persönliche Ansicht der eingelegte Film und das Licht ist der Fokus auf diese Ansicht, der von der Lebenskraft aus dem wahren Selbst bereitgestellt wird. Fokus und Aufmerksamkeit sind der Stoff des Geistes und entspringen der Lebenskraft. Ohne deine Lebenskraft könntest du nichts wahrnehmen. Hinter allem steht also deine Lebenskraft. Welchen Film du einlegst, das ist deine Wahl. Willst du einen Krimi sehen oder eine Lovestory? Oder eventuell eine Erfolgsgeschichte von plötzlicher Heilung oder einem gelungenen Projekt? Du selbst wählst mit deinen Ansichten deinen Lebensfilm.

Wenn deine Ansichten mit viel Pessimismus und der Überzeugung, dass du nicht genug bist, deine Ziele nie erreichst oder sowieso eine Versagerin bist, geladen sind, dann wird dementsprechend auf deiner persönlichen Wahrnehmungsleinwand ein Drama und Horrorfilm laufen.

Alle meine Patient*innen schauen unbewusst einen Horrorfilm. Ein Drama, in dem sie ständig fliehen, sich verstecken und verkriechen müssen, um nicht umgebracht zu werden. Ist das ein lebenswertes Leben? Und wie leicht ist es doch, deinen persönlichen Wahrnehmungsfilm zu ändern! Erst wenn wir die Gedanken hinter der Angst glauben, kommt das Adrenalin in den Körper. Erst wenn wir uns mit diesen identifizieren, fühlen wir uns emotional und körperlich in realer Gefahr. Viele bemerken erst dann die Angst, wenn sie schon im Körper ist und möchten sie über den Körper wieder lösen, indem sie sich Ruhe gönnen oder ihrem Körper Gutes tun wollen.

Doch die Angst entspringt nicht dem Körper, sie entspringt dem Geist. Da nimmt sie ihren Ursprung. Angst im Körper, die auftritt ohne eine reale Gefahr, wie ein Tiger vor der Nase, verweist uns immer darauf, dass wir uns mit einem Gedanken identifiziert haben, der uns eng und klein macht und uns von unserem inneren Frieden und dem Gefühl von Einklang trennt. Je mehr wir lernen die Angst als Werkzeug zur Befreiung zu nutzen und die Ansichten hinter der Angst umdrehen lernen, desto mehr nähern wir uns unserer inneren Freiheit an.

Kennst du die Angst etwas zu sagen, weil du dich fürchtest, dafür verurteilt zu werden und du entscheidest dich, nichts zu sagen? Das passiert, weil du geglaubt hast, dass dich die anderen verurteilen. Auf diese Weise hat niemand gehört oder bemerkt, dass du etwas sagen wolltest und niemand hat dich für deine Meinung verurteilt, aber du hast es zu deiner Realität gemacht. Nur du selbst hast dich für das, was du sagen wolltest verurteilt und obwohl du nichts gesagt hast, dir die Realität erschaffen, dass die anderen Menschen dich verurteilen. So wurde dein Glaube Realität und in deinem Unterbewusstsein als Realität abgespeichert. Deine Realität ist, dass du verurteilt wirst für das, was du sagst, ohne je etwas gesagt zu haben oder dafür verurteilt worden zu sein.

«The monkey mind»: Die Illusion, welche wir aufbauen und die uns ein Leben lang an der Nase herumführt, ausser wir beginnen dahinter zu schauen.

Das ist ein Phänomen, das zu Selbstwertproblemen, tiefer innerer Verunsicherung und zu einem Gefühl der Ablehnung führen kann, was wir häufig in Mobbingsituationen oder emotionaler und körperlicher Gewalt in Beziehungen antreffen. Der eine fühlt sich total misshandelt, obwohl der andere nur gute Absichten hatte. Und dieses Gefühl vom Misshandelt-sein provoziert unser Gegenüber und erschafft tatsächlich eine Täter*in. Wir haben dies mit unserer Haltung gewählt. Genauso erlebte ich es in meiner ersten Ehe. Die Grundlagen waren erfüllt, um meinen Mann dermassen mit meiner inneren Haltung, die ich auf ihn projizierte, zu provozieren, dass er genau das wurde, was ich fürchtete.

Wir ziehen an und erschaffen, was wir vermeiden und wovor wir Angst haben.

Wenn wir die Gedanken hinter der Angst glauben, ohne sie zu überprüfen, werden wir immer mehr darin gefangen, bis wir schlussendlich in Angststörungen, unerklärlichen Phobien, Zwängen, Neurosen und anderen Paniksituationen enden. Wir verirren uns in Schlussfolgerungen aus Erfahrungen und Interpretationen so sehr, dass wir vollkommen blind und verwirrt werden und nichts mehr als unsere eigene Projektion sehen. Ein Drama. Das Drama des Leidens. Durch Ansichten. Aber das Leiden, das die Konsequenz aus diesen Ansichten ist, das ist physisch und sehr real.

Ein Rattenschwanz von Identifikationen mit Gedanken, die wir ungeprüft einfach geglaubt haben, ist zu unserem Schicksal geworden. Wir überprüfen Menschen, Situationen und suchen Freund und Feind im Aussen. Aber kaum jemand hinterfragt das eigene Denken und hat gelernt selbst zu entscheiden, welchen Gedanken wir Glauben schenken und welche wir als real empfinden wollen. Was, wenn du heute damit beginnst, dir die Zeit zu schenken, dein Denken zu beobachten und den ersten Schritt in deine Freiheit machst, indem du dich durch das Beobachten deiner Gedanken von ihnen löst, und dir bewusst wirst, was deine Heilung sein kann?

Es ist nicht schwer, sich zu befreien. In dir ist alles angelegt, um frei zu sein,
indem du die Kraft deiner Gedanken nutzt.
Das Einzige was du brauchst, ist dein Wille und dass du jetzt beginnst.

Wenn es dir schwerfällt, dann hol dir einen Coach, der dir hilft, den Anfang zu machen. Der Anfang ist das Schwerste. Wenn du dir dein neues Verhalten antrainiert hast, brauchst du nur noch dranbleiben und es geht von Monat zu Monat bergauf.

Katja

Katja kam in meine Praxis und stellte sich bei mir wie folgt vor: «Hallo, ich bin Katja und habe eine Borderline-Persönlichkeitsstörung.» In der Art und Weise, wie sie sich vorstellte, war offensichtlich, dass sie ihre Persönlichkeit mit der Borderline Diagnose verbunden hatte und sich selbst als Borderline-Persönlichkeit wahrnahm. Es gab in ihrem Leben keinen Ort, in der sie sich nicht als Borderlinerin wahrnahm. Sie fürchtete, dass sie unheilbar krank war und nie mehr aus ihrem Leiden herauskommen würde: In ihrer Mutterrolle, in der Partnerschaft, im Haushalt, in der Freizeit und mit ihren Freunden.

Seit zwanzig Jahren war sie in ambulanter und teils stationärer, psychiatrischer Behandlung und musste zehn verschiedene Medikamente und Psychopharmaka einnehmen. Sie lebte von einer Invalidenrente und ihr wurde eine Vormund an die Seite gestellt, der ihr die finanziellen Angelegenheiten regeln sollte, da sie das selbst nicht konnte. Sie wirkte auf mich wie eine erwachsene Frau, die aber ein Kind war, das Hilfe suchte. Katja war eine aussergewöhnliche Patient*in. Ihre Ausstrahlung und ihre Energie waren sofort spürbar, ausserdem ihr grosses Herz und ihr Wille, endlich frei zu werden. Sie entschied sich trotz erschwerten Umständen für das Königinnen-Programm, um den «Secret Healing Code» zu lernen. Da sie keine Familie hatte, alleinerziehend war und viele Schulden hatte, war es für sie nicht einfach, die Investition für das Coaching aufzubringen. Ihr Wille zeigte ihr den Weg und sie bekam das Geld von einer Psychiatriepflegerin, die ihr wohlgesonnen war. Als Gegenleistung für das Geld sollte sie deren Tiere betreuen, was sich als ideale Begleitung zum Coaching herausstellte und ihr half, sich wertvoll und gebraucht zu fühlen. Durch das Coaching löste sie sich als Erstes von der Identifikation mit ihrer Diagnose und richtete ihre Aufmerksamkeit auf die Erforschung und das Verstehen ihrer emotionalen Reaktionen. Sie begann ihre Wut zu verstehen und löste sich Schritt für Schritt von ihren Glaubensmustern. Ihre Autoaggression verschwand und ihre Beziehungen wurden ruhiger. Sie errang einen grossen Durchbruch in ihrer Mutterrolle und veränderte die Beziehung zu ihrer Tochter derart, dass ihre Tochter aufblühte, in ihrer Klasse beliebt wurde, die Noten sich dramatisch verbesserten und sie die Lehrstelle ihrer Wahl bekam. Heute hat Katja keinen Vormund mehr und macht ihre Ausbildung zur diplomierten Pflegerin. Sechs Monate nach Beginn unserer Zusammenarbeit konnte Katja neun von zehn Medikamente ohne Nebenwirkung absetzen, das letzte acht Monate nach Beginn unserer Zusammenarbeit. Ihre Psychologin empfiehlt seither den «Secret Healing Code» weiter.

Das ist nur eine von vielen unglaublichen Geschichten von Frauen, die sich von einer Diagnose lösten, indem sie die Identifikation mit den Ansichten hinter ihrer Angst und ihrer Diagnose durchschauten und vollständig gesund wurden.

Der Zusammenhang von Denken und Angst

Unsere Gedanken, die hinter der emotionalen Angst liegen, sind also nicht die Wahrheit. In unserem Denken liegt auch nicht unsere wahre Natur. Im Denken finden Projektion und Wahrnehmung von innen nach aussen und umgekehrt statt und sie sind oft ganz widersprüchlich. Es hat einen Grund, warum Wahnsinn im Denken lokalisiert ist und nicht im Herzen. Beim Denken kann ich gleichzeitig meine eigene Meinung wahrnehmen, wie auch die Meinung meines Gegenübers. Ich kann in diverse Richtungen gleichzeitig denken und am Ende ganz verwirrt sein. Kennst du das? Dass du eine Entscheidung fällen solltest und je länger du darüber nachdenkst, desto schwerer wird es sich zu entscheiden?

Wenn ich mich in meinem Denken suche und mich damit identifiziere, dann werde ich zu dem Schluss kommen, dass ich eine gespaltene Persönlichkeit bin, welche sich keine klare Meinung bilden kann, zweifelnd ist und nie weiss, was sie will. Das ist kein Grund zur Sorge, sondern eine Charaktereigenschaft des Denkens. Das Denken an sich ist nicht das Problem, wie auch die Angst nicht. Aber sich mit dem Denken zu identifizieren, das ist die Ursache aller Angst. Durch die Identifikation mit den Gedanken hinter der Angst beginnen alle Angst, Ohnmacht, Gewalt und Sorgen.

Wie oft hast du schon dein eigenes Herz gebrochen, indem du einzig und allein deinen Gedanken geglaubt hast?

Wie oft hast du schon geweint im Stillen, dich verurteilt, abgelehnt und erniedrigt gefühlt, obwohl gar niemand da war, der dich abgelehnt hat? Du warst mit dir allein. Mit dir und deinem Denken, das du für real gehalten und dem du

geglaubt hast, dass du von deinen Liebsten, deinem Umfeld und der Welt verstossen bist? So entstehen Interpretationen, Ansichten und Gedanken, dass wir zum Beispiel durch unsere letzte Beziehung so verletzt worden sind oder wegen der Kindheit ein ungelöstes Trauma haben und darum jetzt an uns leiden. Das alles ist die Verstrickung in der Wahrnehmung, die sich als innerer Schmerz und Angst zeigt. Es gibt keinen anderen Moment, als das Jetzt. Und im Hier und Jetzt sind wir die Ursache dafür, was wir fühlen. Darum ist das Alleinsein eine gute Übung, um in sich zu erkennen, welche Glaubensmuster und Ansichten da sind. Meine fünfjährige Zeit der Askese in den Bergen haben mir meine inneren Ansichten schonungslos offenbart. Ich war ihnen vollständig ausgeliefert, das Resultat war eine schwere Depression.

Meine Depression war dann das Ende der Illusion, der Schmerz, der mich aufwachen liess.

Wir glauben einer Illusion, bis sie uns im Herzen und im Körper so sehr weh tut, dass der Schmerz uns zwingt es zu verändern und zu erkennen, dass wir in unseren Ansichten, Vorstellungen und Prinzipien nicht die Wahrheit und das Glück des Lebens finden.

Also bin ich die einzige Person, die mir wirkliches Leid zufügen kann.

Mit der Hilfe der Angst und dem «Secret Healing Code» kann ich mich vollständig unbesiegbar und unverletzbar machen. Indem ich mich von der leidbringenden Ursache, die in meinem eigenen Denken, meiner Identifikation mit der Angst und meiner Wahrnehmung liegen, distanziere. Je mehr ich die Ursache meiner Angst in meiner Vergangenheit und in den anderen Menschen suche, desto schwieriger wird die Situation und sie verstrickt mich in Streitereien, Beziehungsprobleme und weitere Angst. Mit unserer Überzeugung und dem Glauben an unsere Gedanken geraten wir in eine ablehnende Haltung zu unserem Umfeld und fühlen uns unverstanden.

Kennst du das? Dass du andere kritisierst hast und ihnen böse oder schlechte Absichten unterstellt hast? Wie viele Beziehungen haben wir abgebrochen, wie viele Streitereien angefangen, weil wir uns in unserem Denken verloren haben. Einem Konstrukt, das unsere Wahrnehmung vernebelt hat und vorgaukelt, wir seien emotional abhängig und müssten uns wehren und von schlechten Einflüsse befreien. In Wahrheit sind wir der einzige schlechte Einfluss für uns selbst, indem wir unachtsam und unbewusst in unserem Denken verstrickt sind.

Wie viele Menschen haben wir abgelehnt, weil wir dachten, sie mögen uns nicht, nur weil wir unsere Wahrnehmung und Angst für real gehalten haben und sie uns eigentlich liebten und immer nur das Beste für uns wollten?

Sowohl bei meinen Patient*innen, als auch in meinem eigenen Leben, habe ich immer wieder erfahren müssen, dass ich genau diejenigen Menschen am meisten ablehnte, die ich selbst am meisten liebte. Weil ich mich in meinen eigenen Interpretationen über Liebe und Beziehung verfangen habe und meine Angst vor Ablehnung selbst alle Ablehnung erzeugte. Dazu später mehr im Kapitel der Verlustangst.

Stell dir vor, du könntest hinter deine Angst kommen und würdest dich nie mehr abgelehnt fühlen? Was wäre das für ein Leben? Wie würdest du dich in deinen Partnerschaften, mit deinen Eltern und deinen Freund*innen fühlen? Für mich hat das bedeutet, dass ich ich selbst werden konnte. Dass ich mich entspannt habe und alle sozialen Phobien verschwanden. Ich traute mich plötzlich vor Menschen zu sprechen, vor ihnen zu singen und vor ihnen zu versagen. Ich traute mich, Fehler zu machen, nein oder ja zu sagen, launisch zu sein und zu tun, worauf ich Lust hatte. Es ist die ultimative Freiheit. Ich bin mit mir. Nur mit mir.

Und wenn ich vor mir selbst keine Angst habe, dann habe ich vor niemandem Angst.

Jedes Mal, wenn wir unseren Gedanken über andere Menschen glauben, welche diese in die Position bringt, dass sie uns bewerten, sollten wir die Gedanken überprüfen und uns davon distanzieren. Denn hier zeigt sich, dass wir uns über diese Menschen bewerten, was uns unfrei macht und Beziehungen zerstört. Angst, Einsamkeit, Verletzung und Ablehnung entspringen aus der Identifikation mit unserem Denken und besonders unserer Gedanken hinter der Angst, den Zweifeln, die daraus entstehen und der Widersprüchlichkeit des Denkens. Das Überwinden von Selbstzerstörung, Misserfolg,

Selbstzweifeln, Unglück und Leiden beginnt, wenn wir Selbsterkenntnis im Denken suchen.

«Es geschehe uns nach unserem Glauben», sagt Jesus .

«Du wirst morgen sein, was du heute denkst», sagt Buddha.

Im Denken liegt keine Weisheit. Wissen ist keine Weisheit. Weisheit entspringt aus der Tiefe, da wo wir die Identifikation von den Gedanken lösen und in den Raum hinter dem Denken kommen. Wissen ist leer und sobald wir etwas wissen, spüren wir, dass wir gar nichts wissen. Wahrheit ist weder schwarz noch weiss. Warum hast du recht, warum der andere unrecht? Je nach Standpunkt beide, keiner, einer...da lässt sich nichts Stabiles und Berechenbares darin finden. Wie können wir Einklang und innere Harmonie finden, wenn unser Denken den Charakter der Gegensätzlichkeit hat? Wenn wir im Denken nach der Wahrheit fragen, entstehen aus einer Frage zehn neue Fragen. Wenn wir im Herzen nach der Wahrheit suchen, werden wir auf eine Frage zehn Antworten bekommen. Wenn wir unserer Angst glauben, dann wird diese Angst eine Überzeugung, die uns immer wieder einengt, immer wieder einholt und stets die gleichen leidvollen Erfahrungen bringt. Das kann chronische Angststörungen auslösen. Diese Störungen, begleitet von Panik und Angst, lassen sich mit dem «Secret Healing Code» innerhalb von wenigen Wochen lösen.

Die Angst ist die älteste und stärkste emotionale Instanz

Ich erachte die Angst als die grösste lebenserhaltende Kraft. Angst kann den Menschen über sich hinauswachsen lassen. Sie ist die älteste Instanz und kommt aus den alten Hirnteilen des Reptilienhirns. Jedes Geschöpf auf diesem Planeten hat Angst: die Spinne, das Krokodil, die Katze, die Ente, der Mensch und der Fisch. Alle fühlenden Wesen haben Angst. Angst ist ein grundlegender Überlebensmechanismus. Angst vor der Angst entsteht, indem wir Angst besiegen, unterdrücken und verdrängen wollen. Die Angst vor der Angst heilt, wenn ich sie verstehen lerne und die Kraft aus ihr für mich nutzen kann.

Der Kampf gegen die Angst ist somit gleichzeitig der Kampf gegen mich selbst und meine stärkste innere Kraft. Wenn sich die Kraft der eigenen Angst gegen mich richtet, kann das sehr krank machen. Sie kann uns in Selbstmord oder Selbstverletzung sowie andere psychische Notlagen treiben, denen wir nur noch mit starken Medikamenten Herr*in werden.

Ich selbst habe meine jahrzehntelangen, diffusen Ängste so lange unterdrückt, bis sie zu schweren Panikattacken führten. Und ich habe viele Patient*innen, denen es gleich ergeht, wir mir damals. Die Entstehung von Panik und Angststörungen und deren Heilung verlaufen immer gleich. Das macht es einfach und sehr berechenbar. Wer diesen Weg zurück geht, hinter all die negativen Ansichten der Angst, kommt zu innerer Ruhe und Frieden. Dieses Ziel ist fraglos erreichbar, der Weg meiner Patient*innen fällt jedoch unterschiedlich lange aus, je nach Bereitschaft, die Werkzeuge des «Secret Healing Codes» konsequent und langfristig anzuwenden.

Deine Panik ist heilbar! Das ist auch für dich möglich!
Glaube daran! Beginne heute die Übungen dieses Buches umzusetzen!

Zum heutigen Zeitpunkt weiss ich, dass alle meine Symptome wie Erschöpfung, Bulimie, Depression, Angst, Panik und Wahnvorstellungen nur eine logische Folge der Unterdrückung meiner Angst und meiner Gefühle waren, welche durch die Identifikation mit meinen Gedanken, mit Rollenbildern und Bewertungssystemen entstanden sind. Diese Loslösung von angelernten und erworbenen Rollenbildern, Persönlichkeitsvorstellungen und dem damit verbundenen Denken zu trainieren, ist der Weg in die Freiheit schlechthin. Diese Ideen sind menschengemacht, je nach Kultur und Alter unterschiedlich und keine gute Orientierung, um innerlich stark, gesund und frei zu werden.

Kein Mensch ist therapierbar in der Angst. Angst ist der Widerstand schlechthin. Angst ist Misstrauen und darin kann ich kein neues Vertrauen finden und mein Herz öffnen.

Oft habe ich in meiner Praxis erlebt, dass ich meinen Patient*innen wirkungsvolle Werkzeuge mitgegeben habe und es doch an der Umsetzung scheiterte. Die Umsetzung bedeutet, mich mit neuen Sachen und mit all dem, was mich abstösst, was ich bewerte und mir unangenehm ist, zu konfrontieren. Diese Konfrontation macht uns von Natur aus Angst. Die menschliche Natur vermeidet die Konfrontation mit dem Unangenehmem. Darum brauchen wir hier oft eine Lehrer*in oder Coach, die hilft, den Sprung ins kalte Wasser zu wagen, um die ersten befreienden und heilenden Erfahrungen zu machen, wenn wir Angst lösen und begreifen, wie der Weg funktioniert und wie wir ihn dann mutig allein weiter gehen können.

Die Heilung der Angst basiert zwar auf einem neuen theoretischen Verständnis der Angst, liegt aber ganz klar im Tun: Das neue Handeln aus einer anderen Haltung zu sich, dem Leben und den eigenen Vorstellungen.

Angst – deine Beschützerin!

Die Angst ist dazu da, unser inneres und äusseres Leben zu schützen und uns vor Verletzung und Tod zu warnen. Die Stimme der Angst zeigt sich als die pessimistische Stimme im Kopf, die gern übertreibt und stets das Schlimmste sieht. Angst ist dazu da sicherzustellen, dass wir mit dem Worstcase Szenario unseres Lebens in Kontakt kommen und es vermeiden können. Daher ist ihre Stimme nicht sanft, sondern ermahnend. Sie macht aus einer einer Mücke einen Elefanten, weil sie will, dass wir die Bedrohung sicher nicht übersehen. Es ist ihre Aufgabe, die mögliche Gefahr wie durch eine Lupe zu vergrössern.

Vielleicht kennst du das, dass die Angst in keinem Verhältnis steht zur realen, sichtbaren Gefahr. Angst ist nie realistisch. Angst ist pessimistisch und eine Dramaqueen. Und wenn die Angst uns mal vor etwas warnen will, dann können wir kaum mehr ausweichen. Sie ist auch nicht dazu da, dass wir ausweichen, will sie uns ja schützen. Und es geht ihr ja nicht um irgendetwas Belangloses, sondern um die Grundlage unseres Lebens, nämlich unser Überleben – emotional wie physisch. Die Angst erzeugt damit den klassischen Tunnelblick.

Darum können wir Angst nicht lösen durch Ausweichen. Weil die Angst dann stärker wird und unser Tunnelblick noch intensiver, was viele von Panikattacken kennen.

Stell dir das mal so vor: Dein dreijähriges Kind will über die Strasse laufen und hat keine Ahnung, dass da eventuell grad ein Auto kommen kann. Du sagst mit normal lauter Stimme: «Bitte bleib auf dem Gehweg.» Dein Kind hört nicht, es lacht, weicht dir aus und rennt grad extra auf die Strasse. Was machst du? Du wirst laut, schreist oder gehst zum Kind, um es festzuhalten und zurück zum Trottoir zu holen. Genau so funktioniert jede Angst. Wenn du sie versuchst zu überhören, dich abzulenken oder ihr auszuweichen, dann wird sie lauter. Und immer lauter, bis sie dich in der Nacht weckt und morgens deine ersten Gedanken mit ihrer Warnung erfüllt. Viele meiner Klient*innen gehen genau dann zum Arzt und bekommen Psychopharmaka, damit sie schlafen können. Und unterschwellig wird die Angst immer lauter und lauter. Sie wurde nicht gehört, nicht erkannt, nicht berücksichtigt. So kommt es dazu, dass trotz Medikamenten die Angst immer wieder kommt und ein Absetzen der Psychopharmaka kaum möglich ist ohne eine heftige Verschlimmerung zu erleben.

Angst lösen wir, indem wir uns ihr stellen und hinhören.

Die Botschaft der Angst zu verstehen bedeutet diese Stimme in uns zu begreifen, welche dazu angelegt ist, Gefahr zu vermeiden und vorausschauend für Sicherheit zu sorgen. Daraus folgt, dass die Angst vor der Angst die Angst verstärkt, da man mit Angst vor der Angst sich der Angst nicht stellen kann. Die Angst bezieht sich meist auf die Zukunft und möchte Probleme, Sorgen, Verluste und Versagen, Tod und Verletzung vermeiden. Ein grossartiger Dienst. Anerkennen wir die Angst dafür, dass sie unser Bodyguard ist und so loyal wie kein Mensch ist und 24 Stunden für uns bereitsteht. Diesen treuen Freund zu verdrängen ist unvernünftig und schadet unserem Karma, indem es uns grosses Leid erzeugt.

Nichts verstärkt die Angst so sehr, wie das Vermeiden von Angst.

Wenn wir die Angst als Beschützer*in begreifen wird es uns möglich, mit ihr eine Beziehung aufzubauen. Dazu empfehle ich meinen Patient*innen, sich die Angst als

Tier vorzustellen, das mächtig und stark ist, jedoch auch sympathisch und als Schutztier betrachtet werden kann. Dazu eignet sich Eule, Adler, Bär, Wolf, Tiger oder Löwe sehr gut. Durch das Personalisieren der Angst können wir sie neben uns stellen. Das ermöglicht eine Distanz zu den damit verbundenen Gedanken. Distanz vereinfacht so die Kommunikation damit.

Die wichtigste Frage an die Angst ist diejenige nach dem Allerschlimmsten, was passieren könnte. Ihr zuzuhören macht sie sofort sanfter. Sobald wir bereit sind zu hören, was so schlimm sein könnte, können wir beginnen mit ihr zu arbeiten. Daraus kann eine Chance entstehen in unserem Leben, Freiheit und positive Veränderung zu manifestieren. Die Botschaft der Angst zu verstehen ist für viele meiner Patient*innen zu Beginn des Coachings sehr schwer. Viele Frauen entscheiden sich deshalb für eine persönliche Unterstützung, weil es von grosser Hilfe ist, jemanden an der Hand zu haben, der sich auskennt mit dem Bewältigen von tiefliegenden und schweren Ängsten aus schwierigen Lebenserfahrungen.

Meine Patient*innen können zwar oft erkennen, dass die Angst eine Beschützerfunktion hat und bauen mit ihr eine Beziehung auf, aber sie schaffen es dann nicht wirklich zu verstehen, was die Angst jetzt genau will und was sie tun können, um die Angst in Freiheit und Gelassenheit zu transformieren.

Um die Botschaft der Angst zu verstehen, dürfen wir die Sprache der Angst zuerst kennenlernen.

Wenn die Angst uns in der Gegenwart vor einer zukünftigen Gefahr warnen will, so spricht sie zu uns über die Gefühle einer vergangenen Erfahrung und der Interpretation dieser Erfahrung, die in unserem Unterbewusstsein gespeichert ist. Daher fühlen viele meiner Patient*innen in der Angst die alten «Traumata». Konkret heisst das, die Angst will uns vor einer zukünftigen Verletzung, einem Leiden oder einer anderen Gefahr warnen, indem sie uns das Bild und das Gefühl einer alten Erfahrung zeigt, in dem sie das Thema und das Ausmass der bevorstehenden, möglichen Gefahr beschreibt. Daher erscheint uns die Angst als ein Gefühl, das uns aus der Gegenwart in die Vergangenheit oder die Zukunft bringt. Aufgrund dieser Tatsache wird die Angst oft als der Hauptgrund angesehen, dass wir die Verbindung zum Jetzt verlieren. Das Gegenteil ist der Fall: Die Angst will uns den Grund zeigen, warum wir uns nicht mit dem Hier und Jetzt verbinden können und was zwischen uns und unserem Frieden steht.

Die Angst bringt uns in Verbindung mit uns. Die Angst bringt uns in Verbindung mit dem Moment und mit der Möglichkeit uns JETZT zu befreien vom Leiden.

Es ist die Angst vor den Ansichten hinter der Angst, die uns von uns trennt. Es ist die Angst vor den Überzeugungen hinter der Angst, die uns vom Moment trennt.

Es gibt keinen anderen Moment, als diesen einen, gegenwärtigen Moment. Alles, was wir denken und fühlen, bezieht sich immer aufs Jetzt. Auch wenn wir Gedanken über die Vergangenheit und über die Zukunft haben. Wenn wir jetzt mit unseren Gedanken in der Vergangenheit sind, dann weil uns das jetzt daran erinnert. Genauso, wenn wir in der Zukunft sind und uns vor der Zukunft fürchten, dann ebenfalls, weil der Ursprung dazu im Jetzt liegt. So können wir in unserer Angst und den Gedanken über Vergangenheit und Zukunft lesen, und ihre Botschaft hören, damit wir uns im Hier und Jetzt von allem befreien können, was uns einengt, abhängig macht, in Ohnmacht, Schmerz, Leid oder Krankheit bringt. Ohne mit der Angst kommunizieren zu lernen und ihre Botschaft zu verstehen, können wir uns nicht von Leid und Fremdbestimmung heilen.

Angst ist der Schlüssel zur Freiheit.

Ich kann nicht frei werden ohne die Angst zu verstehen.

Angst hat keine neuen Ideen und wir können, eine uns noch unbekannte Gefahr, nur über unsere vergangenen Erfahrungen begreifen. Die Angst nutzt die Sprache unserer Erfahrungen, um uns die drohende Gefahr begreiflich und fühlbar zu machen.

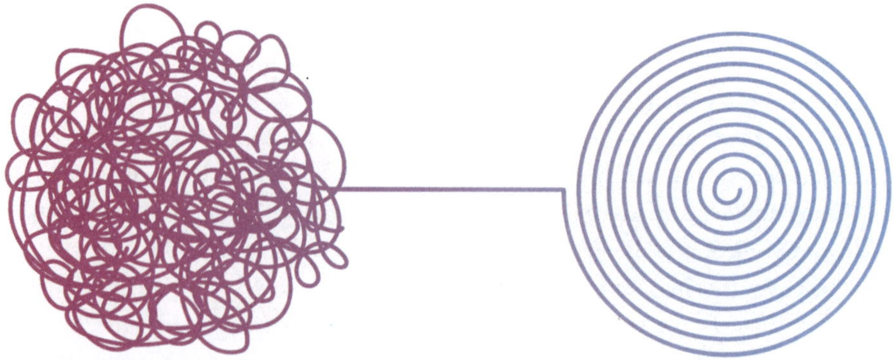

Isabelle

Im Alter von 20 bis 25 Jahren erlebte ich wiederholt sexuellen Missbrauch in einer spirituell-emotionalen Abhängigkeit. Ein Trauma entstand durch diese emotionale Manipulation und hat mich dazu getrieben etwas zu tun, was ich nicht tun wollte. Später in meinem Leben, als ich diese Erfahrung noch nicht gelöst hatte, erinnerte mich meine Angst in jeder Situation von drohender emotionaler Abhängigkeit, an diesen sexuellen Missbrauch und die damit verbundenen Schuld-, Scham- und Erniedrigungsgefühle. Das passierte auch in Momenten, in denen ich zum Beispiel nur gefallen wollte, mein Gegenüber keinerlei Druck auf mich ausübte oder auch keine Erwartungen hegte. Dieses ständige Erinnern an den sexuellen Missbrauch wurde als «schwere Traumatisierung» diagnostiziert. Keine Traumatherapie hat mir jedoch geholfen, sondern diesen Schmerz nur noch verschlimmert, sodass ich schlussendlich das Gefühl hatte, auch meine Eltern hätten mich missbraucht. Das hat mich dazu gebracht, die damalige Traumatherapie abzubrechen. Irgendeine weise Stimme in mir sagte, dass ich meine Eltern liebe und es mir schadet, über sie solch schlimme Sachen zu denken. Dieses «Missbrauchstrauma» machte mich unfähig, Beziehungen zu Freund*innen und Partnern zu halten. Schon nach kurzer Zeit hatte ich Angst vor Manipulation, Ausbeutung und Missbrauch. Nur mithilfe grosser emotionaler Distanz hielt ich Menschen aus, was mich unglaublich einsam machte.

Erst als ich nach jahrelangem Erforschen meines Innenlebens herausgefunden hatte, dass meine Angst vor Missbrauch mich vor weiterem Missbrauch warnen will und mich dazu auffordert, mich abzugrenzen, mich selbst zu schützen und für mich einzustehen, begann die Angst vor Missbrauch ruhiger zu werden. Ich erlaubte mir Wut und Einstehen für meine Bedürfnisse. Ich habe gelernt zu meinen Erwartungen zu stehen und mit Menschen Diskussionen zu führen, in denen ich einmal recht und einmal unrecht hatte. Ich lernte dank des grossen Drucks, den die Angst auf mich ausübte, mich zu emanzipieren und das Mindset zu entwickeln, um in mir stark zu bleiben und mich zu zeigen als das, was ich bin.

Ohne die Botschaft der Angst und den schlimmen Bildern und Gefühlen, die sie mir immer wieder vor Augen führte, hätte ich nicht gewagt, mich zu befreien. Ich hätte auch nicht die Kraft dazu gehabt. Die Angst hat mir geholfen, meine Traumata zu überwinden. Ich konnte mich selbst finden in den Situationen, in denen ich versucht war, aufgrund meines angepassten Bewertungssystems mich selbst zu unterdrücken und nach dem Willen der anderen Menschen zu formen. Die Angst war die grosse Heilerin. Sie hat mich erzogen. Sie hat mir den Weg in die Freiheit gezeigt. Darum liebe ich heute meine Angst wie nichts anderes und folge ihr mit grossem Vertrauen überall hin. Sie befreit mich noch immer. Immer tiefer und immer weiter. Heute reagiert meine Angst kaum mehr mit alten Bildern des Missbrauchs. Aber ich weiss, diese Erfahrung ist da. Sollte ich mich wieder in eine Situation begeben, wo ich mich selbst unterdrücke, verleugne und emotional abhängig mache, dann wird sie mich wieder warnen und erschüttern, bis ich mutig in die Konfrontation gehe und zu mir stehe. Lange hatte ich sehr viel Angst. Und ich habe erkannt, auch bei meinen Patient*innen, dass Menschen mit viel Angst für viel Freiheit geboren werden.

Freiheit entsteht da, wo wir aus unserer Komfortzone ausbrechen
und weiter gehen, als wir es für möglich und sicher halten.

Freiheit zu erreichen braucht eine grosse Motivation. Und diese Motivation ist das Leid in der Angst. Die Sehnsucht, Angst und Leiden zu überwinden, ist für die meisten meiner Patient*innen der Antrieb, sich selbst neu zu erschaffen und ihre eingefahrenen, alten Gewohnheiten und Überzeugungen loszulassen. Und der Weg, den meine Frauen mit dem «Secret Healing Code» gehen, führt in die absolute Freiheit durch den rechten Umgang mit der Angst. Dank dieser Erfahrung habe ich gelernt, wie die Angst mit mir spricht, ich habe gelernt, dass sie mich mit schlimmen Bildern und Gefühlen davor warnen will, meine Freiheit wieder zu verlieren. Durch diese Erfahrung bin ich zur absoluten Freiheit bestimmt, wie alle Menschen mit Angst und psychischen Leiden zur Freiheit bestimmt sind. Die Angst gibt erst dann Ruhe, wenn wir unsere Glaubensmuster überwunden haben, die uns immer und immer wieder die Realität von Schrecken, Ausbeutung, Ohnmacht und Fremdbestimmung verursachen.

Ich durfte in Beziehungen eine ganz neue Haltung finden und lernen, vollständig ich selbst zu sein. Wenn ich zu mir stehe, mir ein klares "Ja" und "Nein" erlaube und vor allem stets mit dem Glauben an mich verbunden bin, dann bin ich unverletzbar, unabhängig und stets in Resonanz mit der Fülle und Freiheit des Lebens. Ein Wunder. Meine Angstheilung ist mein persönliches Wunder. Sie hat mir die tiefe Wahrheit über das Leben offenbart und tut es noch immer Tag für Tag. Ein unglaubliches Abenteuer. Dank der Angst habe ich alle Kraft zur Verfügung, um all meine verrückten Ziele und Projekte ins Leben zu rufen.

GROWTH
ZONE
COMFORT
ZONE

Angst lösen und ihre Botschaft verstehen

Angst und Ohnmacht tauchen in unserem Leben als eine Warnung und Wahrnehmung auf, die uns sagen will, dass wir unseren Fokus auf eine Haltung, einen Glaubenssatz oder eine Ansicht gelegt haben, welche unserer Freiheit, unserer Gesundheit und unserem inneren Frieden schadet. Die Angst vor der Angst will uns sagen, dass wir Ansichten zur Angst glauben, die uns schaden. Diese Ansichten stellen die Angst als etwas Negatives, Gefährliches und Fehlerhaftes dar, anstatt in ihr einen inneren Helfer zu erkennen und sie als Teil unserer Natur zu sehen. Wer gegen die Angst kämpft, kämpft gegen sich und die Natur. Es gibt kein Wesen, das keine Angst hat.

Es ist überheblich, hochmütig und ein Verschwenden von Energie, gegen die Angst zu kämpfen. Es ist das "Sich-Erheben" über die Natur der Dinge. Auf diese Haltung will die Angst vor der Angst hinweisen und uns davor warnen, dass wir mit dieser Einstellung nie Frieden und Wohlergehen im Herzen finden können. Somit ist ebenfalls die Angst vor der Angst eine sehr weise Wahrnehmung, die uns zurück zur Natur, zu uns selbst und unserem Wesen führen kann, wenn wir bereit sind, sie zu hören und ihre Stimme als Freund zu akzeptieren. Jede Angst ist der Aufruf, den Fokus und die Haltung zu ändern, da diese uns auf Dauer schadet, einengt und zu chronischen Krankheiten und nervösen Körpersymptomen führen kann.

Bei Selbstheilung geht es nicht darum, positiv zu denken, sondern den Sinn im negativen Denken zu finden und es überflüssig zu machen. So kommen Optimismus und Positivität von alleine. Positivität und Optimismus im Denken sind ein Zeichen einer gesunden Lebenshaltung und eines gereinigten Unterbewusstseins. Es geht im Leben nicht darum, immer positiv zu denken. Damit unterdrücken wir die Stimme der Angst und können ihre Kraft und Botschaft nicht mehr nutzen. Viele meiner Patient*innen erwarten jedoch, immer positive Gedanken zu haben. Wenn sie negativ denken, dann fürchten sie, aus dem Flow gefallen zu sein und nicht mehr mit sich in Verbindung zu sein.

Wenn wir die Angst erkennen und verstehen, dann wissen wir, dass sie den Fokus auf den Worstcase legt. Und genau hier liegt der Charakter und auch der Sinn der Angst. Wir können nie aus dem Flow fallen, ausser wir bewerten uns selbst dafür, was ist. Sich selbst für die Angst zu bewerten, erzeugt Angst vor der Angst und das Gefühl von Abtrennung vom Leben. Angst ist so eng mit dem Leben verbunden wie kein anderer innerer Helfer. Folgen wir ihr, indem wir lernen zu tun, was uns Angst macht und dahin zu schauen, wo Angst und Widerstand sind, werden wir die lebendige Freiheit und das erfüllte Leben finden.

Wenn wir verändern wollen was ist, macht uns das unglücklich und krank. Wie wäre es, wenn wir nicht die Angst bewerten, sondern ihr Fragen stellen würden? Wie viel leichter, sicherer und sinnerfüllter wäre unser Leben? Die Angst vor der Angst wäre Geschichte und kein Problem mehr für uns. Was wäre, wenn wir allgemein mehr Fragen stellen würden, statt die Dinge zu bewerten?

Für alle, die jetzt denken, das kann doch nicht so einfach sein, warum wissen das denn nicht mehr Menschen? Dazu möchte ich festhalten: Jesus, Buddha, Zen Buddhismus und Schamanismus führen uns alle in die Konfrontation und nicht in die Komfortzone. Doch weil wir Menschen stets der Trägheit folgen, die Komfortzone suchen und inneren Frieden mit äusserer Befriedigung verwechseln, ist die Versuchung gross, den leichten Weg zu wählen.

Tue, wovor du Angst hast und was dir unangenehm ist und befreie so alle deine Kraft und alle Freiheit

Die meisten Menschen, die ich kenne und die Frauen, die ich begleite, suchen stets nach den Dingen, die sich für sie angenehm und gut anfühlen. Nach Harmonie im Aussen oder dem leichten Weg, Probleme zu lösen, was oft das Ignorieren eines Problems ist oder das Wegschauen und sich ablenken mit Fernsehen, Handy, Essen, Party oder anderen Zerstreuungen zur Folge hat. Und genau das ist die Ursache für die Zunahme von Depressionen, Motivationsstörungen, Burnouts und Angstzuständen. Je mehr wir die Komfortzone suchen, desto stärker werden die Trägheit, Stagnation und schlussendlich Angst.

Um Angst in Freiheit zu transformieren, darfst du lernen zu tun, wovor du Angst hast und darin eine neue Einstellung gewinnen, die dich zur Herrin der Situation macht!

Was ist, wenn wir die Art und Weise ändern, wie wir unser Leben führen? Anstatt immer das Wohlige, Warme und das Leichte zu suchen und unser Leben darauf auszurichten, dass wir alle Widerstände vermeiden, könnten wir beginnen, die Herausforderung zu suchen: Den Widerständen begegnen und uns immer wieder aus der physischen, emotionalen und mentalen Komfortzone bringen. Das wäre einem friedlichen, starken Herzen, einem kraftvollen, gesunden Körper und einem freien Geist zuträglich.

Wer aussen Leichtigkeit sucht, bekommt innere Schwierigkeiten.
Wer im Aussen die Herausforderung sucht, bekommt innere Leichtigkeit.

Ich selbst mache es seit Jahren nur noch so. Ich folge der Angst und tue, was ich vermeiden will. Interessanterweise habe ich über diesen Weg mein höchstes Potenzial gefunden, um den Weg meines Innen in mein Aussen zu manifestieren und immer grössere Herausforderungen in Leichtigkeit zu schaffen. Es ist für mich der Sinn des Lebens schlechthin geworden. Mich immer wieder meinen «Feinden» im Innen und Aussen zu stellen und sie zu überwinden. Es macht mir Freude, gibt mir Kraft und lässt mich unglaubliche Dinge erreichen. Mit einer Portion Risiko ist das wohl verbunden, was aber mein Leben spannend, aufregend und interessant macht. Wenn wir die

Gesetze der Energie und des Lebens erkennen und dahinter blicken, dann sind diese Risiken keine Risiken mehr, sondern das Nutzen von universellen Gesetzen, um meine persönlichen Wunder zu erzeugen.

Eines dieser unumstösslichen Gesetze ist das Prinzip der Konfrontation. Das heisst, es sich zur Angewohnheit zu machen, sich damit zu konfrontieren, was Angst macht, was ich vermeiden möchte oder auf die lange Bank schiebe. Diese Sachen zu tun macht glücklich. So verfahre ich mit dem Haushalt, meiner Buchhaltung, der Unternehmensführung, der Partnerschaft, den Kindern, meiner Gesundheit, mit dem Kung Fu und meiner täglichen spirituellen Praxis und halte alles in Schwung, in Lebendigkeit und Harmonie. Es bedeutet in Beziehung zu gehen mit den Dingen, ohne etwas unter den Teppich zu kehren. Es bekommt alles Dynamik, Leben und eine Beständigkeit in der Unbeständigkeit. Ich suche das Mühsame, das Schwere, das Verwirrende und finde darin das Leichte, Erfolgreiche und die Klarheit.

Im tibetischen Buddhismus gibt es die spirituelle Tradition von langen, beschwerlichen Wanderungen durch die Berge. Es sind Wandermönche, die sich alle paar Meter zu Boden werfen. Die Tibeter glauben, je beschwerlicher die Wanderung, desto tiefer ist die Reinigung. Das ist ein schönes Bild für den Weg in die Freiheit und die Realität hinter der Angst.

Mein Vater sagte mir 2012 kurz vor meiner Scheidung, als ich eine Panikattacke hatte: «Isabelle, du musst einsehen, dass du das Drama brauchst.» Ich war damals entsetzt und fand diese Aussage lieblos und hart. Heute weiss ich, mein Vater hat mich in meiner wahren Natur erkannt. Ich suche stets die grössten und schwersten emotionalen Herausforderungen. Das ist seit meiner Pubertät so. Herausforderungen, die mich an den Rand des psychischen Gleichgewichts bringen und ich nur überwinden kann, wenn ich meinen Verstand und mein Denken loslasse und mich dem Leben in Vertrauen hingebe. Wenn die Herausforderungen mich nicht aus der Komfortzone bringen, dann habe ich die Fähigkeit, so lange die Situation zu verschlimmern, bis sie mich umhaut und mir den Sinn des Lebens auf einer noch tieferen Ebene offenbart. Mein Bestreben geht dahin, auszubrechen aus dem, was ich kenne. Dafür bin ich gemacht. Und darum bin ich eine gute Heilerin für emotionale und ängstliche Frauen, da diese Frauen dafür gemacht sind, absolute Freiheit und Bewegung in die Welt zu bringen.

Interessanterweise habe ich bemerkt, dass die meisten Frauen, die eine Depression oder ein Burnout hatten, den Sinn des Lebens suchen und emotionale Frauen sind, die in sich die Fähigkeit haben, sich mit den schwersten Herausforderungen des Lebens zu konfrontieren – wie ich auch. Je mehr sich diese emotionalen Frauen in ihre Komfortzone zurückziehen, desto grösser wird ihr Leiden, ihre emotionale Abhängigkeit und ihre Unzufriedenheit. Sie wollen Leben erschaffen und mit ihren Gefühlen den Sinn des Herzens erforschen. Erst wenn sie den Weg der Konfrontation in meinem Coaching kennenlernen und sich mit all ihren Beziehungen auseinandersetzen, erkennen sie sich. Mit Mitgefühl und der Überwindung allen Leidens finden sie Ruhe, Zufriedenheit und beginnen sich so zu lieben, wie sie sind. Sie finden Sinn in ihrer Emotionalität, eine tiefe spirituelle Erfahrung und oft eine Aufgabe. Emotionale Frauen haben die Fähigkeit, tiefen Sinn in grossen emotionalen Herausforderungen zu finden und diesen Sinn der Welt zugänglich zu machen. Oft sind es Heiler*innen, Botschafter*innen und spirituelle Führer*innen. Die Frau in ihrer Emotionalität ist ein magisches Wesen, welches in sich den Sinn des Lebens und die Magie der Schöpfung trägt. Darum ist das geheilte Herz einer Frau ein Geschenk der Liebe und des Mitgefühls an die ganze Welt.

Diese Emotionalität ist nur dann eine Schwäche, wenn wir sie für ein Leben in der Komfortzone nutzen wollen. Dafür ist sie nicht gemacht. Emotionale Frauen finden Ruhe, wenn sie grosse emotionale Herausforderungen meistern, sich mit ihren Gefühlen und ihrer Angst konfrontieren und die Probleme in ihren Beziehungen anschauen. Sie sind die Hüter*innen der Beziehung und der Solidarität.

Wie wäre es, wenn du dich mit deiner Angst konfrontierst und in dir die Kraft deiner Gefühle für Frieden, Solidarität, Mitgefühl und Sinn des Lebens finden würdest? Die Welt braucht dich. Die Welt braucht gesunde Frauen und gesunde Mütter. Indem du aufwachst und lernst zu tun, was du vermeidest und wovor du dich fürchtest. Dass du dir deiner Kraft und deiner Aufgabe in dieser Welt bewusst wirst. Die Aufgabe der Frau ist das Erhalten und Gebären von Leben. Und sie erreicht es mit ihrer emotionalen Kraft. Eine depressive oder erschöpfte Frau und Mutter ist ein Armutszeichen einer Gesellschaft, die den falschen Weg eingeschlagen hat.

Die vorangegangene Konfrontation mit meinen Gefühlen und mit dem Leid meines Lebens ermöglichte mir eine schmerzfreie Geburt meines dritten Kindes. Die zwei davor waren wirklich schwer und die dritte dann eine Offenbarung. Bei der Geburt von

Emma habe ich verstanden, dass der Schlüssel zu einer schmerzfreien Geburt meine Gefühle und meine Emotionalität war. Schwangerschaft macht allgemein emotionaler. Das macht Sinn und ermöglichte, meinen Gefühlen während der Geburt freien Lauf zu lassen. In der Eröffnungsphase war ich vor allem traurig, gerührt und berührt.

Im Band II erkläre ich Trauern noch genauer. Hier sei nur so viel dazu gesagt, dass Trauer dasjenige Gefühl ist, welches uns in die Ruhe, Entspannung und ins Loslassen bringt und unseren Körpertonus senkt. Die Trauer und die Rührung diente dazu, mein Herz zu öffnen. Ich konnte spüren, dass mit jeder Wehen-Welle und jeder Träne mein Herz weiter wurde und ich begann, alles zu lieben. Und je offener mein Herz wurde, desto weicher wurde mein Körper. Ich spürte wie mit jeder Wehe mehr Hormone in meinen Körper flossen und mich in einen Zustand der Trance versetzten – ähnlich wie das Gefühl, übermässig verliebt zu sein, nach einem wundervollen Orgasmus. Ich erkannte den Zusammenhang von einem offenen Herzen und einem offenen Muttermund. Mein Herz öffnete den Körper, um das Baby zu entlassen.

Wenn meine Patient*innen den «Secret Healing Code» und damit ihr Herz für sich wieder öffnen lernen, entspannt das auch den Körper. Es ist immer wieder der gleiche Mechanismus. Heile dein Herz und dein Körper wird heil. Öffne dein Herz und dein Körper kann empfangen. So habe ich das erlebt bei Frauen, die zu mir ins Coaching kamen, weil sie keine Kinder bekommen konnten. Als sie durch die Konfrontation mit ihrer Angst ihr Herz öffneten, wurden sie schwanger. Selbst solche Frauen, deren Hormonhaushalte sehr gestört waren.

Ich bin heute davon überzeugt, dass schmerzhafte Geburten von der Verhärtung der Frauenherzen herrühren. Und Verhärtung entsteht, wenn wir immer die Komfortzone suchen und unsere Angst unterdrücken, anstelle uns ihr zu widmen und uns von den Ansichten, die dahinter liegen, zu befreien.

Je mehr wir in die Angst hineinzuhandeln lernen, mit einem grossen Vertrauen in uns selbst, umso mehr finden wir das Paradies des Mitgefühls, des offenen Herzens, des Vertrauens und der Aufhebung des Schmerzes und des Leidens.

Ich habe sogar erkannt, dass diese Neigung stets das Schwierige zu suchen, meine grosse Fähigkeit ist, die mich auf dem Weg meiner Persönlichkeitsentwicklung durch alle Ängste in die Freiheit und die Weite des ewigen Sinns führt. Wenn ich in den emotional schwersten Herausforderungen das rechte Handeln und rechte Denken bewahre, kann ich in grossartige Dimensionen des Bewusstseins und eine Realität der Wunder kommen, in denen unglaublich viel Anziehung für Liebe und Fülle in meinem physischen Leben besteht. Ich weiss inzwischen, wenn in meinem Leben der Flow abhandengekommen ist und sich Probleme zeigen, von denen ich die Lösung nicht kenne, die Lösung darin liegt, mich emotional mit verdrängten Herausforderungen zu konfrontieren, was oft einfach bedeutet, die Wohnung zu putzen, Rechnungen zu bezahlen oder mit meinen Kindern oder meinem Mann einen Konflikt zu besprechen.

Isabelle

Meine erste Assistentin war für mich eine grosse Enttäuschung. Sie hat mich ausgenutzt, hat mein Vertrauen missbraucht, die Arbeit schlecht gemacht und viele Kosten verursacht. Am Schluss hat sie mich nach der Kündigung vor das Arbeitsgericht gebracht. Ich selbst sah mich vor die Situation gestellt, die Schuldige zu sein, ohne dass ich dagegen etwas tun konnte. Natürlich hat es mich wütend gemacht und viele Nächte konnte ich nicht schlafen, weil ich mein Unternehmen bedroht sah. Doch ich wusste, wenn ich ihr die Schuld gebe, dann gehe ich leer aus. Ich wusste, dass ich diese Angst mit den Erfahrungen und Überzeugungen erschaffen hatte. Ich fand die Ursache dieser Erfahrung in meinem Missbrauchsmuster und den daraus entstandenen Ansichten: Die Überzeugung, dass mich Menschen leicht ausnützen können und ich nicht nein sagen kann.

Als ich das erkannte, wusste ich, was zu tun ist: das, wovor ich Angst habe. Ich bedankte mich bei meiner Assistentin und schenkte ihr meine Zeit, Geld und Aufmerksamkeit – ohne sie zu bewerten. Als wir das Arbeitsverhältnis beendeten, entschädigte ich sie grosszügig. Kurz darauf wurde ich mit dem Verkauf von vielen Coachings «belohnt». Ich löste ein emotionales Muster und zog damit Fülle an. In diesem Fall finanzielle Fülle. Seither habe ich keine schlechten Erfahrungen mehr gemacht mit Angestellten oder Teammitgliedern. Heute habe ich die Haltung, dass niemand mehr mich ausnutzen oder verletzen kann. Und seither ist es auch nie wieder passiert.

Solche Beispiele sollen verdeutlichen, dass wir es in der Hand haben, mit schlechten Erfahrungen und Konflikten positiv umzugehen. Wagen wir in die Angst hinein zu handeln und genau das Gegenteil von dem zu tun, was unsere Intuition rät, dann sind wir imstande, höchste Fülle anzuziehen und die Resonanz für schwierige Erfahrungen zu ändern. Das ist ein Grund, warum meine Patient*innen in meinem Coaching schnell und häufig Heilung erleben. Überzeugungen zu durchbrechen dauert oft nicht lange. Es braucht eine Entscheidung und eine mutige Tat. Und schon dreht sich das Rad in eine andere Richtung und bringt dir mehr als du je erwartet hast, in einer Leichtigkeit, die in deinem Leben bisher unmöglich schien.

Das ist die Magie der inneren Alchemie des «Secret Healing Codes», welche ich oft als Zauber oder Magie bezeichne und die für meine Klient*innen wie ein Wunder erscheint.

Je mehr wir das Schwierige suchen, desto leichter findet uns die Leichtigkeit.

Wenn wir das Schwierige körperlich suchen, dann wird das Schwierige körperlich einfach. Wenn wir das Schwierige emotional suchen, dann werden die emotionalen Herausforderungen einfach. Wenn wir schwere spirituelle Aufgaben suchen, so kommt der Sinn des Lebens einfach zu uns.

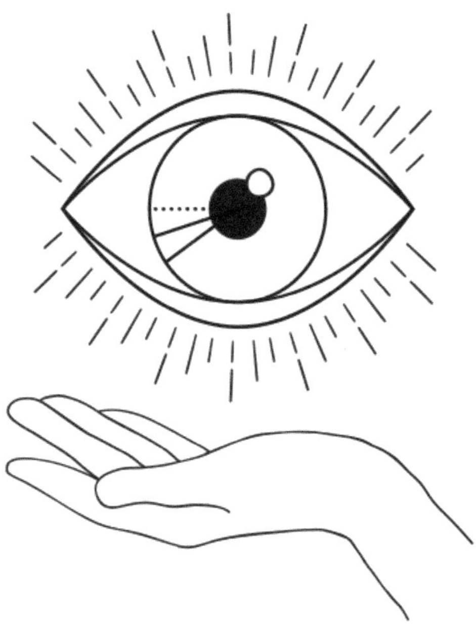

Verlasse deine Komfortzone und finde Sicherheit und Selbstvertrauen

Wenn ich Angst habe und tue, wovor ich Angst habe, werde ich immer ein Erfolgserlebnis haben. Immer. Auch wenn das Resultat dieses Tuns, dieser Handlung keinen Ruhm bringt und keinen Erfolg im gesellschaftlichen Sinn darstellt. Es wird immer ein persönlicher Erfolg sein. Warum ist das so? Aus dem alleinigen Grund, weil der Charakter der Angst das Drama ist. Weil die Angst immer sehr übertreibt und uns das Problem, die Gefahr auf das Hundertfache vergrössert. Die reale Gefahr ist hingegen meist nicht mehr als fünf Prozent dessen, was die Angst uns sagt. Wenn wir uns mit unserer Angst konfrontieren und tun, wovor wir Angst haben, erleben wir genau dieses Phänomen: Es ist viel weniger schlimm als erwartet! Das führt zu einer grossen Erleichterung und zu der wichtigen Erfahrung: Konfrontiere dich mit der Angst und dann heilst du!

Wenn wir in die Angst hineinhandeln ist die erste Erfahrung in der Regel: Es ist gar nicht so schlimm, wie es scheint. Und die zweite Erfahrung ist, dass es meist besser kommt, als wir erwartet haben.

Wenn ein Tiger vor mir stünde, würde die Angst zu mir sagen: «Der Tiger wird dich auffressen!» Wenn ich wegrenne, dann mache ich den Tiger erst recht zur Gefahr, weil ich den Jagdtrieb in ihm wecke. Wenn der Tiger für unsere Probleme steht, mit denen wir uns nicht konfrontieren, unsere Konflikte, die wir nicht ansprechen, aufgrund unseres mangelnden Glaubens an uns, dann verfolgt uns dieser Tiger sogar bis in unsere Träume. Ein sehr häufiges Phänomen. Wenn ich tue, wovor ich Angst habe, nämlich mit einem starken Selbstvertrauen auf ihn zuzurennen, ist es sehr wahrscheinlich, dass der Tiger von mir ablassen wird oder sich als kleiner Kater erweist. Meine Angst war also wenig begründet.

In meinen Programmen erlebe ich, wie ich Patient*innen in die Sichtbarkeit ihrer Gaben oder ihres Wesens begleite. Sie alle denken, wenn sie jemandem erzählen, was sie machen und denken, dann finden mich alle blöd und ich werde bestraft. Tatsächlich ist es dann so, dass eine kleine Gruppe allenfalls nicht einverstanden ist mit dem, was sie machen, ein Grossteil hingegen fühlt sich inspiriert und viele stehen neutral dazu. Sobald wir uns erlauben, den Fokus auf diejenigen zu legen, die unsere Arbeit und unser Wesen schätzen, erfahren wir, dass unsere Sichtbarkeit einen grossen Nutzen für andere hat. Unsere Angst vor Sichtbarkeit verwandelt sich in Heilung und meldet sich nie wieder in diesem Ausmass.

Je mehr positive Erfahrungen ich in denjenigen Bereichen sammle, in denen ich Angst habe, desto stiller wird die Stimme der Angst und desto grösser wird mein Selbstvertrauen und meine innere Sicherheit. Nicht selten verstecken sich hinter der Angst ein Talent oder eine ungeahnte Fähigkeit. Therapeutisch arbeitende Menschen wurden durch die Beschäftigung mit dem «Secret Healing Code» viel feinsinniger und fanden in sich neue Fähigkeiten, wovon ihre Patient*innen profitierten.

Der Mut, mit einem selbstbewussten Denken in die Angst zu handeln,
erzeugt echtes Selbstvertrauen und unerschütterliche innere Sicherheit.

Du wirst die Königin deines Lebens und findest alle Macht und Selbstbestimmung in deinem Leben, wenn du beginnst, zu tun wovor du Angst hast. Das gibt Kraft und Perspektiven und wird dir mehr Möglichkeiten eröffnen, um zu tun, was du wirklich willst und Projekte zu wagen, an die du früher nicht einmal zu denken gewagt hast.

Mit dieser Methode habe ich inzwischen sehr viele Dinge erreicht und damit mein Wunsch- und Traumleben selbst erschaffen. Ein Leben, das sich von Tag zu Tag mehr öffnet, in dem Veränderung und Entwicklung einfach sind und mich täglich Magie begleitet. Ein Leben, indem ich mich in mir nicht mehr gefangen fühle und meine Beziehungen lebendig, stark, loyal und frei sind. Ich liebe mich so wie ich bin, weil ich das Wunder der Natur in mir und meinem Innenleben erkenne und weiss, ich erreiche alles, was ich wirklich will, wenn ich bereit bin, mich mit meiner Angst zu konfrontieren und mich dem Flow des Lebens zu überlassen. Aus meinem Inneren habe ich die Fähigkeit gewonnen, meine existenzielle Grundlage mehr als ausreichend zu decken. All das kannst auch du erreichen. Bedenke, wo mein Weg begonnen hat. In der tiefsten Nacht einer Erschöpfungsdepression mit Panikattacken und Wahnvorstellungen. Auch ich habe irgendwann damit beginnen müssen, zu tun, wovor ich Angst habe. Das ist der Anfang und der Weg in deine anhaltende und sich täglich erweiternde Freiheit. Angst hört nie auf, aber die Freiheit, das Vertrauen und die Sicherheit im Umgang mit der Angst wird immer grösser.

Lernen zu tun, wovor ich Angst habe, indem ich an mich glaube und meine Haltung so wähle, dass sie mich in der Situation frei und weit macht, das ist die innere Alchemie des «Secret Healing Codes», wie wir Angst in Freiheit verwandeln und ihre Kraft für die Befreiung und das Erkennens unseres Potenzials nutzen können. Wage weise zu sein.

Wage zu tun, wovor du Angst hast.

Wage deinem Leiden in die Augen zu blicken, um es zu überwinden.

Das öffnet dein Herz.

Hinter der Angst liegt der Weg des Herzens.

Weil es der einzige Weg ist, wo die Angst sich nicht verstärkt und sich Vertrauen, Selbstliebe und Gelassenheit bilden.

Ich bin mir bewusst, dass dies für viele ein neuer Gedanke ist. Dass der Herzensweg durch die Angst geht, durch eine lebenslange Konfrontation mit der Angst und der Trägheit der Komfortzone, um in der Freiheit und in der Liebe zu bleiben. Im Buddhismus ist das eine der edlen vier Wahrheiten: Zu durchschauen, dass das Leben im Daseinskreislauf leidvoll ist und wir es selbst in der Hand haben, das Leiden zu überwinden.

Auch ich habe früher geglaubt, der Liebe und dem Herzen folgen bedeutet der Freude, der Leichtigkeit zu folgen und habe alles vermieden, was schwere und unangenehme Gefühle verursachte.

“ *Das Paradies liegt hinter der Angst.*

Das Paradies erschaffst du mit dem Mut deines Glaubens an dich. Jesus ging den Weg der Konfrontation mit der Angst durch den Glauben voraus und bewies uns, dass der Glaube ans Leben sogar den Tod überdauern kann. Hier möchte ich anmerken, dass der Glaube von Jesus nicht nur Glaube war, sondern eine tiefe Überzeugung. Wir können alles schaffen, wovon wir überzeugt sind. Finden wir die passende Überzeugung und wir schaffen, was wir wollen. Der Ort, an dem die Fülle und Liebe dich von alleine finden, liegt hinter der Angst. Das Göttliche offenbart sich in allem und kommt zu dir, wenn du wagst, durch die Wand der Angst zu gehen. Die Angst ist das Nadelöhr in den Himmel. Segen gehört denen, die nicht auf die Zweifel hören und sich lediglich dem einfachen, leichten und mühelosen Denken zuwenden, sondern sich mutig den scheinbar unüberwindbaren Grenzen des Aussen, der Projektion unseres beschränkten Bewusstseins durch einengende Ansichten widersetzen. Zu tun wovor ich Angst habe, ist der schmale Grat, der steinige Weg, der dich ins Reich der Harmonie, des Friedens und der ewig sprudelnden Quelle von Leben, Kraft und Nahrung führt. Wage ihn zu gehen und du wirst nie wieder Mangel leiden, weil das Leben selbst zu deiner nährenden Mutter geworden ist.

Geschichte des heiligen Franziskus von Assisi, wie er einen wilden Wolf mit zähmte

Zum Schluss dieses Kapitels möchte ich die Geschichte des heiligen Franziskus von Assisi, einem christlichen Heiligen, der die Wundmale Christi trug und mit den Tieren sprechen konnte, erzählen, um dir die Kraft zu verdeutlichen, die sich entfaltet, wenn wir tun, wovor wir Angst haben.

«Eines Tages, so erzählt eine alte Chronik, weilte der heilige Franziskus in der Gegend von Gubbio, in deren Wäldern ein grosser, schrecklicher Wolf sein Unwesen trieb. Nicht nur verschlang dieser Wolf andere Tiere, er griff sogar Menschen an. Die Bewohner trugen deswegen aus Angst Waffen bei sich und bald wagte keiner mehr, die Stadt zu verlassen. Als Franziskus dies zu Ohren kam, beschloss er, in den Wald zu ziehen und dem Wolf entgegenzutreten. Die Bürger von Gubbio rieten ihm von seinem Vorhaben ab.

Der barmherzige Franziskus liess sich jedoch nicht abhalten, bekreuzigte sich und zog los. Begleitet wurde er dabei von vielen Bürgern, die das Zusammentreffen beobachten wollten. Mitten im Wald rannte der Wolf mit geöffnetem Rachen dem Franziskus entgegen. Dieser zeigte aber keine Angst. Er bekreuzigte das herannahende Tier und rief ihm zu, näher zu kommen. Auf einmal schloss der furchtbare Wolf den Rachen, verlangsamte seinen Lauf und legte sich wie ein Lamm zu Franziskus Füssen nieder. Franziskus sprach zum Wolf: «Bruder Wolf, du hast grossen Schaden in dieser Gegend angerichtet. Du hast nicht nur Tiere getötet, sondern auch Menschen gemordet und zerrissen. Wenn du mir versprichst, die Menschen nicht mehr zu kränken, will ich versuchen zwischen dir und ihnen Frieden zu stiften.»

Nachdem der Wolf gezeigt hatte, dass er die Worte verstanden hatte, sprach Franziskus weiter: «Bruder Wolf, da auch du den Frieden willst, mache ich dir folgenden Vorschlag: Die Menschen werden dir bis zu deinem Lebensende zu fressen geben. Du musst keinen Hunger mehr leiden. Dafür musst du aber versprechen, weder einem Menschen, noch einem anderen lebenden Wesen je wieder etwas zuleide zu tun.» Der Wolf neigte gehorsam den Kopf. Um das Versprechen zu bekräftigen, streckte Franziskus seine Hand aus. Das ehemals wilde Tier legte seine Pfote hinein und ging mit ihm in die Stadt, um den Frieden zu besiegeln. Die Menschen, die dies sahen, waren sehr verwundert, und die Kunde über diese Wandlung des einst bösen Wolfes verbreitete sich schnell in der ganzen Stadt. Der Wolf lebte noch zwei Jahre in der Stadt Gubbio. Ganz zutraulich wandelte er durch die Strassen, ohne jemandem etwas zu leide zu tun. Die Menschen versorgten den Wolf und als er nach zwei Jahren an Altersschwäche starb, waren sie alle sehr traurig.» (aus «Die 13 Siegel der Macht» von Bernhard Möstl)

Lernen wir von dieser Geschichte, dass in die Angst hinein zu handeln Wunder bewirken kann und wir damit Feinde, Schwierigkeiten und Hindernisse überwinden und in Freiheit, Frieden und Freude verwandeln können. Die Konfrontation mit der Angst ist für mich und meine Patient*innen eine Quelle für Fülle und Befreiung geworden, die sich von selbst auf magische Weise ergibt. Die Arbeit mit dem «Secret Healing Codes» hat schon oft dazu geführt, dass Jahre alte Leiden wie chronische Schmerzen, Süchte, Asthma und andere Allergien, Bluthochdruck, schwere Menstruationsschmerzen und Kinderlosigkeit verschwanden und neben der Heilung auch grosses Glück und tiefe Gelassenheit hinterliessen.

Die 3 Schritte zur Überwindung von Angst

1. Angst von der Wahrnehmung trennen

- Nimm eine Haltung des Beobachtens und Erforschens deiner Gedanken ein, wenn du Angst hast.
- Diese Haltung gibt dir Distanz zur Angst und gibt dir Raum, um nicht unbewusst zu handeln.
- Leg den Fokus in dein Innen. Das gibt Erleichterung, weil die Angst uns oft warnt davor, anderen Menschen mehr zu vertrauen als uns selbst und etwas zu tun, was wir nicht wollen.
- Nimm wahr, dass du Angst hast und werde dir bewusst, dass diese Stimme in deinem Kopf nicht Realität ist, oft sehr stark übertreibt und du jeden Moment noch die Macht und Kraft hast, die Situation zu verändern.
- Erkenne welche Erfahrungen und Erlebnisse der Vergangenheit der Angst dienen, um dich zu warnen vor möglichen Fehlern oder schlimmen Konsequenzen.
- Erkenne diesen Schmerz in der Vergangenheit an und erlaube dir alle Bedürfnisse zu haben, die du jetzt hast.

2. Stelle eine Beziehung zu deiner Angst her

- Wenn du dich in die Beobachterposition zurückgezogen hast und Distanz gewonnen hast zu den Gedanken der Angst, dann hast du die Möglichkeit zu deiner Angst, deiner inneren Beschützerin, eine Beziehung aufzubauen und eine tiefe Befreiung zu erzeugen.

- Personalisiere deine Angst, indem du ihr ein Gesicht und eine Farbe verleihst.
- Meine Erfahrung hat gezeigt, dass sich Tiere, wie die Eule, der Bär, der Adler, der Tiger, der Löwe oder Falke gut eignen. Wenn du eine Farbe wählst, dann sollte diese eine helle und liebliche Farbe sein. Kein Schwarz, rot oder grau.
- Versuch die Angst in einem Tier oder einer Farbe darzustellen, die dir ein gutes und freundliches Gefühl von Sicherheit vermitteln.

Dieses Tier oder diese Farbe stellst du neben dich und beginnst mit ihr zu kommunizieren.

Höre ihr zu und nimm sie ernst. Wie ein Kind, das Angst hat.

Frag sie: *«Was ist das allerschlimmste, das passieren könnte?»*

Hör genau zu, was sie antwortet.

Im Worstcase Szenario steckt der Glaubenssatz verborgen, der damit zu tun hat, dass du glaubst mit der Situation nicht umgehen zu können und daran zu Grunde zu gehen, was oft mit Todesangst assoziiert wird.

Dann bedanke dich bei ihr für ihre wichtige Warnung.

Suche nun nach der Haltung und den Gedanken, die dir Zuversicht und Kraft geben den schlimmsten Fall auszuhalten, ihn zu lösen, eine Perspektive zu finden oder sogar darin Entspannung zu finden.

Wiederhole das mit jeder Angst und jedem Moment, indem du Angst hast.

3. Entscheide erst jetzt, was du tun möchtest und welche Entscheidung für dich die Richtige ist.

Erst wenn du das Szenario des schlimmsten Falls hinter der Angst erkannt und einen Umgang damit gefunden hast, findest du die nötige Entspannung, um nicht aus der Angst zu entscheiden und zu handeln.

Erst jetzt bist du fähig, eine Entscheidung zu treffen, welche dir nützt und nicht mehr aus der Erfahrung der Angst kreiert wird.

Das ist die Konfrontation mit der Angst.

Und 90 Prozent aller Angst erfordert keine Handlung, nur die Konfrontation mit der Angst und eine neue, bewusst gewählte Haltung zur Situation, welche dich herausfordert.

www.NATUERLICHTSCHUMI.com

KAPITEL VII

Verlustangst durch Konfrontation loslassen und tiefes Vertrauen und grosse Kraft finden

Verlustangst ist die Angst hinter der Angst. Verlustangst ist die Angst, die alles von dir trennt und abstösst, was du wirklich liebst. Verlustangst ist der Fluch des menschlichen Lebens und auch die Grundursache von allem emotionalen Leiden. Wenn du deine Selbstheilungskräfte und dein Herz vollkommen erfüllen willst, dann darfst du lernen, die Verlustangst zu überwinden und mit ihr alle Fremdbestimmung und Abhängigkeit loszulassen.

Jede Angst dreht sich in der Tiefe um die Verlustangst:

Angst verlassen zu werden.

Angst nicht dazu zu gehören.

Angst zu versagen.

Angst zu verlieren.

Angst alt zu werden.

Angst verurteilt zu werden und Anerkennung zu verlieren.

Angst die Eltern zu verlieren.

Angst die Kinder zu verlieren.

Angst meine Macht, meinen Einfluss zu verlieren.

Angst Achtung und Respekt zu verlieren.

Angst Sicherheit zu verlieren.

Angst Geld zu verlieren – Existenzangst.

*Angst die Partner*in zu verlieren.*

Angst die Gesundheit zu verlieren.

Angst davor manipuliert, bestohlen oder ausgeraubt zu werden.

Und schlussendlich Angst das Leben zu verlieren, was sich in Todesangst zeigt.

Die Verlustangst ist der Mechanismus und erzeugt die erschöpfenden Muster und Abwärtsspiralen, die dem Burnout, der Depression, dem Unglück und vielen Traumata zugrunde liegt. Ebenfalls werden die meisten Beziehungsprobleme durch Verlustangst ausgelöst. Viele Eheprobleme meiner Patient*innen, alle Trennungen und Kontaktabbrüche mit den Eltern, basieren auf einer Summe von Verlustängsten. Sorgen, Überforderung und Angst um die Kinder basieren auf Verlustangst. Die Verlustangst lässt uns nächtelang wach liegen, Panikattacken erleben und Wutanfälle haben. Die

Verlustangst ist das Gefühl hinter der Herzverletzung oder wenn wir gefühlt das Vertrauen in eine Person verlieren.

Jedes Mal, wenn wir verletzt werden,
dann ist die Verletzung die Wahrnehmung von Verlustangst.

Kennst du das auch? Die quälenden Gefühle einen unwiderruflichen Fehler gemacht zu haben und nun etwas zu verlieren, was dir wichtig und lieb ist? Kennst du diesen Schmerz im Herzen, wenn du etwas falsch gemacht hast und jemanden verärgert hast und diese Person dir den Rücken kehrt? Diese Kombination von Scham, Schuld und Wut, der Schmerz in deinem Herzen, von dem du denkst: «Das halte ich nicht aus»?

Das ist der Schmerz der Verlustangst. Ein Zerreissen des Herzens.

Kennst du die Angst, dass du jemanden verlierst? Dein Kind, deine Partner*in oder Mann, deine Eltern, deine Freund*in oder auch dein Haustier? Kennst du diese Situationen, in denen du bereit bist, alles zu tun, nur um diese Person nicht zu verlieren? Kennst du die Angst, dass dich jemand, den du magst, verstösst und du darum deine Bedürfnisse nicht zu zeigen wagst oder dich anpasst? Kennst du die Angst davor, dass andere schlecht über dich denken? Du spürst, wie sich alles in dir verschliesst und du dich nicht mehr traust zu sprechen oder du selbst zu sein? Wie du angespannt und ernst wirst und dir Energie entzogen wird? Das ist Verlustangst.

Es gibt keinen grösseren Energieräuber als die Verlustangst. Sie ist es, die uns den Stecker zieht. Nicht die Menschen in unserem Umfeld. Nicht der Partner oder die Eltern. Wenn uns jemand Energie zieht, dann weil wir bei dieser Person Verlustangst haben. Und zwar nicht nur Verlustangst im Sinne von der Furcht diese Person zu verlieren, sondern oft auch die Angst, mich selbst in der Gegenwart dieser Person zu verlieren, weil ich mich nicht traue, ich selbst zu sein und es nicht schaffe, bei mir zu bleiben.

Interessant nicht? In der Begleitung mit dem «Secret Healing Code» habe ich erlebt, wie viele Frauen ihre Partner verlassen haben oder Freundschaften gekündigt haben, weil sie fühlten, dass sie in dieser Beziehung Energie verlieren. Und sie dachten oft, das sei ihr Gegenüber, das ihnen nicht guttäte oder zu dominant wäre, weil sie spürten, dass sie nicht sie selbst sein konnten in dessen Gegenwart. Wir kennen nun schon die Funktion der Wahrnehmung und die Leere der Aussenwelt, der nur wir selbst Bedeutung geben.

Wenn wir Energie verlieren, dann nicht wegen den anderen. Immer nur wegen uns selbst und unseren Vorstellungen und Ansichten, die uns anbinden an unser Umfeld.

Unsere grösste Verlustangst ist es, uns selbst zu verlieren.

Und so ist es tragisch, dass die Frauen, die mich aufsuchten, genau die Menschen verliessen, die sie eigentlich am allermeisten liebten – aus einer unerkannten und ungelösten Verlustangst. Diese Tatsache zu erkennen und zu verstehen ist für viele eine grosse Erkenntnis und sie finden wieder die Liebe hinter all ihren Schmerzen. Sie finden die Liebe ihrer Eltern wieder, ihrer Kinder und sie sehen sogar wieder die Liebe in all ihren Freundschaften und Beziehungen, die sie haben und hatten.

Verlustangst treibt alles von uns weg, was uns berührt. Ich selbst habe das in meinem Leben sehr bitter erfahren müssen: Verlustangst zu haben, alle Menschen zu verlieren und dann abhängig und allein dazustehen. Das ist der Inbegriff der absolut zerreissenden Einsamkeit. Durch die Verlustangst wird uns die Fähigkeit genommen, tiefe Herzensbeziehungen einzugehen. Unsere Beziehungen werden oberflächlich und sind geprägt von Misstrauen und Missverständnissen. Wir wählen Freunde, die uns weniger berühren und weniger inspirieren, damit wir nicht verletzt werden, wenn wir sie verlieren. Das ist verständlich und habe ich auch so gemacht. Und ich dachte, das sei vernünftig und ich wäre endlich erwachsen geworden und hätte gelernt, was zu mir passt und mich nicht provoziert. Ich fühlte mich gut damit und hatte tatsächlich keine so grossen Streitereien und Dramen mehr in Beziehungen. Aber ich war innerlich leer, suchend und nicht zufrieden. Ich war unterfordert und fühlte mich einsam. Immer wieder hatte ich unerklärliche Existenzängste und depressive Phasen. Diese Phasen hörten erst auf, als ich begann zu verstehen, dass ich mir selbst auswich und mir etwas vormachte, dass ich mich zufrieden gab mit oberflächlichen Beziehungen und einem Leben, das ich nicht intensiv fühlte. Tief in meinem Inneren war ich intensiv. Wollte fühlen und erleben und mich mit Dingen und Menschen verbinden. Meine schlechten Erfahrungen im Leben mit dem Verschliessen des Herzens zu lösen, war offensichtlich keine Lösung.

Sich der eigenen Verlustangst zu stellen, bedeutet wirklich zu wachsen und wirklich frei zu werden und Intensität, Gefühl und Verbindung zum Leben zu finden. Die meisten Frauen, die zu mir kommen, leiden darunter, dass sie sich vollkommen verloren haben. Sie spüren sich nicht mehr. Sie fühlen sich verlassen und oft einsam. Das Leben hat an Sinn verloren, ist schal und fade geworden. Sie erinnern sich noch an ihre Vergangenheit, als sie temperamentvoll und mutig waren, als sie ins Leben vertraut haben und die Leidenschaft leben konnten. Irgendwie ist jetzt alles eingeschlafen und scheint abgestorben. Alles nur noch Routine, Gewohnheit und keine Hochgefühle. Ekstase und Ausflippen vor Freude, Lachen und vor Glück tanzen, das ist schon Jahre her. Sie haben ihr Leben verloren. Ihre Leidenschaft. Ihre Lebenslust und auch oft ihre sexuelle Lust. Sie haben den Sinn verloren und ihre Visionen. Sie sind nur noch für die anderen da. Für den Haushalt, den Alltag und die Arbeit. Dieser Zustand von Sinnlosigkeit, von Einsamkeit und Existenzangst ist eine innere, grosse Blockade durch die Verlustangst.

Diese zu lösen führt meine Patient*innen zum Durchbruch ihres Lebens. Die Verlustangst zu lösen bedeutet für sie, ein Leben voller Fülle zu erschaffen und in sich anzukommen. Meine Patient*innen finden durch die Lösung der unbewussten Verlustangst so tiefe Entspannung, innere Ruhe und Sicherheit, dass ihre körperlichen Symptome heilen und ihre Beziehungen aufblühen und so manche Frau, die keine schöne Beziehung mehr zu erleben hoffte, fand einen tollen Partner.

Franziska

Franziska kam zu mir ins Königinnen-Programm, weil sie quälende finanzielle Existenzängste hatte und dadurch sehr erschöpft, gestresst und entmutigt war. Oft konnte sie nicht schlafen oder lag stundenlang mit Angst wach. Ihr Mann war selbständig und Franziska fühlte sich oft sehr verantwortlich, ihrem Mann zu helfen. Oft schämte sie sich dafür, war aber so unruhig damit, dass sie Panik hatte und in der Nacht nicht schlafen konnte. Die Existenzängste nahmen ihr die Lebensqualität.

Ich erklärte Franziska, dass ihre Existenzängste eine Form der Verlustangst sind und sich hinter der Existenzangst tiefe Abhängigkeiten verbergen und ungesunde Überzeugungen. Gemeinsam konfrontierten wir uns mit der Angst und fanden die Überzeugungen, die hinter ihren Existenzängsten steckten. Wir lösten gemeinsam diese tiefe Verlustangst und Franziska fand tiefe Ruhe. Sie bemerkte, dass hinter ihrer Existenzangst die Angst um ihre Familie steckte und dass sie sich in ihrer Familie keinen

Raum gab. Dass sie für alle immer da war und fürchtete, dass ohne ihr Engagement nichts mehr funktionieren würde und auch ihr Mann in seiner Selbständigkeit grosse Fehler machen würde. Sie erkannte, dass sie sich aufgrund dieser Verlustängste nicht abgrenzen konnte und ständig ihre physischen und psychischen Grenzen überschritt, um für ihre Familie da zu sein.

Wir trainierten zusammen, wie sie den Fokus wieder mehr zu sich selbst nehmen konnte. Wie sie sich löste von dem übermässigen Verantwortungsgefühl für ihre Kinder und ihren Mann. Je mehr Franziska erkannte, dass sie so viel Verantwortung für ihre Familie übernahm, weil sie ihnen eigentlich nicht vertraute, konnte sie wählen, ihrer Familie zu vertrauen und ihnen Verantwortung zu übergeben.

Franziska lernte sich abzugrenzen, indem sie Verantwortung abzugeben lernte und dadurch Vertrauen fand. Selbst in schweren Gesprächen mit ihrem Vater konnte sie nun ihre Meinung vertreten und "Nein" sagen. Diese Befreiung ermöglichte, dass sich jahrzehntelange Beziehungsprobleme mit ihrer Familie innerhalb weniger Tage lösten. Ihre Existenzangst wurde kleiner und kleiner und ihr Schlaf von Tag zu Tag ruhiger und besser. Schlussendlich löste sich alle Angst vor Armut und Geldnot, indem sie die Verantwortung über die Buchhaltung einem kompetenten Treuhänder abtrat und ihrem Mann vertraute, dass er seine Selbständigkeit erfolgreich selbst führen kann. Zwei Monate später hatte ihr Mann einen so guten Umsatz wie schon seit langer Zeit nicht mehr.

Franziskas Beispiel zeigt, dass die Ursache von Existenzangst oder anderen Verlustängsten oft in Abhängigkeiten liegt und in Überzeugungen, die uns zu viel Verantwortung für andere übernehmen lassen.

Franziska war nicht mehr frei, weil sie so viel für alle anderen tat. Und ihre Familie war auch nicht mehr frei. Indem sie sich um sich selbst kümmerte und ihrem Mann Vertrauen schenkte, losliess, wurde die Verlustangst zum Sog von Leichtigkeit und Erfüllung und ihr Mann konnte aus sich selbst viel mehr finanzielle Fülle erreichen.

Verlustangst lösen bedeutet Anziehung für Fülle generieren.

Verlustangst lösen bedeutet loslassen und dadurch frei sein.

Diese Tatsache macht die Verlustangst zum wirksamsten Transformationswerkzeug des «Secret Healing Codes». Sie ist der Ort, wo wir Stein zu Gold machen können. Sie ist der geheime, verborgene Teil, der dem «Secret Healing Code» den Zusatz «Healing» gegeben hat. Die Verlustangst zu überwinden ist das grosse Geheimnis des Weges Jesu und Buddhas. Sie alle haben das lebendige Leben erworben und das Leid überwunden, weil sie Herrscher über ihre Verlustangst wurden.

Stell dir vor, du hast den Schlüssel in den Händen, der all die schwierigen Situationen in tiefes Berührt-sein, Verbindung, Harmonie und einen Gewinn verwandelt. Stell dir vor, du könntest schlechte Beziehungsdynamiken lösen und all die Wut, die aus Verletzungen entspringt, erlösen und Ruhe und Frieden finden. Wie sähe dein Leben aus? Wenn du in deiner Partnerschaft keine Verlustangst mehr hättest, keine Verlustangst um deine Eltern, um deine Kinder, deine Wohnung, deinen Job, deinen Ruf, deine Sicherheit, um Anerkennung, um Liebe, um deine Gesundheit, um deinen Körper?

In der Verlustangst verlierst du dich selbst und wirst abhängig

Ich möchte dir helfen, die Verlustangst als ein Werkzeug zu benutzen. Als einen Indikator und nicht ein Gefühl, das wir nie wieder fühlen sollen. Wenn wir Verlustangst als einen Wegweiser nutzen, um daran zu erkennen, wo wir stehen und was wir wirklich brauchen, dann kann sie zu einem segensbringenden, inneren Helfer werden. Es geht nicht darum, ein Gefühl vollständig weg zu haben, sondern darum, die Auswirkung eines Gefühls unter meine Kontrolle zu bringen, die Fähigkeit zu erlernen, in diesem Gefühl die Kraft und Botschaft zu nutzen, ein ausgeglichenes und leichtes Leben in Harmonie mit mir und meinem Umfeld zu erzeugen. So ist ein Mensch, der von aussen vollständig frei scheint, innerlich nicht zwingend frei von Angst und Verlustangst. Der Unterschied ist lediglich, dass dieser Mensch anders mit diesen Gefühlen umgeht, sich seiner Kraft bewusst ist und fähig, sie zu den eigenen Gunsten zu lenken.

Verlustangst ist also ein innerer Helfer, ein Indikator. Wofür?

Verlustangst stellt sich bei uns allen als die Wahrnehmung von Abhängigkeit ein. Sie kommt hoch, wenn wir uns an Dinge und Menschen verlieren und unser emotionales Wohlbefinden von ihnen abhängt. Das bedeutet, dass wir Dingen und Menschen die Macht geben, unser Verhalten, Denken und Fühlen zu beeinflussen. Dies kann ein altes Stofftier sein, welches ich als Kind ständig mit mir trug, mein Partner oder das eigene Kind. Verlustangst entsteht aus dem Glauben, dass wir etwas Bestimmtes brauchen, um glücklich, erfüllt oder gesund zu sein. Unser gesamtes Bewertungssystem spiegelt sich in der Verlustangst. Alles, wovon wir überzeugt sind, dass wir es brauchen, erzeugt Verlustangst, weil wir es verlieren könnten.

Daher ist Verlustangst etwas Individuelles. Nicht alle Menschen haben in Bezug auf dieselben Dinge Verlustangst. Verlustangst kann sich auch verändern. Darum ist sie nicht ein Charakterfehler, sondern ein Hinweis darauf, dass wir uns aus Unsicherheit und innerem Mangel, an eine Person oder ein Objekt verlieren und davon abhängig machen. Sobald wir versuchen unser Glück, unsere Sicherheit oder unser Wohlbefinden von äusseren Faktoren abhängig zu machen, erzeugen wir Verlustangst. Verlustangst ist oft sehr subtil und wir spüren nicht wirklich, dass wir Verlustangst haben. Sie zeigt sich eher in diffusen Sorgen um Menschen oder Dinge. Dass wir Dinge verlieren können, sie kaputt gehen können oder unseren Liebsten etwas passieren könnte. Wir bemerken, dass es uns schwerfällt, loszulassen und uns zu entspannen. Wir spüren eine Furcht, die Kontrolle zu verlieren und wollen daher überall helfen.

Cornelia

Cornelia kam ins Königinnen-Programm, weil sie starke Eifersucht und grosse Angst hatte, ihren Partner zu verlieren. Es war für sie die erste Beziehung mit solch grossen Verlustängsten. Für sie war es nicht verständlich, warum sie bisher nie solche Angst hatte und fand kaum einen Weg, damit umzugehen. Sie sah sich selbst, wie sie das Handy ihres Partners kontrollierte und ihm ständig misstraute. Als er ihr drohte, dass er sie verlassen würde, wenn sie nicht mit kontrollieren aufhörte, war das Grund genug, um ins Coaching zu kommen. Wir untersuchten ihre Verlustangst und fanden heraus, dass sie noch nie zuvor einen Mann so sehr geliebt hatte und noch keinen bisher so attraktiv fand. Ihre starken Gefühle für ihn und seine Schönheit verunsicherten Cornelia sehr und sie kam sich neben ihm wie das hässliche Entlein vor. Sie konnte es einfach nicht glauben, dass dieser Mann sie wirklich wollte und glücklich war mit ihr. Erst als wir an ihrer Selbstliebe und der Beziehung zu sich arbeiteten, lernte sie, seine aufrichtige Liebe annehmen und konnte beginnen, ihm zu vertrauen. Heute leben sie noch immer zusammen.

Die Verlustangst war hier der Grund, warum sie ihren Partner beinahe verloren hätte. Die Verlustangst trieb ihn weg, auch wenn er ihr seine aufrichtige Liebe entgegenbrachte. So geht es vielen Frauen, die ich begleite. Sie können die Liebe ihres Partners nicht annehmen, fürchten sich davor betrogen oder verlassen zu werden, passen sich an, bis sie selbst nicht mehr wissen, wer sie sind. Oft werden sie genau dann verlassen. Genau, dann, wenn sie eigentlich seine Hilfe bräuchten und sich vollkommen für ihn aufgegeben haben.

Verlustangst basiert also auf einer Haltung von Mangel an Selbstvertrauen, Selbstliebe und innerer Stabilität.

Verlustangst können wir phasenweise in unserem Leben vollkommen überwinden, doch sie kann zurückkommen, wenn wir uns in einer anderen Lebensphase wieder von äusseren Dingen abhängig machen. So erleben viele meiner Patient*innen das Auftauchen von starken Verlustängsten, wenn sie Mütter werden. Es ist möglich, dass mit der Geburt ihres Kindes zum ersten Mal Verlustängste aufkommen. Eine neue Situation kann andere und auch neue, unbewusste Ängste zu Tage fördern.

Je mehr wir fürchten, die Menschen um uns zu verlieren, uns um sie sorgen und ihnen gefallen wollen, desto schlechter ist unsere Beziehung zu uns selbst. Genau in den Punkten, in denen wir uns selbst ablehnen, entsteht die Neigung, sich vom Aussen das zu holen, was wir uns selbst nicht geben können. Sich selbst abzulehnen erzeugt mehr als alles andere die Neigung, sich von Mitmenschen, Partner*innen und Eltern abhängig zu machen. Diese Abhängigkeit erzeugt grosse Verlustangst.

Warum erzeugt Abhängigkeit grosse Verlustangst?

Je grösser unser inneres Leck an Selbstliebe und Selbstanerkennung ist und unser Herz nach Liebe und Geborgenheit dürstet, desto mehr verfallen wir Menschen, die uns Liebe geben. Solange diese Menschen da sind, geht es uns gut. Sobald aber diese Personen verschwinden, sterben, uns verlassen oder nicht mehr genügend Zeit für uns haben, beginnen wir Unwohlsein zu spüren und fühlen uns verletzt. Dieses Unwohlfühlen, dieser Schmerz und die Verletzung werden nicht durch unser Gegenüber erzeugt, im Gegenteil, dieses nimmt uns den Schmerz. Wenn unser Gegenüber aber nicht mehr da ist, um uns unsere innere Sehnsucht zu stillen, dann spüren wir unseren Mangel an Selbstliebe, Anerkennung und Selbstvertrauen.

Die meisten Menschen und Frauen, die mir begegnen, sind sich nicht bewusst, dass sie nicht durch ihr Gegenüber verlassen wurden und dadurch verletzt sind, sondern ihr eigenes Defizit fühlen, wenn niemand mehr da ist, der dieses von aussen auffüllt. Es ist eine Illusion, dass uns jemand verletzen kann. Wenn uns jemand sehr viel gibt, uns dann verlässt und wir klagen diese Person an, weil wir uns schlecht, elend und einsam fühlen, dann tun wir dieser Person grosses Unrecht an. Sie war stets da und hat uns gegeben, was wir selbst nicht fähig waren uns zu geben: Nämlich uns zu lieben. Wir sind dann wütend auf diese Person, anstatt sie dafür anzuerkennen, dass sie uns so lange geliebt hat und mit Liebe und Zuwendung versorgt hat. Diese Haltung verletzt unser eigenes Herz sehr. Und das unseres Gegenübers ebenfalls.

Es ist einzig und allein unsere eigene Aufgabe, uns zu lieben.

Celine

Celine kam zu mir ins Königinnen-Programm, weil sie sehr abhängig war von ihrem Ex-Partner. Er trennte sich von ihr schon vor einer Weile und hatte inzwischen eine neue Partner*in. Doch er meldete sich immer wieder bei Celine und wollte Sex. Celine liess sich jedes Mal auf ihn ein. Danach fühlte sie sich schrecklich, ausgenutzt und allein gelassen. Obwohl es jedes Mal wieder eine traurige Erfahrung war, stieg sie immer wieder auf seine Annäherungen ein. Sie fühlte sich von ihm sehr angezogen, sagte sie. Es sei wie magisch, sie könne ihm nicht widerstehen. Celine verstand dabei nicht, dass sie ihren mangelnden Selbstwert über ihren ehemaligen Partner kompensierte. Dieser wusste genau, was sie brauchte und hören wollte, damit sie sich wieder auf ihn einliess. Erst als Celine mit dem «Secret Healing Code» begann sich selbst zu lieben und mehr wertzuschätzen, konnte sie sich besser abgrenzen und nicht mehr so schnell verführt werden. Sie blieb dann für eine Weile allein, bis sie sich selbst lieben gelernt und keine Sehnsucht mehr nach einem Partner hatte. Darauf fand sie den Mann ihres Lebens.

Menschen mit grosser Verlustangst benötigen viel Anerkennung und Liebe von aussen. Sie haben nie gelernt, sich diese bedingungslose Liebe, die ein jeder Mensch für seine Freiheit und sein Glück braucht, selbst zu geben. Sie sind sozusagen stecken geblieben in den Kinderschuhen und der Abhängigkeit der Eltern. So ist oft die Verlustangst in unserem Leben, die sich in tiefe Depressionen, Panikattacken und Angststörungen steigern kann, die Ursache, dass wir den Weg in die Selbstliebe beginnen. Schritt für Schritt werden wir vollständig erwachsen, unabhängig und selbstbestimmt.

Verlustangst ist eine Kette zwischen uns, unseren Ansichten und dem Aussen

Viele Frauen fühlen sich gefangen, wenn wir die Zusammenarbeit beginnen. Gefangen und wie in Ketten gelegt. Sie wünschen sich, die Ketten zu sprengen und sich endlich wieder frei zu fühlen. Diese Ketten basieren auf Mustern und Gewohnheiten, die aus Verlustangst entspringen. Die Verlustangst zu überwinden bedeutet, die Ketten zu sprengen, um in unseren Beziehungen wieder frei und beweglich zu werden. Verlustangst zeigt, anders ausgedrückt, dass wir an Objekte oder Personen gebunden sind. Wir brauchen sie, wir wollen sie besitzen und wir sind nur frei, wenn sie bei uns sind.

Im Buddhismus ist das eine grosse Ursache allen Leidens: Dieses Brauchen und Wollen, dieses Verlangen nach Dingen und Menschen, nach äusserer Erfüllung und äusserer Freiheit. Solange wir äussere Freiheit haben, Menschen, die uns lieben und Dinge, welche wir besitzen, fühlen wir uns gut, sicher und gelassen. Doch was passiert, wenn man diesen Menschen diese äusseren Dinge wegnimmt? Fühlt sich diese Person noch immer in ihrer Mitte, ausgeglichen oder geht es ihr nun schlecht? In unserem heutigen Leben voll von Ansprüchen können wir nicht mehr sehen, dass diese Anhaftung oder Ankettung eine emotional unreife Reaktion ist, welche mit Selbstliebe und Ablösung von der äusseren Kompensation geheilt werden kann.

Kennst du das? Dass du oder dein Gegenüber in Konfliktsituationen und Streitereien wie ein Kind reagierst? Und vielleicht hast du auch schon mit deinem inneren Kind gearbeitet?

Dieser kindliche Wunsch, vom Aussen bestätigt zu werden oder Sicherheit durch unser Umfeld, die Partner*in oder die Gesellschaft zu bekommen, zeigt sich im Erwachsenenalter als Verlustangst und Abhängigkeit und fordert Selbstverantwortung und dass wir einen Platz in der Welt finden, mit unserer Einzigartigkeit und einem erfüllenden Dienst an die Welt.

Verlustangstkrisen sind die Herausforderung, über die kindlichen Wünsche hinaus zu wachsen und wahrhaftig erwachsen zu werden. Erwachsen im Sinne von innerlich mit sich selbst erfüllt, in Selbstkenntnis und selbständigem Denken. In der Klarheit, dass wir selbst unser Leben erschaffen mit dem, was wir nach Aussen geben.

Verlustangst zu heilen bedeutet innerlich frei und vollkommen erwachsen zu werden und kindliche Erwartungen hinter sich zu lassen.

Julie

Als Julie mit mir zu arbeiten begann, hatte sie starke Panikattacken. Damals kannte Julie die Ursachen für ihre Angst und die seit Jahren wiederkehrenden Panikattacken noch nicht. In ihrem Leben lief alles bestens. Mit ihrer Familie hatte sie vor ein paar Monaten ihr Wunschhaus bezogen. Nun hatte sie alle ihre Träume verwirklicht und plötzlich kamen die Panikattacken. Sie konnte keinen Besuch mehr empfangen und entwickelte diverse Zwänge. Ich half Julie mit der Angst kommunizieren zu lernen und herauszufinden, wovor sie in der Tiefe so grosse Angst hatte. Die Ursache ihrer Panik lag in der Verlustangst. Sie hatte jahrelang alles dafür gegeben, ihre Träume von Haus, Kind und Mann zu verwirklichen, weil sie dachte, dass sie das glücklich machen würde. Als sie dann alles hatte, bemerkte sie jedoch kein Glück, sondern starke Angst. Sie verurteilte sich sehr dafür und zwang sich dankbar und glücklich zu sein. Das verstärkte ihre Angst immer mehr.

Als sie dann mit ihrer Panik zum Psychiater ging und die Diagnose «Angststörung» erhielt, brach sie zusammen und dachte, sie sei vollkommen gestört. Sie wurde antriebslos und depressiv. Julie konnte ohne Medikamente nicht mehr schlafen.

Im Königinnen-Coaching half ich Julie, die Verlustangst zu verstehen und dass Verlustangst entsteht, wenn wir unsere Bedürfnisse zurückstellen, um im Aussen oder für andere Menschen etwas zu erreichen. Da fiel es Julie wie Schuppen von den Augen. Sie brach in Tränen aus und erzählte, dass sie schon bei ihrer Hochzeit kaum mehr Energie hatte. Sie wollte ein perfektes Fest und hatte dafür gehungert, organisiert und sehr viel Arbeit auf sich genommen. Gespürt hatte sie sich da nicht mehr. Auch die Hochzeit selbst konnte sie nicht geniessen. Sie war so sehr damit beschäftigt, zu kontrollieren, dass es alle toll fanden und alles perfekt funktionierte. Danach wollte sie die perfekte Ehefrau sein und begann mit ihrem Mann an ihrem Haus zu planen. Hier war sie auch sehr perfektionistisch und hatte sich über Jahre komplett übergangen. Nun verstand sie, dass es so hatte kommen müssen.

Kein Haus, kein Geld, keine Kinder, keine Ehe machen uns wahrhaftig glücklich, sondern Glück entspringt unserem Herzen, wenn wir uns selbst und das Leben gerne haben, das wir leben und uns darin wohl fühlen und Raum haben. Sie hatte nun eine Weile grosse Trauer und fand in dieser Trauer das Mitgefühl für sich selbst und schenkte sich mehr und mehr Zeit. Sie beschäftigte sich damit, wie sie eigentlich Mutter sein wollte, statt sollte, wie sie Ehefrau sein wollte, statt sollte.

Währenddem sie das tat, verschwanden mehr und mehr ihre Ängste und sie begann das Gefühl des Geniessens zu finden. Auch Julies Mutter war depressiv und sie übernahm alle diese Glaubenssätze ganz unbewusst. Nun konfrontierte sie sich auch mit ihrer Mutter und erlaubte sich, ihr Leben anders zu führen, als ihre Mutter es richtig fand. Diese Konfrontation vollendete ihre Heilung der Panik.

Dies ist ein Beispiel, wie Verlustangst sich auswirken kann, wenn wir unser Glück über das Aussen suchen. Wir können alles haben und sind dennoch unerfüllt. Daraus kann Gier entstehen: Wir wollen mehr. Wir brauchen mehr. Wir suchen mehr. Stets getrieben von der Sehnsucht, endlich Frieden zu finden. Diese Sehnsucht kann immer stärker werden, bis wir sogar bereit sind Dinge zu tun, die unmoralisch, egoistisch, kriminell oder gewalttätig sein können. Verlustangst zeigt damit die Anhaftung, also eine Abhängigkeit, die unser Herz, unsere Bedingungslosigkeit und unsere Offenheit einschränkt und sogar korrumpiert. Die Abhängigkeit von aussen macht uns asozial, manipulativ, gierig und geizig. Wir werden eifersüchtig, besitzergreifend und beginnen unsere Mitmenschen zu kontrollieren und zu instrumentalisieren

.

Alles, wovon wir emotional abhängig sind, macht uns unfrei und macht uns anfällig für Manipulation.

Darum können unsere Partner, unsere Eltern, unsere Kinder oder unsere Freunde unsere Feinde werden. Weil wir sie brauchen und von ihnen abhängig sind. Sie haben Macht über uns und können uns so zu Handlungen und Aussagen bringen, die wir nie aus uns selbst vollführt hätten. Wir fühlen uns fremdbestimmt und manipuliert. Die Ursache dafür ist unsere Verlustangst, welche einzig und allein in uns die Ursache hat. Der «Secret Healing Code» nutzt genau diese Tatsache, dass die Menschen, die aufgrund unserer Verlustangst unsere Feinde werden, uns helfen unser inneres Leck zu finden und es zu füllen. Feindschaften zu überwinden bedeutet, die Abhängigkeit von ihnen in unserem Inneren zu zerstören: Indem wir uns selbst geben, was wir brauchen, um erfüllt und glücklich zu sein.

Es gibt auch natürliche, physiologische Verlustängste. Es ist normal und physiologisch, dass Kinder Verlustängste haben. Weil Kinder von Natur aus abhängig sind. Wir kommen alle abhängig auf die Welt und entwickeln uns mehr und mehr in unsere emotionale Unabhängigkeit. Dazu dienen die Trotzphasen, die Pubertät und spätere Emanzipationsphasen. Werden diese Phasen nicht genügend durchlebt und es findet keine Ablösung vom Aussen statt, kann sich dies zu einem späteren Zeitpunkt im Leben als eine Lebenskrise zeigen, die nichts anderes ist, als die Aufforderung zu emotionaler Befreiung. Da wir in einer Gesellschaft leben mit viel Wohlstand, viel Sicherheit und Luxus, kommt es nur noch sehr selten zu einer vollständigen Entwicklung der Menschen. Es gibt keinen Grund mehr, sich abzulösen. Die meisten Frauen, die keine schweren Schicksalsschläge hatten oder früh enge Verwandte verloren haben, sind noch in der Fremdbestimmung von aussen und in deren Abhängigkeit. Dies ist aus meiner Sicht ein wichtiger Grund für die Zunahme von psychischen und emotionalen Leiden in den westlichen Ländern.

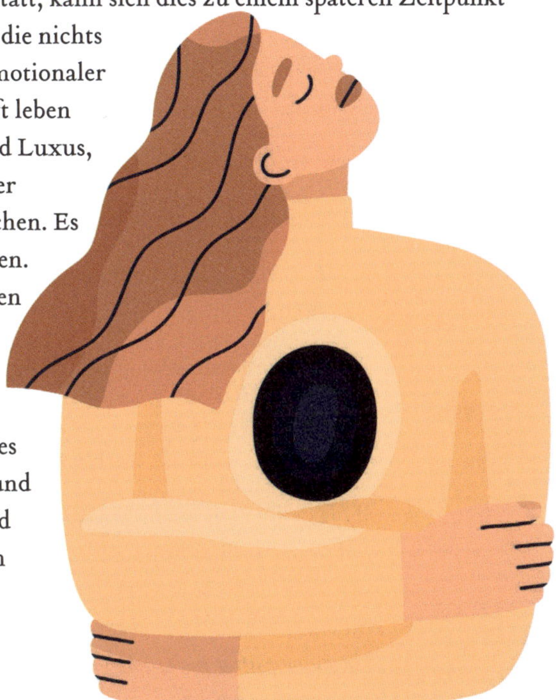

Verlustangst lösen durch Konfrontation

Als "Konfrontation" bezeichne ich die Auseinandersetzung mit der Verlustangst und der Angst, die uns beschützt, als eine Bewegung hin zu dem, was ich zu verlieren fürchte.

Stell dir vor: Deine Freundin kocht dir ein Abendessen. Es ist eine Überraschung und sie hat sich grosse Mühe gegeben. Leider ist es so, dass du diese Speisen überhaupt nicht magst. Wenn du nun isst ohne etwas zu sagen, weil du deine Freund*in nicht enttäuschen willst, dann wird dich dieser Abend viel Energie kosten und dir sehr wahrscheinlich Verdauungsprobleme verursachen. Wenn du dich jedoch traust, deiner Freund*in zu sagen, dass du es nicht magst, dann wird sie wahrscheinlich kurz enttäuscht sein, doch du wirst dich entspannen im Herz und kannst mit ihr eine gute Lösung finden. Was aber sicher ist, dass sie nie wieder dieses Essen für dich kochen wird und ihr in Zukunft nie mehr darüber diskutieren müsst und zusammen das Essen geniessen könnt.

KONFRONTATION BEDEUTET:

- Ich selbst zu sein trotz Angst, abgelehnt zu werden.
- Zu mir zu stehen und mich nicht zu unterdrücken, um zu gefallen.
- Zu meinen Ideen, meinem Stil, meinem Geschmack zu stehen, auch wenn ihn andere nicht verstehen.
- Mich selbst nicht zu unterdrücken, sondern meinem Gegenüber auf Augenhöhe zu begegnen.
- Zu sagen, was für mich wahr ist, auch wenn mein Gegenüber anders denkt.
- In mir standhaft zu bleiben, wenn jemand etwas von mir erwartet, was ich nicht geben will und in die Verhandlung zu gehen.

Konfrontation wirkt immer stärkend und harmonisierend,
während die Angst vor Konfrontation uns schwächt.

Wir dürfen lernen, dass uns nichts so sehr schwächt, wie die Furcht vor Konfrontation. Sie ist der Hauptgrund für alle Erschöpfung, Stagnation und Verlustangst. Je weniger wir uns konfrontieren, desto grösser wird die Verlustangst. Und je grösser die Verlustangst, desto grösser unsere Abhängigkeit und diese bindet unsere emotionale Energie und Flexibilität.

Konfrontation ist Loslassen!

Zu mir zu stehen, genau da, wo es unangenehm ist, erzeugt Selbstvertrauen, Kraft und innere Stärke. Alle Frauen, die mich aufsuchen, haben jahrelang verpasst für sich einzustehen. Alle haben sich zurückgenommen, der Harmonie zuliebe. Sie haben ihre Bedürfnisse unterdrückt, um andere glücklich zu machen. Jedes Mal, wenn wir vermeiden, zu uns zu stehen, weil wir uns nicht trauen oder denken wir wären ein besserer Mensch, wenn wir uns anpassen, verlieren wir Kraft und Selbstvertrauen.

Konfrontation bringt mich mit mir in Verbindung und grenzt mich vom Aussen ab. Konfrontation hat aber nichts mit Egoismus zu tun, sondern bedeutet lediglich, die Verbindung zu mir selbst nicht für andere aufzugeben. Wenn wir uns nicht konfrontieren, dann weil wir fürchten etwas zu verlieren. Jedes Mal, wenn ich mich aus Angst vor den Mitmenschen und dem, was sie von mir denken, verstecke und zurückhalte, opfere ich meinen inneren Frieden dem äusseren Frieden. Doch wie wir bereits wissen, kommt kein Frieden von aussen, sondern von Innen. Und nichts existiert im Aussen, ausser unserer Projektion. Somit erschaffen wir unser Leiden mit jedem Moment, in dem wir Konfrontation aus Angst vor Disharmonie, Ablehnung und Bewertung vom Aussen meiden.

Was uns allerdings vom Aussen entgegenschlägt, wenn wir bewertet werden, sind nur unsere eigenen Glaubensmuster und unser unterbewusstes Bewertungssystem. Wir sehen unsere Gegenüber als verurteilende Person, weil wir uns selbst verurteilen. Wenn wir uns nicht verurteilen würden, dann könnten wir das Aussen neutral mit einer anderen Meinung wahrnehmen, ohne uns davon bedroht oder vernichtet zu fühlen. So macht uns das Vermeiden und die Furcht vor Konfrontation sehr abhängig. Und diese Abhängigkeit vom Aussen nehmen wir dann als Verlustangst vom Aussen wahr.

Das ist ein Teufelskreislauf und für alle ein Rad des Leidens. Wir vermeiden zu verlieren, zu versagen und verlassen zu werden. Doch dabei verlieren wir uns, weil wir so sehr darum bemüht sind, unseren Besitz, unsere Mitmenschen oder unser Ansehen nicht zu verlieren.

Wer sich nicht konfrontiert, erzeugt Kampf und Streit.

Sobald wir uns vor der Konfrontation drücken, schwächen wir uns selbst und machen uns vom Aussen oder dem Gegenüber abhängig. In dieser Position der Abhängigkeit sind wir immer kleiner als unser Gegenüber. Das heisst, wir passen uns an, opfern unsere innere Harmonie für die äussere Harmonie auf und unterdrücken unsere Bedürfnisse und unsere Haltung, um dem Gegenüber Raum zu geben. Diese Kombination ist mit emotionalem Sprengstoff geladen. Erstens, weil du auf deine Kosten gegeben hast und somit eine Erwartung erzeugst: Und zwar die Erwartung, dass dein Gegenüber dasselbe für dich tut – nämlich sich aufgeben. Sobald wir in die Abhängigkeit rutschen, ersticken wir die Liebe.

So erleben viele Frauen, die sich für ihre Kinder und ihren Partner aufgegeben haben, dass sie kaum mehr Respekt, Wertschätzung und Dank erfahren, sondern sehr viel Kritik und Angriff. Doch sie sind das Gegenteil von egoistisch. Sie haben in keiner Weise eine böse Absicht. Aber sie sind der Verlustangst verfallen und erzeugen durch ihre emotionale Abhängigkeit einen grossen Erwartungsdruck auf ihr Umfeld und machen sich damit unbeliebt. Hier sei nochmals gesagt: Mit emotionaler Abhängigkeit meine ich alle Situationen, in denen wir uns für die anderen aufgeben, unterdrücken, anpassen oder uns verstecken. Sich zu zeigen und ich selbst zu sein, zu sich zu stehen und sich mit den Meinungen und möglichen Urteilen unseres Umfeldes zu konfrontieren, ist der einzige Weg, wahre Freiheit zu erfahren und innere Harmonie zu erreichen. Kein Vorwurf kann uns verletzen, wenn wir mit uns in Verbindung sind. Verletzung ist ein Gefühl, das aus der Abhängigkeit entsteht, wenn unsere Erwartungen enttäuscht werden.

Ohne eine Erwartung und Abhängigkeit gibt es keine Verletzung.
Verletzung ist ein Symptom der Verlustangst-Realität.

Früher hat mich alles verletzt. Ich habe mich sofort angegriffen gefühlt. Es brauchte nur einen Blick oder ein Wort, dass jemand mir nicht zugehört oder mich nicht verstanden hat. Ich war so sehr auf der Suche nach der absoluten Harmonie, dass mich jede Meinungsverschiedenheit verletzt, mich Energie gekostet hat und ich mich total verunsichert und abgelehnt fühlen liess. Damals wusste ich nicht, dass es mein Wunsch, andere Menschen nicht konfrontieren zu wollen war, der mich so sehr verletzte und mich so viel Energie kostete. Ich verstand auch nicht, dass meine übermässige Anpassung an mein Gegenüber mir die schwierigen Beziehungserfahrungen verursachte.

Mit mir konnte man damals keine Diskussionen führen. Ich konnte nicht polarisieren oder einen Standpunkt einnehmen. Mein Standpunkt war der Standpunkt des Gegenübers. Ich spürte nur, was diese Person wollte und war wie getrieben, dieser Person Bestätigung zu geben und ihr zu gefallen. Aus diesem Grund zog ich nur Männer an, die in erster Linie nach emotionaler Sicherheit suchten, eine gute Ausgangslage. Ein Paar, zwei Menschen, beide suchten im anderen die Sicherheit. Das war die beste Voraussetzung für totale Abhängigkeit und grosse Enttäuschung. Meine Beziehungen zu Freunden und Männern drehten sich immer nur um mein Gegenüber, nie um mich. Vor 2013 war ich in all meinen Beziehungen verloren. Dass die Erlösung aus Gewalt und Missbrauch so einfach ist, ahnte ich damals noch nicht, sonst wäre ich nicht jahrelang in einer destruktiven Ehe geblieben. Ich fürchtete die Konfrontation dermassen, dass ich mich so lange zurücknahm, lieb und nett war, bis ich in schweren Panikattacken landete. Und genau jetzt war niemand mehr da. Kein Mensch, keine angebliche Freund*in hatte jetzt ein Herz für mich. Ich blieb allein und musste mir selbst helfen. Diese Lektion werde ich nie wieder vergessen. Die Lektion der Verlustangst und der Konfrontation.

Die Angst vor der Konfrontation kann dich unter Umständen alles kosten, was du hast: Alle Gesundheit, alle Liebe, alles Vertrauen, alle Beziehungen, alle Wertschätzung, alle Freiheit und alle Perspektiven.

Es lohnt sich, sich konfrontieren zu lernen und überall da, wo ich Angst und Verlustangst habe zu lernen, mich den Dingen zu stellen. Ich verlor damals jedenfalls alles an die Verlustangst: Meine Ehe, meine Freude am Muttersein, meine Freund*innen, meine Gesundheit, mein psychisches Wohlergehen, meine Beziehung zu Geschwistern und Eltern, sowie meinen Lebenswillen. Nur eines hatte ich nicht verloren – meine

Gesellschaft mit mir. Erst als ich mir bewusst wurde, dass ich selbst die Ursache aller Erfahrungen in meinem Leben bin, drehte sich die Aufmerksamkeit nach innen, hin zu mir. Und ich erkannte, dass ich eine Sache noch nicht verloren hatte, nämlich mich selbst. Ich erkannte auch, dass ich mich nie verlieren kann und immer mit mir bin, von der Geburt bis zum Tod. Denn obwohl ich mich stets selbst verliess und unterdrückte, nie habe ich mich verloren. Ich erkannte, dass es nichts treueres und bedingungsloseres gibt, als die Beziehung zu mir. Ich mit mir. Daraus entstand eine grosse Liebe für mich. Ich begann mich anzunehmen als das grösste Geschenk des Lebens. Das Gefühl, mich zu verlieren, ist die Hölle auf Erden und die Ursache von Ängsten, Verlangen, Abhängigkeiten, Verletzungen und Enttäuschungen. Das Gefühl, mich zu gewinnen und bei mir zu sein, ist der Himmel auf Erden und die Ursache von aller Freiheit, aller Unabhängigkeit, tiefem Vertrauen und erfüllten Beziehungen.

Eines können wir nie verlieren: Uns selbst.

Doch wir können das Gefühl der Verbundenheit mit uns selbst verlieren. Und zwar dann, wenn wir mehr mit dem Aussen verbunden sind als mit unserem Innen. Wenn wir unsere Aufmerksamkeit mehr ins Aussen geben als uns und unserem Innenleben zu schenken.

Also beschloss ich, mich nie wieder für andere aufzugeben und so lange für mich zu kämpfen und zu mir zu stehen, bis ich in Gesellschaft von Menschen ich selbst sein konnte, in Ruhe, ohne Schuldgefühle

nein sagen und es aushalten konnte, zu argumentieren. Ich beschloss mit mir selbst die Beziehung einzugehen, die ich so sehr wünschte. Das war

der Beginn einer besseren Zukunft und meines neuen, zweiten Lebens, einem neuen Zustrom an Kraft, Glück, schönen Begegnungen, Liebe, Wertschätzung, Konfliktlösung und Genesung.

Konfrontation bedeutet also Standhaftigkeit in mir. Nicht Streit. Obwohl Konfrontation auch heftig sein kann. Sie ist immer für mich und nie gegen die anderen. Und erst wenn ich mich konfrontiere, kann ich mich selbst wahrhaft lieben und selbst respektieren. Niemand kann sich selbst respektieren, wenn er oder sie Angst vor den Mitmenschen hat.

Konfrontation ist gelebte Selbstliebe.

Konfrontation ist gelebtes Selbstvertrauen.

Die Konfrontation macht uns zu den Heldinnen unseres Lebens.
Sie bringt Erfolg, Klarheit und innere Ruhe.

Konfrontation ist das gelebte Loslassen.
Sie bringt uns Frieden, Freude und Kraft.

Konfrontation ist gelebte Furchtlosigkeit.
Und sie bringt uns ein Leben und eine Wahrnehmung ohne Angst, sondern mit innerer Sicherheit.

Stellen wir uns unserer Angst vor dem Verlust und sind bereit loszulassen, indem wir uns selbst annehmen, so konfrontieren wir uns mit der Abhängigkeit. Die Bereitschaft, das Aussen zu verlieren führt uns zur Fähigkeit, im Innen zu gewinnen. Je mehr wir aussen loslassen, desto mehr kommt innen die grosse Freiheit.

Die anderen loslassen bedeutet: Mich selbst ANNEHMEN!.

Verlustangst erzeugt Verlust, Konfrontation wagen ist ein Gewinn

Verlustangst ist das Prinzip des Versagens.

Konfrontation das Prinzip des Gewinnens.

Verlustangst ist das Prinzip des Mangels.

Konfrontation ist das Prinzip der Fülle.

Verlustangst basiert auf Selbstzweifeln und Selbsterniedrigung.

Konfrontation ist nur mit Vertrauen in die eigene Kraft und Glauben an die eigene Stärke möglich.

Verlustangst ist Anhaftung.

Konfrontation ist Loslassen.

Verlustangst bedeutet das Herz zu verschliessen.

Konfrontation ist das Öffnen des Herzens.

Verlustangst ist Verkrampfung.

Konfrontation ist Entspannung.

Verlustangst ist Trennung.

Konfrontation ist Verbindung.

Verlustangst erzeugt chronische Krankheiten.

Konfrontation erzeugt starke Widerstandskraft gegen Krankheiten.

Wenn wir diese Prinzipien klar verstehen, haben wir das Werkzeug in der Hand, welches uns befähigt, aus jeder schweren Situation und jedem Verlust einen Gewinn zu machen. Das Prinzip hinter der Verlustangst ist das Geben, um zu bekommen, das Loslassen, um zu gewinnen, das Annehmen, um loszulassen. Sie ist die Magie der Heiligen, um ihre Wunder zu vollbringen. Mutter Theresa überwand die Angst vor der Pest und vor dem Tod durch den Glauben an die Wahrheit des lebendigen Lebens und fand darin die Widerstandskraft gegen die widrigen Umstände und die Ablehnung. Dies ist ein logisches Phänomen, das aber für diejenigen, welche dieses Prinzip nicht kennen und nicht befolgen, wie ein Wunder erscheint.

Freiheit bedeutet also, unabhängig zu denken.

Sich nicht von den Zweifeln der Mitmenschen und dem Gedankengut der Zeit anzustecken, sondern für sich eine Haltung zu wählen, die so grossartig denkt und so stark an sich glaubt, dass jede Konfrontation möglich ist. Konfrontation bringt uns also in die Anziehung von Wundern, Erfüllung und Frieden – im Innen wie im Aussen. Mit dem Überwinden der Verlustangst kommen wir in die Realität, die keinen Streit mehr kennt. Selbst der Streit der anderen wird nicht mehr unser Streit sein. Wir werden immun gegen Streit. Immun gegen Ansteckung von Disharmonie. Die Konfrontation mit der Ablösung von Abhängigkeit, ist das wahre Abgrenzen mit offenem Herzen. So wird die Welt ein schöner, stiller Ort der Offenbarung für alle, welche die Harmonie mit dem eigenen Herzen und die bedingungslose Selbstliebe über alles andere stellen.

Die Beziehung zu dir ist die Beziehung zum Göttlichen.

Die Beziehung zu dir ist die Beziehung zum Leben.

Du bist das Leben.

In dir liegt die Wahrheit.

In dir liegt der Sinn aller Dinge.

Und in dir findest du das Paradies – hinter der Verlustangst, wenn du wagst, dein inneres Leben vollständig und kompromisslos zu verteidigen und dich durch Konfrontation von aller Abhängigkeit von aussen zu lösen.

Vertraue dir.

Sei liebevoll mit dir.

Wage Herausforderungen.

Nimm dich ernst und sei dir deine erste und wichtigste Liebesbeziehung.

Die wahre Erfüllung und der wirkliche Sinn des Lebens liegen hinter all dem, was wir bewusst und unbewusst glauben. Der Weg in die Gesundheit führt zur Erkenntnis, was uns leiden lässt. Das, woran wir leiden, ist eine Illusion aus dem unbewussten und bewussten Denken. Es ist die Brille unserer Wahrnehmung, die für viele wie ein Horrorfilm ist oder einen unglaublichen Stress bedeutet. Alle unsere Glaubenssätze und Vorstellungen projizieren wir mit dieser Brille in unser Aussen und sehen sie da als eine Spiegelung dessen, was in uns die Ursache von Stress, Leid, Begrenzung und Hoffnungslosigkeit ist.

Alle Ideen und alle Vorstellung, die nicht mit Weite, Freiheit und Stille einhergehen, erzeugen in uns Leiden durch Verlustangst. Alles woran wir uns klammern, weil wir denken, dass wir das unbedingt brauchen, lässt uns leiden. Ebenfalls alles, was wir denken, dass wir es unbedingt brauchen, um glücklich und gesund zu sein, ist eine Idee des Mangels und der Verlustangst. Eine Idee, welche uns abhängig macht. Das Verlangen zeigt auf, dass wir uns unvollkommen und unvollständig fühlen. Wie wir schon einige Male besprochen haben, ist genau diese Idee, dass ich etwas im Aussen brauche, die Grundursache des Leidens, denn das Aussen ist leer. So ist jedes Verlangen die Sucht nach der eigenen Projektion und das sich Verlieren an sein eigenes, unbewusstes Bewertungssystem, das im Mangel liegt. Dieser Mangel basiert immer auf Leiden und erzeugt so Wollen, Brauchen und Verlangen von äusseren Dingen und äusserem Glück. Das entfremdet uns von uns und erhöht die Wahrscheinlichkeit, früher oder später an den Folgen der Verlustangst psychisch und emotional zu leiden.

Wahres Glück kommt durch die Befreiung vom Aussen und kommt aus dem eigenen Herzen.

Und dieser Weg der Befreiung vom Aussen, von der Verlustangst, die unsere Abhängigkeit vom Aussen zeigt, dieser Weg ist die Konfrontation. Konfrontation klärt unser Unterbewusstsein. Sie bringt alle Glaubenssätze und Überzeugungen hoch, die hinter unserer Wahrnehmung stecken. Sie bringt Frieden, Ruhe und Klarheit. Sie überwindet alle Gewalt und allen Streit. Die Konfrontation ist ein Weg in die Erkenntnis und die Heilung deines Herzens. Indem du dich all deiner Angst, deinen Befürchtungen stellst. Weil das die Haltung des wahren Selbst ist, die Haltung des Vertrauens und des Glaubens an dich selbst.

Als ich 2013 begriff, dass ich allein der Ursprung meiner Wahrnehmung und meiner Erfahrung bin, begann ich mich den Dingen zu stellen. Ich erkannte, dass nur ich selbst verantwortlich war, ob ich ein Ziel erreiche oder nicht. Damals war ich in der Scheidung von meinem ersten Mann, alleinerziehend und wünschte mir nichts sehnlicher als eine intakte Familie. Ich habe alle meine Freund*innen verloren und erkannte den Wert eines intakten sozialen Umfelds. So begann ich mich all meinen Ängsten mit Menschen und in Beziehungen zu stellen. Ich ging auf die Leute zu, öffnete mich und lernte mich selbst in ihrer Gegenwart aushalten. Ich war zu Beginn sehr unsicher und oft total verwirrt. Doch ich harrte aus, indem ich begann das Prinzip des Bleibens zu schätzen. Oder auch das Prinzip der Loyalität. An einem Ort zu bleiben bedeutet, sich den eigenen Vorstellungen und Sehnsüchten zu stellen, meinen Vorstellungen von richtig und falsch zu begegnen. Früher flüchtete ich, wenn etwas nicht so war, wie ich dachte, es sei richtig. Und alles, was sich schlecht anfühlte, bewertete ich oder verliess ich. Ich suchte die Perfektion und die Harmonie mit den Menschen im Aussen und in den Umständen. Ist es so erstaunlich, dass ich alles verloren habe? Nein. Ich selbst habe es weggeschickt. Alles war mir zu klein im Aussen. Alles zu eng und die Menschen um mich herum spiegelten meine Angst und meine unterdrückte Wut auf mich selbst. Sie nervten mich dadurch, schränkten mich ein und kosteten mich Energie.

Aufgrund all dieser Einsichten begann ich mich den Menschen und Beziehungen zu stellen, an mir zu arbeiten, indem ich mich anhand einzelner Situationen selbst zu verändern versuchte. Ich änderte mein Denken, meine Haltung und fokussierte mich aufs stehen bleiben. Ich fokussierte mich aufs ruhig bleiben, statt aufs Denken. Ich sprach mir immer wieder Mut zu: Du schaffst das, Isabelle, und deine Mühe wird belohnt werden. Irgendwann wird sich dein guter Wille durchsetzen. Es dauerte dann genau noch zwei Jahre, bis ich mich mit meiner tiefsten Angst konfrontiert und sie transformiert hatte und ich in einem neuen, leichten Leben mein Glück fand.

Im Oktober 2015 lernte ich meinen zweiten Mann kennen, mit dem ich dann innerhalb kurzer Zeit eine Familie gründete und mit dem ich fähig war, mein grösstes Potenzial zu entfalten. Bis heute gehen wir unseren einzigartigen, individuellen Weg und finden ganz neue Modelle von Familienführung. Wir hören auf uns und brechen da immer wieder gängige Rollenbilder und Modelle. Es ist ein sehr belebender Weg. Eine Beziehung zu führen, die nicht auf "Brauchen" basiert und auch nicht aut "Ein-Bild-darstellen" und "Sich-eine-Form-geben", bedarf neuer Kreativität, selbständigen Denkens und viel Mut. Ich liebe meinen Mann dafür, dass er mit mir diese Reise geht und ich liebe ihn für ein Feingefühl, das mir immer wieder den Spiegel vorhält, wo ich abhängig bin und wo wir uns wieder ineinander verlieben dürfen. Dieser Mann war anders als alle, in die ich mich bisher verliebte. Er befand sich ausserhalb meines Männermusters.

Er war kein Draufgänger, fein und eher schüchtern. Er war logisch und ruhig. Unsere Kommunikation war nicht ganz einfach. Auch hatten wir wenig gleiche Hobbies. Unser Wesen unterschied sich in vielen Dingen grundlegend. Doch genau das war es, was mir so viel Zuversicht und das Wissen darum gab, dass dieser Mann für mich gut ist. Er war im Innen stimmig, nicht im Aussen. Ich zog ihn an, weil ich selbst frei war und genau wusste, was ich wollte. Er hat alles, was ich wollte, aber war vom Typ her völlig anders, als alles bisher. Weil das so war, wusste ich, dass es mich an einen Ort führt in meinem Leben mit einem Mann, den ich noch nicht erreicht habe.

Wenn wir neue Resultate möchten, dann müssen wir neu handeln lernen.

Kommunikation und Zusammenleben werden sich entwickeln. Ich habe ihn mit dem Innen gewählt. Und wir haben bis heute alle Herausforderungen gemeistert. Er kann in schwierigen Situationen so reagieren, wie ich es brauche, um in meiner Entwicklung grosse Schritte vorwärts zu machen. Durch die Konfrontation mit mir selbst und mit meiner Angst, meiner Wut, kann ich ein besseres Leben führen.

Er ist nicht der Traummann meines Denkens, meiner Haltungen, er ist der Traummann meines Herzens. Wir haben oft andere Ansichten, aber im Herzen bewegen wir uns im selben Rhythmus. Und das ist Frieden. Das ist Ankommen. Und die Unterschiede im Aussen erzeugen eine Dynamik, die in unserem Leben die Reibung erschafft und zu einer Inspiration führt. Ich fand ihn, weil ich meine Glaubensmuster von einer richtigen Beziehung überwinden konnte, mich selbst und mein Gegenüber hinter meiner Wahrnehmung erkennen konnte. Heute bin ich unglaublich stolz auf meine Familie.

Ich habe häufig gesehen, dass meine Patient*innen die Liebe im Aussen suchten und einer inneren Vorstellung von Liebe nacheilten ohne je zu finden, was sie suchten. Die Verbindung mit Menschen, die wir suchen liegt nicht im Verbundenheitsgefühl im Aussen, sondern in der Fähigkeit, im Innen Verbindung zueinander zu finden und den Abgrund und die Trennung im Aussen zu überwinden. Verbindung zum Gegenüber finden wir dann, wenn wir die Verbindung zu uns selbst in der Beziehung halten können. So braucht Liebe keine Voraussetzungen im Aussen. Sie braucht nur die Voraussetzung im Innen.

So ist die glückliche Begegnung mit einer Partner*in eine Frage von Reife und Fähigkeit zur Konfrontation mit mir selbst und der Loslösung von all meinen bewussten und unbewussten Vorstellungen und Ansichten.

So ist der Weg der Konfrontation der Weg in eine liebevolle Beziehung zu den Dingen und den Menschen, ohne Vorstellung von richtig und falsch.
Sie ist der Weg zu bedingungsloser Liebe und bedingungsloser Verbindung in Freiheit.

Sie hinterlässt Verbindung, ohne unfrei zu machen, tiefste Intimität ohne sich dabei selbst zu verlieren oder sich dabei zu erschöpfen und anzupassen.

Konfrontation ist ein Weg Konfrontation ist eine Wahl

Sie ist der Weg und die Wahl in die vollständige Freiheit in Kombination mit tiefster Verbindung.

Die Verbindung mit allem finde ich über mein Herz, welches sich durch die Konfrontation mit der Angst Schritt für Schritt öffnet. Ein Weg, so einfach, wie er auch gleichzeitig schwer ist. Er bedeutet:

Folge dem, was dich herausfordert. Folge dem, was dich in deinem Leben provoziert, wütend oder eifersüchtig macht. Geh dahin, wo du Angst hast. Geh dahin, wo es schwer ist. Das ist der Weg in die Klarheit deines Herzens. Das ist der Weg in die Offenheit deines Herzens. Das ist der Weg in die Freiheit deines Geistes und die Freiheit mit dem Umfeld. Die Konfrontation ist der Weg, der dich aus einem Gefängnis die Freiheit finden lässt.

Und dieser Weg ist die Entspannung. Die Entspannung von Herz, Verstand und Körper. Und Genesung und Heilung ist nichts anderes als Entspannung. In der Entspannung wirst du los, was dich schwer macht. In der Entspannung wirst du leicht, froh, heiter und zuversichtlich. In der Entspannung findest du alle Liebe und alle Freude an dir selbst. In der Entspannung hast du die grösste Kraft und Standhaftigkeit. In der Entspannung hast du alle Ausdauer der Welt und die höchste Leidensfähigkeit ohne zu leiden. So erlangst du Frieden in aller Bedrängnis. Und kannst die Freude und Leichtigkeit halten, auch wenn die Welt dir liebgewonnene Dinge nimmt. Konfrontation ist der Weg, wo du alle deine destruktiven Muster hinter dir lassen kannst und frei wirst von der Macht der Projektionen, von unbewussten, menschenerschaffenen Überzeugungen.

Tue das, wovor du Angst hast, indem du eine neue Haltung zu dir selbst einnimmst!

Vertraue und finde Sinn, da wo du zweifelst!

Liebe das, was du als deinen Feind und dein Unglück wahrnimmst, indem du dich nicht mehr ablehnst für das, wofür du kritisiert wirst!

Geh dahin, wo du vermeidest hinzugehen! Spüre in die Schwere hinein und sag ja zum Leiden! Geh in deine Gefühle und fühle sie bis zum Ende, damit sich dahinter die Botschaft offenbaren kann.

Das wahre Selbst liegt im leeren und offenen Herzen. Dieses offene, leere Herz wird aus dem reinen, leeren Geist geboren; einem Geist, der alle Vorstellungen aufgegeben hat, indem er sich nicht mehr an seiner Wahrnehmung festhält, sondern sich mit sich selbst als Mittelpunkt seines gesamten Erlebens konfrontiert. Und im leeren Geist liegt dieses wahre Selbst. Es liegt hinter aller Angst, hinter allen Zweifeln und hinter allen Vorstellungen. Es ist unveränderbar, immer perfekt, immer vollkommen und immer erfüllt, auch wenn es leer scheint. Es ist die Fülle, die als Nichts erscheint, weil es keine Form hat. Es ist die Fülle, die keinen Weg vorgibt, weil ihr Weg für den Verstand nicht sichtbar ist und alle Wege beinhaltet. Sie ist der Ort, wo es kein Verirren gibt, selbst dann nicht, wenn wir uns verirren. Es ist das pure Sein im Nichtsein. Der Ort, wo alle Magie herkommt und alles Leben daraus geboren wird.

Aus diesem Ort können wir Fülle beziehen. Seit ich mit diesem Ort in Beziehung stehe und diese Beziehung zur Leere zum Wichtigsten in meinem Leben machte, hat sich mein Reichtum vermehrt. Auf magische Weise treffe ich auf Menschen, die mich noch klarer machen. Und je klarer ich bin, je freier, desto mehr habe ich auch die Fähigkeit in meinem Innen und Aussen Fülle zu kreieren. Je erfüllter, freier und intensiver ich in meiner Verbindung zur leeren Fülle stehe, desto mehr wird genau dieses innere Gefühl zu meiner Realität im Aussen. Das ist der Höhepunkt des menschlichen Erlebens.

Darum ist der Weg der Weisheit und Befreiung: Gib demjenigen, der etwas nimmt, noch mehr, als er verlangt. Das tue ich nicht für ihn, um ihn zu bekehren, sondern für mich, um mich nicht zu verschliessen und zu leiden. Das wird er tun, wenn er bereit ist. Ansonsten wird er bleiben was er ist und sich über deine Dummheit freuen.

Wir tun alles immer für uns. Wir geben immer für uns. Also lernen wir die Dinge so zu tun, dass sie uns selbst in jedem Moment bereichern. Geben ist die Konfrontation mit dem Misstrauen, dem Geiz und der Furcht zu kurz zu kommen. Im Geiz spiegelt sich die Furcht vor dem Ausgenommen werden, dem Kämpfen müssen um die Existenz und ein Denken, das auf Konkurrenz und Knappheit beruht. Diese Haltung ist voller Zweifel und Vorstellungen der Begrenzung und spiegelt somit einen Menschen in seiner Trennung zu sich und dem wahren Selbst. Wenn wir geben, wenn von uns genommen wird, dann erzeugen wir noch mehr Verbindung und inneren Reichtum und ziehen sozusagen aus unserer inneren Mitte die Fülle noch hervor. Bildlich gesprochen: Je mehr wir in uns hineinstopfen aus Angst vor Verlust, desto weniger kommt von innen. Je mehr wir nach aussen geben, desto stärker aktivieren wir den Fluss der Energie von innen nach aussen und erschaffen somit die Grundlage für Wunder im Aussen.

Die Konfrontation ist also die Quelle aller Wunder. Die Konfrontation mit dem Glauben und der Ausrichtung unserer Aufmerksamkeit auf die Einheit aller Dinge.

Finanzielle Fülle durch Konfrontation mit der finanziellen Existenzangst

Das Prinzip der Konfrontation und den Weg der Konfrontation können wir auch anwenden, um finanzielle Schulden und finanzielle Existenzängste zu heilen. Lange litt ich unter Existenzängsten. Unabhängig davon, ob ich Geld hatte oder nicht. Mein Umfeld verstand es nicht und bot mir oft Hilfe an. Diese Angst ist verbreitet, selbst bei sehr reichen Menschen. Warum? Trotz des Wissens um unser gutes Schweizer Sozialsystem und die vielen Versicherungen, hörte meine Existenzangst nicht auf. Erst nachdem ich selbst mit dem «Secret Healing Code» arbeitete, fand ich die Ursache meiner Existenzangst. Ich nahm in dieser Angst meine Abhängigkeit wahr, dass meine Existenz über das Aussen gesichert wird und mein Kontostand über Leben und Tod entscheidet.

Wie stark dieses Glaubenssystem mich beeinflusste, wusste ich damals noch nicht. Dass es mir Glück und Ruhe raubte, mich gierig und gestresst machte, das wusste ich, nachdem mein Mann kritisierte, dass ich nur für meinen Beruf lebte. Es war tatsächlich so. Beruf und Geld stellte ich über alles. Jede meiner Beziehungen. Selbst die Kinder. Und ich war der Auffassung, dass das richtig ist. So war doch das Leben meiner Kinder auch durch das Geld gesichert.

Wie sehr ich mich täuschte. Diese Abhängigkeit vom Geld ist für mich heute eine der grössten Quellen von Schmerz, Leid, Fremdbestimmung und Depression. Für Geld erschöpfen sich Menschen, geben Beziehungen und Freundschaften auf und verlassen ihr Herz. Sie werden kalt, gierig und verlieren ihr inneres Leben. Ist es das wert? Für alle, die glauben, das Geld stehe fürs Leben, scheint es das wert zu sein. Weil alle fürs Leben kämpfen.

Doch Geld ist nicht Leben. Und Leben ist nicht im Aussen zu finden. Mit unserem inneren Leben, der Lebenskraft, verdienen wir Fülle und materiellen wie seelischen Lebensunterhalt. Im Tod wird das Materielle bedeutungslos. Doch unser Denken und Verhalten geht von Sicherheit und Leben in der Macht und Freiheit des Geldes aus. Das führt zu Leid, Klimawandel, Eigennutz, Fehlen von Mitgefühl, Krieg und schlussendlich dem Verlust des Lebens. Hier ist es dasselbe Prinzip. Die Angst davor das Leben zu verlieren, führt zum Verlust des Lebens.

Viele meiner Patient*innen hatten ebenfalls dieses Glaubenskonstrukt, waren aber nicht bereit, ihr Leben aufzugeben. Sie spürten, wie das Geld sie hart machte, begannen das Geld zu verteufeln und verloren Geld. Viele hatten Schulden. Und Schulden bedeutet, dass ich mich selbst dem Geld unterordne. So werde ich immer zu wenig haben. Je mehr ich mein Leben vom Geld einschränken lasse, mich dafür verbiege und aufopfere, desto weniger werde ich davon haben. Das ist das Gesetz der Verlustangst. So verloren die einen das innere Leben und die anderen das Geld. Mit dem Glaubenskonstrukt von "Leben-ist-gleich-Geld" ist noch niemand frei und glücklich geworden.

Mit Geld frei und glücklich zu werden ist eine hohe Meisterschaft. Es bedeutet, sich zuerst vom Geld und der Abhängigkeit des Geldes zu lösen. Wir sollten zuerst in uns die Quelle und den Sinn des Lebens finden, um dann der Versuchung des Geldes zu widerstehen. Am leichtesten geht das, wenn wir unsere

Mittel in uns und unsere Persönlichkeitsentwicklung investieren, wenn wir das Geld verwenden, um uns damit im Innen zu retten.

Heute bin ich kaum mehr abhängig von Geld. Ich bin durch alle Höllen der Täuschung gegangen und weiss: Das Leben kommt aus mir und nichts im Aussen kann es mir nehmen. Mein Glaube an mich und meine innere göttliche Quelle ist unerschütterlich geworden. Ich lasse mich vom Innen führen und ziehe alles an, was ich brauche, um jeden Moment genährt, gesund und getragen zu sein. Das ist Freiheit. Das Geld dient mir. Es dient mir so, dass ich mich damit erkennen, lieben und erfahren kann. Ich nutze das Geld, um mich und andere Menschen glücklich zu machen, um Wissen und Wahrheit in die Welt zu bringen. Für mich selbst nutze ich nur so viel, wie nötig ist. Weil ich weiss, dass ein bescheidenes Leben im Aussen zu einem reichen Leben im Innen führt.

Ich lehre heute meine Patient*innen in meiner Ausbildung, nachdem sie sich selbst mit dem «Secret Healing Code» geheilt haben, wie sie selbst ihre Begabungen und ihre innere Freiheit finden und durch das Teilen ihrer inneren Schätze und der innere Freiheit auch materielle Fülle anziehen. Diese Ausbildung heisst «Tara Healers» und ist unter www.natuerlichtschumi.com zu finden.

Existenzangst ist die tiefste Verlustangst, die Verlustangst, die sich mit dem Leben und dem Tod auseinandersetzt. Existenzangst ist die tiefste Verlustangst, die wir fühlen können. Sie drückt sich oft als Angst vor Armut oder finanziellem Verlust aus. Ich empfehle, die Verlustangst nur in einem Coaching und in der kompetenten Begleitung durch eine Person, die selbst die Erfahrung gemacht hat, wie es sich anfühlt, alles Geld loszulassen und nur noch auf sich zu vertrauen, anzuschauen. Diese Konfrontation ist die tiefe Heilung der Furcht vor dem Tod. Und die Furcht vor dem Tod heilen wir, indem wir durch ein Gefühl von Sterben hindurch gehen. Wir fürchten wirklich zu sterben und es macht vielen sehr grosse Angst.

Hier ist die liebevolle Begleitung voller Mitgefühl und Wissen notwendig, damit die Patient*in nicht scheitert. Mit scheitern meine ich, wieder in die alte Realität zurückzugehen und die wahre Befreiung zu verlieren. Wer allerdings die Tür passiert und sich an die Hand nehmen lässt, findet dahinter Fülle in allen Lebensbereichen und Frieden.

Dieses Gesetz kann jede und jeder nutzen. Und ich wünsche es von Herzen allen Menschen, dass sie sich von der Sklaverei des Geldes befreien, damit wir eine neue, andere Welt aufbauen können, die weniger von Gewalt, Existenzangst und der Abhängigkeit von äusserer Sicherheit korrumpiert wird. Wie viel mehr Mitgefühl hätten wir füreinander? Wie viel stärker wäre der soziale und gemeinschaftliche Gedanke? Wenn wir unser inneres Leben erkennen, dann erkennen wir Vertrauen und Liebe. Und diese Werte erzeugen Glück, Beziehungen und Gelassenheit. Diese Werte würden dann die Welt regieren. Also ein Grund dafür zu kämpfen.

Das Wohlergehen der Welt beginnt im Wohlergehen des Einzelnen.

Nur durch das Konfrontieren erfährst du, wer du bist.

Du erkennst dich.

Andere erkennen dich.

Du erkennst deinen Wert.

Andere erkennen deinen Wert.

Du erkennst deinen Wert in den anderen.

Die anderen behandeln dich so, wie du es verdienst.

Das Einzige, was du tun musst: Lerne dich zu konfrontieren und die Konfrontation zu ertragen!

ÜBUNG

1. Tue jeden Tag drei Dinge, die dich aus der Komfortzone bringen.

Mache drei Dinge, die für dich unangenehm sind, die du normalerweise vermeiden würdest und die dir leichte bis mittlere Schamgefühle erzeugen. Das wird dir helfen, dich mit dem Prinzip der Konfrontation anzufreunden und die Energie darin zu fühlen.

Zum Beispiel:

- Unsinnig Zeit verschwenden, genau dann, wenn du Stress hast.
- Rückwärts gehen, statt vorwärts.
- Die schönsten oder hässlichsten Kleider anziehen.
- Dein Lieblingsessen zu kochen, statt dasjenige der anderen.
- Eine Woche nicht putzen.
- Im Sommer ein Fastnachtskostüm tragen.
- Am Familientisch ein Tabu brechen.
- Mit einer fremden Person ein Gespräch beginnen.
- Ungeschminkt aus dem Haus oder im Pyjama einkaufen gehen.

Tue diese, für dich geeigneten drei Dinge jeden Tag und schreibe deine Erfahrungen damit auf. Trainiere damit, Konfrontation zu ertragen und beobachte, welche Glaubenssätze und Ansichten aus deinem Unterbewusstsein in dein Denken emporkommen. Versuch diese Glaubenssätze nur zu beobachten, nicht zu beurteilen und einfach weiterzumachen, als seist du immer gut, immer schön, immer geliebt und immer gewollt. Tue das für 21 Tage und Konfrontation wird beginnen, dir Spass zu machen. Du wirst dich viel freier in deinem Leben bewegen können.

2. Verlustangst vor Ablehnung und Auslachen überwinden und damit tiefe Intimität und Selbstliebe kreieren:

Erlaube dir, die schlechteste Version deiner Selbst zu sein.

Zum Beispiel:

- Sei mal eine Egoist*in.
- Eine Bitch.
- Eine Göre.
- Eine launische Frau.
- Versuche nicht empathisch zu sein.
- Versuch niemandem zu helfen.
- Sei einen Tag lang gleichgültig.
- Sei ein schlechter Charakter.
- Sei eine Zicke und eine schlechte Partner*in.
- Tue nur, was du willst .
- Sei dominant.
- Sei eine Diva.

Also: *Versuche genau das zu sein, was du als Person oder Frau stets vermeidest zu sein.*

Schreibe dir hier ebenfalls deine Beobachtungen auf. Lerne damit, die Konfrontation und die schweren Gedanken auszuhalten. Verhalte dich und wähle deine Ansichten so, als wärst du stets geliebt, getragen, beliebt, begehrt und immer sicher.

KAPITEL VIII

Schlusswort Band I Ausblick auf Band II

Wie verhilft dir dieses Buch zu einem anhaltenden Durchbruch?

1. *Lies dieses Buch immer wieder und mache die Übungen täglich.*

Hast du auch schon einmal ein Buch zweimal gelesen? Ist dir dabei auch aufgefallen, dass du beim zweiten Mal Dinge gelesen hast, die dir beim ersten Mal nicht aufgefallen sind? Oder kennst du dies mit deinem Lieblingsfilm? Du hast ihn schon oft geschaut und jedes Mal ist dir etwas anderes wichtig? Du bist in keiner Sekunde deines Lebens gleich wie in einer anderen. Jedes Mal, wenn du das Buch liest oder den Film siehst, dann hast du eine veränderte Wahrnehmung. Nutze diese Tatsache, um aus diesem Buch das Maximum herauszuholen.

Je länger du dich mit etwas beschäftigst, desto grösser werden die Chancen, dass du damit eine tiefe und grosse Erkenntnis erreichst. Lies dieses Buch immer und immer wieder. Beschäftige dich mit den einzelnen Schritten und Kapiteln wie mit einem

Kompass, der dir deinen Weg zeigt; einen Kompass nimmst du auch nicht nur einmal hervor und findest dann ein Leben lang deinen Weg. Du brauchst ihn immer wieder. So ist es auch mit dem «Secret Healing Code». Diese Methode ist ein innerer Kompass, je öfter du ihn anwendest, desto zuverlässiger findest du deinen Weg in die Freiheit, Gesundheit und dein Leben, ohne einen Umweg zu machen.

Je seltener du ihn nutzt, desto häufiger wirst du dich in deinen alten Wegen verlaufen und wieder umkehren müssen, Zeit verlieren, Kraft und Geduld. Nutze dieses Buch, den Band I wie auch den Band II als Nachschlagewerk. Triffst du auf Situationen in deinem Leben, die dir Angst machen oder Verlustangst auslösen, dann nimm das Buch und das jeweilige Kapitel hervor, studiere es und versuche damit deine Situation zu verstehen, mache die beschriebenen Übungen. So wird sich dein Leben sicher verändern und verbessern.

2. *Bleibe bei einer Methode.*

Ein wesentlicher Punkt, der mich in meinem Leben sehr vorwärts gebracht hat, ist das Prinzip, bei einer Sache zu bleiben. Viele denken, es reicht ein Buch einmal zu lesen und wenn sie dann nicht den grossen Erkenntnisgewinn haben, dann war es eben nicht das richtige Buch und sie lesen ein anderes. Es gibt doch so viele Möglichkeiten.

Wahrheit liegt jedoch nicht im Wissen und schon gar nicht auf der Oberfläche. Die tiefe Hingabe an ein Thema zeigt, dass die Wahrheit in jedem Ding liegt. In allem, was das Leben ausmacht, findet sich ein Sinn. Egal was wir studieren, egal wo, wir finden die Wahrheit, wenn wir bei der Sache bleiben. Auch dann, wenn sie uns langweilt. Auch dann, wenn sie uns nervt oder wir denken, wir hätten etwas anderes oder Besseres verdient oder brauchen etwas anderes. Genau dies ist die Täuschung. Dass wir woanders hingehen müssen als da, wo wir gerade sind.

Unsere Heilung, unser Potenzial, unsere Freiheit – alles ist einzig und allein hier, jetzt. Erst wenn wir aufhören zu suchen, dann finden wir. Und sich ständig von einem Ort zum nächsten zu begeben, ist suchen. Es gilt so lange an etwas dran zu bleiben, bis wir die gesuchte Fähigkeit in uns entwickeln.

Im Shaolin Kung Fu kennen wir das Prinzip der Loyalität. Dieses Prinzip zeigte mir immer wieder, dass Loyalität nicht in erster Linie mit den anderen zu tun hat, sondern mit mir und meinem Weg. Je länger ich etwas treu bleibe, desto mehr bekomme ich den Zugang zu den inneren Blockaden, Glaubenssätzen und Ansichten, die mich unruhig machen und meine Bedürftigkeit und Abhängigkeit offenbaren. Bleiben wir ausdauernd bei einer Sache oder einer Person, findet uns die Wahrheit schneller und einfacher als auf allen anderen Wegen. Selbst dann, wenn wir das Gefühl haben, nicht vorwärtszukommen, in Widerständen und Projektionen verstrickt zu sein. Zu bleiben, heisst zu lösen. Zu bleiben heisst, das Transformieren zuzulassen, ihm Raum zu geben.

Laotses Weisheit in seinem Vers 47 des Tao Te King trifft die Essenz des Vertiefens durch die Hingabe an eine Sache:

«Du brauchst nicht vor die Tür zu gehen, um den Sinn des Himmels zu erkennen. Der Meister kommt an, ohne abzureisen.»

3. Folge beim Lesen dieses Buches dem «Secret Healing Code», um den geheimen Schlüssel zu finden.

Auch dieses Buch unterliegt den Prinzipien der Wahrnehmung und du kannst es nur durch deine Brille deiner Ansichten lesen. Nach dem Lesen des Kapitels der Wahrnehmung verstehst du nun, dass wir sehen und verstehen, was wir schon glauben. Wie gross ist also die Wahrscheinlichkeit, dass du beim ersten Mal durchlesen bereits den Punkt findest, der dich befreit?

Beim ersten Mal durchlesen wirst du vor allem die Dinge finden, die du gut findest oder störend findest. Das erste Mal ist kein Mal. Das heisst, die Essenz des Durchbruchs, die Fakten, die dich aus deiner Erschöpfung, deiner Angst, deinem Schmerz und deiner Depression führen können, wirst du beim "Ersten-Mal-Lesen" mit grosser Wahrscheinlichkeit nicht finden oder nicht als etwas wahrnehmen, was dir hilft. Du wirst dich auch in diesem Buch genau da, wo die Ansichten und Überzeugen liegen, die die Ursache deines Leidens bilden, abgestossen fühlen. Vielleicht macht es dich wütend oder du beginnst dich über den Schreibstil zu nerven. Was ist da? Welche Meinungen und Haltungen sind dahinter verborgen? Wo in deinem Leben hast du diese ebenfalls und welchen Druck lösen sie aus? Wie oft hast du aufgrund von diesen Meinungen, Einschätzungen und Haltungen Probleme bekommen?

Mein Tipp für dich ist also: Achte auf die Stellen, die bei dir eine Reaktion auslösen, dich nerven, wütend machen, dir nicht entsprechen oder dich auf eine gewisse Art abstossen. Lies sie in Ruhe nochmals. Was nervt dich? Was kommt dir in den Sinn, wenn du das liest? Was fühlst du und was könnte der Grund deines Widerstands sein? Setze dich mit deinen Ansichten zu dieser Passage auseinander. Je mehr dich dieses Buch nervt oder aufregt, weil es dir nicht die Lösung gibt, desto grösser ist die Wahrscheinlichkeit, dass in diesem Buch der Schlüssel zu deiner Befreiung und Selbsterkenntnis liegt.

Erinnere dich daran: Alle Selbsterkenntnis entspringt aus der Dunkelheit. Wahrheit scheint Narrheit zu sein. Die Leichtigkeit entspringt dem, was schwer scheint. Das wahre Leben liegt hinter dem Leiden. Das Glück ist verborgene Magie. Das Glück, der Weg des Herzens, die Liebe ist nie offensichtlich. Das Gegenteil von dem, was scheint, ist wahr. Und das Gegenteil von dem, was unwahr scheint, ist wahr. Darum, nutze die innere Alchemie des «Secret Healing Codes» auch beim Lesen dieses Buches, um ihn für dich zu entschlüsseln. Deine Freiheit liegt verborgen in einer Schatzkammer, vergiss das nie. Wäre sie offensichtlich, hättest du dich nicht verirrt und die Menschheit wäre frei, froh und im Paradies.

Lies nun das Buch gleich nochmals und wende dabei den «Secret Healing Code» an. Und streiche dir die Passagen an, die dir scheinbar nichts bringen. Dein Durchbruch liegt nicht da, wo du denkst: «Endlich sagt jemand, was ich schon immer dachte.» Nein: Dein Durchbruch liegt da, wo du denkst: «Das nervt mich», «Das glaube ich nicht», «So einfach kann es doch nicht sein», «Das geht bei anderen, aber nicht bei mir», «Wenn das wahr wäre, warum wissen das denn nicht alle», «Das kann doch nicht sein», «Das ist übertrieben», «Das macht mich schwer», und so weiter.

4. *Hole dir professionelle Unterstützung*

Dieses Buch ersetzt keine professionelle, persönliche Begleitung. Da sich gewisse Leiden nur sehr schwer ohne Begleitung heilen lassen, empfehle ich jeder Frau, sich persönliche und professionelle Unterstützung zu holen, um sich zu heilen, zu befreien und zu lernen, den «Secret Healing Code» als Selbstheilungsstrategie anzuwenden.

Der Beginn des Befreiungsweges ist der allerschwerste Teil, weil wir unsere inneren Abwehrmuster noch nicht kennen und Hilfe brauchen, um hinter unsere Ansichten und Überzeugungen zu sehen und mit ihnen zu arbeiten. Ich habe die Erfahrung gemacht, dass eine professionelle, erfahrene Begleitung hilft, viel Zeit und Energie zu sparen und viele weitere Schmerzen und Leiden zu verhindern.

Solltest du an einer Depression, einem Burnout oder einer Erschöpfung leiden oder chronische Angst und Körpersymptome aufweisen, dann empfehle ich dir von Herzen unsere persönliche Unterstützung, in der wir dich eng und persönlich begleiten und die von Ärzten, Psychologen und Psychiatern empfohlen wird.

Was kommt auf dich zu in Band II «Secret Healing Code»?

Im Band II werden wir uns mit dem 3. und 4. Schritt vom «Secret Healing Code» beschäftigen und er wird die Methode vollenden.

Ausblick auf das Inhaltsverzeichnis von BAND II :

«Secret Healing Code» Schritt 3: Die Essenz vom «Secret Healing Code» – dein Selbstbild und die Liebe zu dir selbst

KAPITEL 1:

Müssen war gestern. Erkenne, was du wirklich willst.

KAPITEL 2:

Dein Selbstbild – die Essenz eines bewussten glücklichen Lebens.

KAPITEL 3:

Definiere ein grossartiges Ziel und eröffne damit den Raum für tiefe Befreiung.

KAPITEL 4:

Überwinde Selbstzweifel mit dem Glauben an dich!

«Secret Healing Code» Schritt 4: Deine Gefühle – Wegweiser zur Selbsterkenntnis

KAPITEL 5:

Deine Gefühle – deine Lebenskraft in deinen Gefühlen befreien!

Kapitel 6:

Ermächtige dich zu deiner vollen Kraft und Lebendigkeit mit deiner Wut.

Kapitel 7:

Mit der Kraft der Trauer loslassen und innere Ruhe finden.

Kapitel 8:

Mit der Eifersucht deine Grenzen sprengen und das ungelebte Potenzial erkennen.

Kapitel 9:

Die Kraft des Glücks – Indikator, wenn du in deiner inneren Mitte und deinem Herzen bist.

Kapitel 10:

Mit der Kraft der Liebe Verbindung und Einheit finden

Bilder von Posts und Links zu Erfolgsvideos

www.NATUERLICHTSCHUMI.com

Wie du den «Secret Healing Code» anwenden lernen und vertiefen kannst

1. Werde ein Teil der Facebook Community «Werde die Königin deines Lebens», in der du viel kostenfreies Coaching, Tipps und Übungen zum «Secret Healing Code» findest:

https://www.facebook.com/groups/werdeDieKoeniginDeinesLebens

2. Buch dir dein persönliches, kostenfreies Bewergungs-Gespräch, wenn du gerne mit uns zusammenarbeiten möchtest. Such dir dazu einen passenden Termin aus:

https://natuerlichtschumi.com/termin/

3. Drei mal im Jahr findet eine 21 Tage SHC Masterclass statt, in der wir dir in 3 Wochen die Grundlagen der Selbstheilung mit dem SHC vermitteln.

Die aktuellen Daten findest du auf der Website.

Als sofortiges Vertiefungstraining stehen Dir 3 Masterclass-Aufzeichnungen als SHC Masterclass-Audiokurse zur Verfügung (Angst heilen / Psychosomatik verstehen / Selbstheilung):

https://natuerlichtschumi.com/ueberblick-programme-seminare/

4. «Die KÖNIGIN» – DEINE tiefe Selbstheilung, auch von schweren Leiden

Lerne Selbstheilung mit dem «Secret Healing Code» von körperlich psychosomatischen Krankheiten, chronisch psychischen Leiden und jeder Form von Angst, selbst nach jahrelanger, erfolgloser Therapie oder Medikation.

Finde Dich und Deinen inneren Kompass um nie wieder verloren, einsam und orientierungslos zu sein.

Dieses Programm ist intensiv begleitet und von Psychiatern, Ärzten und Psychologen empfohlen zur Selbstheilung von chronischen Symptomen, Depression, Erschöpfung, Traumata, Burnout und anderen psychischen Leiden.

https://natuerlichtschumi.com/werde-die-koenigin-deines-lebens/

6. «Die TARA» - 14 Monate Ausbildung zum therapeutischen Coach und Initiation in deine Heilkraft und Bestimmung als hochsensible Frau

In tiefem, chronischem Leid, langwierigen Traumata oder wiederkehrenden leidvollen Erfahrungen stecken meist eine Bestimmung. Befreie sie und finde darin deine Heilkraft und den Sinn deines Lebens!

Lass dich vom Leben führen und helfe Menschen sich zu befreien aus Leid und Schmerz und finde darin alle Fülle und Erfüllung.

Das ist der WEG der Tara - ein Weg zu tiefem, inneren Frieden, Unverletzlichkeit und Freiheit in Verbundenheit mit allem!

https://natuerlichtschumi.com/tara-healers/

*Änderungen vorbehalten

www.NATUERLICHTSCHUMI.com

Ruhe ist die freie Bewegung in sich selbst.
Kraft ist Gelassenheit in sich selbst.
Gesundheit ist Achtsamkeit mit sich selbst.

Dein Bonus zum Buch:

Alle vertiefenden Inhalte zum «Secret Healing Code» Band I findest du hier:

www.natuerlichtschumi.com

IMPRESSUM:

ISBN: 978-3-033-09205-1

3. Auflage

Inhalt: *Isabelle Tschumi*

Korrektorat: *Karin Tschumi*

Weiteres Korrektorat:

Marion Willi, Franziska Ettlin, Laura Salzmann, Susanne Konstanze Weber

Verlag: *Natürlich Tschumi GmbH*

Grafik und Layout: *Stefan Tschumi*

Bildquellen: *Stefan Tschumi & Shutterstock, Inc.*

Foto Seite 155: *Armin Rasokat*